한양한국어6

HANYANG KOREAN 6

저자 약력

김정훈
현 한양대학교 국제어학원 교수
한양대학교 사범대학 교육공학 박사
국제한국어교육학회 정보 이사
《한양한국어 1, 3》 (공저)
《외국인을 위한 글쓰기》 (공저)

정혜원
현 한양대학교 국제어학원 한국어 강사
한양대학교 교육대학원 한국어교육 전공 석사

HANYANG KOREAN 6

By The Hanyang University International Language Institute
Textbook Committee : Kim Jeonghoon, Jeong Hyewon

Published By Hanyang University Press
Add. #222 Wangsimni-Ro, Seongdong-Gu, Seoul, 133-791 Korea
Tel. 82.2.2220.1432-4
Fax. 82.2.2220.1435
Web. http://press.hanyang.ac.kr
E-mail. presshy@hanyang.ac.kr

ISBN 978.89.7218.455.3 03710

한양대학교 국제어학원 편

한양 한국어 6

HANYANG KOREAN #6

한양대학교 출판부

인사말

전 세계적으로 한국어를 사용하는 인구는 약 7,500만 명 정도로 추산된다. 이는 영어, 중국어, 스페인어, 일본어, 독일어의 경우보다는 적지만 프랑스어보다는 약간 많은 숫자이며 세계적으로 대략 11위를 차지하고 있다.

그뿐만 아니라 전 세계적으로 한국 기업이 진출해 있고, 한국인들이 이민 가서 살고 있기 때문에 한국어는 이제 세계 여러 나라에서 사용되고 있다. 게다가 한류 열풍으로 한국어 교육의 수요가 중국, 일본, 대만, 말레이시아, 태국, 몽골 등 아시아 국가에서 프랑스, 브라질, 카메룬 등 유럽, 중남미, 아프리카 국가 등으로 확산되고 있다. 프랑스 일간지 르파리지앵의 보도에 따르면 최근 프랑스에 불고 있는 한류 열풍으로 한국어 수업이 개설된 대학에 한국어 수업 등록 인원이 최대 3배까지 늘어났고, 또한 주불 한국문화원에는 4년 전에 500명가량이었던 한국어를 배우는 학생 수가 현재 1,300명으로 크게 증가했다. 이 밖에도 매년 한국어능력시험 응시자 수도 크게 증가하고 있다.

이러한 추세를 반영하듯 세계 여러 나라에서 한국으로 유학을 오려고 하는 학생 수가 계속해서 증가하고 있다. 게다가 교육부에서도 '스터디 코리아(Study Korea) 2020' 계획을 통하여 2020년까지 해외 유학생 20만 명을 국내에 유치할 계획이다. 따라서 앞으로 한국어의 수요와 위상은 계속해서 높아질 것으로 기대된다.

2013년 본 국제어학원에서 한국어를 수강한 학생들의 국적은 총 50개국에 이르렀다. 이는 한국의 경제력과 학문과 문화 산업의 성장에 따른 결과라고 볼 수 있는데, 매우 뜻깊은 일이 아닐 수 없다. 왜냐하면 이것이야말로 5,000년 역사에 걸쳐 우리 민족이 가져왔던 '널리 인간을 이롭게 한다'는 홍

익인간의 이념이 조금씩 실현되고 있다는 증거이기 때문이다. 세계 곳곳에서 실용적인, 학문적인, 혹은 문화적인 측면에서 한국어 사용 능력의 중요성이 점점 증가하고 있는 것이다.

이러한 다양한 필요에 따라 한국어를 제2 언어로 배우려고 하는 학습자들에게 이번에 출판하는 고급 단계 교재 「한양 한국어 6」이 많은 도움이 될 것을 의심치 않는 바이다. 한양대학교 국제어학원은 오랫동안 한국어를 가르쳐 오신 전임교수들을 필진으로 하여 2011년부터 학생들의 한국어 실력을 향상시키는 것을 목표로 좀 더 새로운 형식과 내용의 교재를 편찬하기에 이르렀다. 특히 이번에 발간되는 「한양 한국어 6」은 의사소통 능력을 위한 과제 중심의 통합형 교재로서 점점 증가하는 고급 학습자들의 요구를 충족시키며 그들의 한국어 학습에 훌륭한 길잡이가 될 것이다.

오랜 기간에 걸쳐 교재를 개발하고 교육 현장에서 거듭 적용해 본 끝에 좋은 교재를 집필해 내신 김정훈, 정혜원 교수, 기획과 사업 추진에 헌신하신 김경옥 팀장, 집필진을 도와 꼼꼼하게 교정 작업을 해 주신 임정남, 김유향 선생님, 그리고 교재를 아름답게 만들어 주신 출판부의 최원표, 안광일 선생님에게도 감사를 드린다. 끝으로 최고 수준의 교재를 만들 수 있도록 전폭적인 지지를 아끼지 않으신 한양대학교의 임덕호 총장님과 박찬승 출판부장께도 심심한 감사를 드리는 바이다. 이 책이 한국에서뿐만 아니라 해외에서 한국어를 배우려고 하는 학습자들에게 좋은 안내자와 벗이 되기를 바라 마지 않는다.

2014년 10월 31일

한양대학교 국제어학원장

서 원 남 교수

차례

교수요목

과 단원명	제시와 연습			
	주제	어휘	문법	선행 학습 목록
제1과 서울의 역사	600년 도읍지 서울의 과거와 현재	유물과 유적지 관련 어휘	① (으)로 미루어(보아/보면) ② -(으)ㄹ 대로 ③ -(으)면서까지	① 한국의 연대기 ② 조선의 건국 과정 ③ 서울의 대표적인 유적지 ④ 서울 각 지역 지명의 유래
제2과 한국의 문화유산	유네스코에 등재된 한국의 문화유산	문화유산 관련 어휘	① -(으)려야 -(으)ㄹ 수 없다 ② 도 -(이)려니와 ③ -(으)ㄴ 바에야	① 각국의 세계유산, 세계기록유산, 인류무형문화유산 ② 한국에서 답사해 보고 싶은 유적지 ③ 각국의 대표적인 역사 도시 ④ 각국의 대표적인 민요
제3과 환경의 위기	인류의 생존을 위협하는 환경 문제	환경 문제 관련 어휘	① -(으)ㄴ들 ② -기로서니 ③ -자니 -자니	① 세계의 기후 ② 지구온난화 현상 ③ 대기, 수질, 토양 등의 환경 오염 사례 ④ 개발로 인한 환경 파괴 사례
제4과 환경 보호 운동 및 실천	생활 속에서 실천할 수 있는 환경 보호 활동	친환경 관련 어휘	① -(으)ㄹ 턱이 없다 ② -던 터에 ③ -(으)ㄴ/는 셈 치고	① 일회용품 분해 시간 ② 환경 마크의 의미 ③ 세계적인 환경 단체 ④ 각국의 대표적인 생태 관광지
제5과 한국의 민속	한국의 민간 신앙과 세시 풍속	한국의 민속 관련 어휘	① -(이)라면 ② -(으)련만 ③ -어/아서야	① 각국의 민간 신앙과 관련된 풍습 ② 각국의 세시 풍속 및 유래 ③ 각국의 명절 음식에 담긴 의미 ④ 각국의 이사와 관련된 풍속
제6과 한국인의 정서	한국인의 정서적 특징	한국인의 정서 관련 어휘	① -(으)ㄹ라치면 ② -(으)ㄴ지라 ③ 은/는 고사하고	① 보편적인 한국인의 정서 ② 각국의 공동체 문화와 관련된 풍습 ③ 각국의 대표적인 국민성 ④ '정'의 순기능과 역기능
제7과 가치관과 사회의 변화	사회 변화에 따른 다양한 가치관의 출현	새로운 가치관과 사회 현상 관련 어휘	① -(으)려니 ② -는가 하면 ③ -는 동시에	① 각국의 인구 변동 추이 ② 세대별 가치관의 차이 ③ 전통적 가치관과 현대적 가치관의 대립 ④ 사회 변화로 인해 등장한 다양한 가족 형태
제8과 함께 사는 사회	나눔과 봉사를 통해 만들어 가는 따뜻한 세상	나눔과 봉사 관련 어휘	① -(으)ㄴ 끝에 ② -고도 남다 ③ -(으)ㄹ 판이다	① 각국의 기부 및 자원봉사 현황 ② 대표적인 사회적 기업 ③ SNS를 통한 다양한 기부 방법 ④ 사회 지도층의 자선 활동 사례
제9과 경제와 소비생활	합리적인 소비생활을 위한 생활의 지혜	생활 경제 관련 어휘	① -(으)ㄹ 양으로 ② -(ㄴ/는)다 싶다 ③ 은/는 ~ 대로	① 소비자를 유인하기 위한 마케팅 전략 ② 각국의 소비자물가지수 품목 ③ 각국의 독과점 품목 ④ 불황으로 달라진 소비 성향
제10과 무역과 국제 관계	세계 경제 동향	경제 상식 관련 어휘	① -기(가) 일쑤(이)다 ② -(으)면 모를까 ③ (ㄴ/는)-다면야	① 세계 경제 뉴스 ② 각국의 주요 무역 상품 ③ 자유무역협정의 득과 실 ④ 공정 무역 상품
제11과 한반도의 정세	남북 관계와 통일에 대한 전망	남북 관계 관련 어휘	① -(ㄴ/는)다뿐이지 ② -는 한이 있더라도 ③ -건대	① 남북한의 정치 체제 ② 남북한과 이해관계국 ③ 한국의 역대 대통령 ④ 각국의 병역 제도
제12과 지구촌 문제와 국제기구	지구촌 문제를 해결하기 위한 인류의 노력	국제 관계와 지구촌 문제 관련 어휘	① -어/아서라도 ② -지는 못할망정 ③ -(ㄴ/는)다든지 -(ㄴ/는)다든지	① 지구촌의 의미 ② 대표적인 지구촌 문제 ③ 국제기구의 역할 ④ NGO의 주요 활동

과 단원명	활동과 과제			
	토의와 토론	듣고 말하기	읽고 말하기	활동과제
제1과 서울의 역사	유적지 개발과 보존에 대한 상반된 주장	① 박물관 길 걷기 코스 ② 북촌한옥마을 ③ 커피와 덕수궁	① 서울, 지명의 유래 ② 명동의 변신	유적지 탐방 보고서 작성 및 발표하기
제2과 한국의 문화유산	반출된 문화재 반환에 대한 상반된 주장	① 강화도의 문화유산 ② 동의보감 ③ 만화 조선왕조실록	① 수원화성을 다녀와서 ② 아리랑의 유래	
제3과 환경의 위기	환경 보호와 개발에 대한 상반된 주장	① 쓰레기 섬 ② 지구온난화와 식량 부족 ③ 생수와 환경 오염	① 쓰레기 매립장의 변신 ② 무분별한 인공조명의 폐단	환경 실천 보고서 작성 및 발표하기
제4과 환경 보호 운동 및 실천	중고품 구매에 대한 상반된 주장	① 환경 보호 단체 그린피스 ② 생태 관광과 DMZ ③ 에코 마일리지	① 생태 공동체 , 현대사회의 대안 ② 세상을 바꾸는 작은 힘	
제5과 한국의 민속	풍습의 보존 방식에 대한 상반된 주장	① 강릉단오제 ② 떡국의 의미 ③ 삼짇날	① 한국인의 이사 풍속 ② 명절에 얽힌 속담 이야기	한국인의 의식에 대한 취재 활동 보고서 작성 및 발표하기
제6과 한국인의 정서	배우자 선택 시 가족 구성원의 관여 여부에 대한 상반된 주장	① 월드컵 구호와 거리 응원 ② 품앗이의 변화 ③ 디지털 시대의 빨리빨리 기질	① 한국인의 정 문화 ② 새로운 역할을 요구받는 한국의 아버지	
제7과 가치관과 사회의 변화	부모 부양에 대한 상반된 주장	① 20대의 가치관 ② 고령화 사회의 문제 ③ 1인 가구	① 인생의 멘토 ② 밥상머리 교육	한국의 사회 현상에 대한 UCC 제작 및 발표하기
제8과 함께 사는 사회	연예인의 기부 활동을 의무로 보는 시선에 대한 상반된 주장	① 소셜 기부 ② 이화동 벽화 마을 ③ 노숙자를 위한 잡지 '빅이슈'	① 진정한 상류층, 최 부잣집 ② 나눔 문화	
제9과 경제와 소비생활	대형 마트의 상품 판매 정책이 경제에 미치는 영향에 대한 상반된 주장	① 소비자물가지수 품목 ② 현명한 소비 습관 ③ 립스틱 효과	① 매몰비용은 '엎질러진 물' ② 독과점 시장의 폐해	경제 활동 체험 보고서 작성 및 발표하기
제10과 무역과 국제 관계	자유무역협정 추진에 대한 상반된 주장	① 나비효과 ② G20 ③ 식량 자급의 중요성	① 공정 무역 커피 ② 브랜드 가치	
제11과 한반도의 정세	남북통일 추진에 대한 상반된 주장	① 김대중 대통령의 업적 ② 이산가족 상봉 ③ 대체복무제	① 어머니께 보내는 편지 ② 남북 분단과 한국의 국가 브랜드	한반도 및 지구촌 문제에 대해 토론하기
제12과 지구촌 문제와 국제기구	국제기구의 역할에 대한 상반된 주장	① 코이카 ② 해외 이민 ③ 국제기구 취업 조건	① 세계가 100명의 마을이라면 ② 세계의 기아를 없애려면	

일러두기

〈한양 한국어 6〉은 외국인과 재외동포를 위한 한국어 통합 교재로서 특히 학문 목적 학습자들이 내용 지식을 바탕으로 언어 능력을 향상 시킬 수 있도록 구성하였다. 이 책은 고급 어휘와 표현, 문법을 배우고, 듣기, 말하기, 읽기, 쓰기 등의 언어 영역별 활동과 활동 과제를 통해 의사소통 능력을 기르는 데 목표를 두었다. 효율적인 활용을 위해 다음의 내용을 참고하기 바라며, 아무쪼록 이 책이 한국어와 한국 문화를 배우고자 하는 이들에게 두루 활용되기를 기대한다.

■ 〈한양 한국어 6〉은 「주 교재」, 「쓰기 연습」, 듣기용 CD로 이루어져 있다.

■ 「주 교재」는 고급 학습자가 꼭 알아야 할 주제를 선정하여 총 12과로 구성하였다. 각 과는 〈도입〉, 〈대화문〉, 〈어휘 제시와 연습〉, 〈표현 제시와 연습〉, 〈문법 제시와 연습〉, 〈듣고 말하기〉, 〈읽고 쓰기〉로 구성하였고, 2개의 과마다 〈활동 과제〉를 제시하였다. 「주 교재」의 뒤편에는 [문법 문형표], [어휘 목록], [듣기 지문], [듣기 정답]을 각각 정리하여 제시하였다.

■ 「쓰기 연습」은 별책으로 구성하여, 과별로 배운 내용을 정리하고 확인한 후 과제로 제출하도록 하였다.

■ 듣기용 CD에는 「주 교재」 12개 과의 〈대화문〉과 〈듣고 말하기〉의 지문이 녹음되어 있다. 수업 중에 연습 자료로 사용하거나 개별 학습용으로 활용하기에 용이하도록 MP3 파일로 실었다.

〈선행 학습 목록〉

■ 해당 과의 내용을 심도 있게 이해하기 위해서 수업 전에 학습해야 할 사항들을 제시하였다. 학습자에게 예습 과제로 제시한 후 수업 때 발표하도록 하여 내용 학습과 언어 학습이 동시에 이루어지게 할 수 있다.

〈학습 목표〉

■ 해당 과의 주제와 학습 목표를 제시하여 그 과에서 다룰 내용을 한눈에 볼 수 있게 하였다. 학습 목표의 하위 항목은 해당 과의 주제, 어휘, 문법, 활동 과제로 구성하였다.

〈도입〉

■ 해당 과의 주제와 관련된 삽화나 사진, 그래픽 자료와 함께 흥미로운 이야깃거리를 제시하였다. 6급에서 다루는 학습 내용이 학습자들에게 부담스러울 수 있으므로, 기초적인 내용 학습부터 흥미롭게 시작할 수 있도록 하였다.

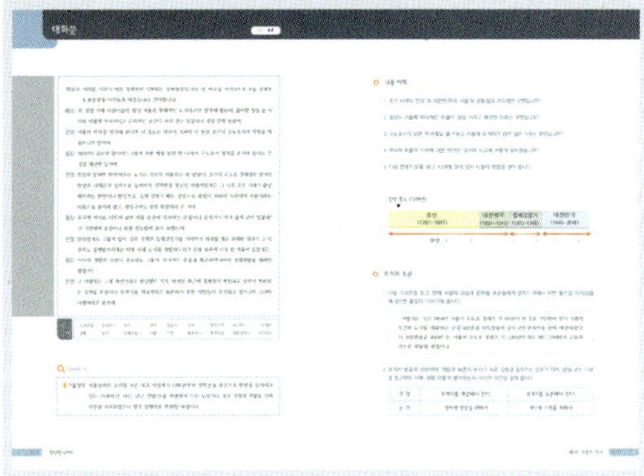

〈대화문〉

■ 해당 과의 주제와 관련된 대화를 제시하였다. 대화문은 현실적으로 있음 직한 상황을 바탕으로 하고 해당 과의 목표 어휘와 문법, 표현을 포함함으로써 실제적이고 실용적인 학습을 위한 기초 학습 자료의 기능을 다하도록 하였다. 또한 대화문은 듣기용 CD에 MP3 파일로 수록하여 수업 중에 사용하거나 개별 학습 자료로 활용할 수 있도록 하였다.

〈알아두기〉

■ 해당 과의 대화문에서 다루는 내용 중에서 추가적인 설명이 필요한 것을 따로 정리하여 제시하였다.

〈내용 이해〉

■ 해당 과의 대화문의 내용을 학습자가 충분히 이해했는지를 확인할 수 있도록 질문 형태로 제시하였다.

〈토의와 토론〉

■ 해당 과의 대화문의 내용과 관련하여 토의하거나 토론할 만한 소재들을 각각 하나씩 제시하였다. 토의에서는 제시된 문제에 대해 자신의 의견을 논리적으로 말하는 연습을 하고, 토론에서는 논란거리에 대해 합리적인 논거를 바탕으로 자신의 주장을 내세우는 연습을 할 수 있도록 구성하였다.

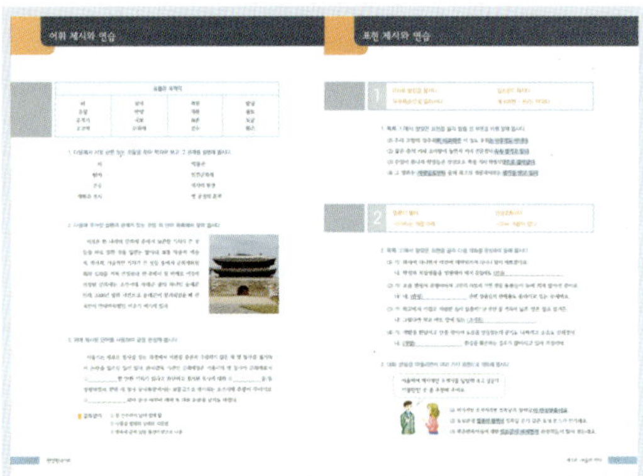

〈어휘 제시와 연습〉

■ 해당 과의 목표 어휘를 범주화하여 목록으로 제시하였다. 또한 목록 아래에 제시된 여러 가지 유형의 문제를 풀면서 목표 어휘를 익힐 수 있도록 하였다.

〈표현 제시와 연습〉

■ 해당 과의 대화문이나 읽기 지문, 듣기 지문에서 사용된 유용한 표현을 정리하여 목록으로 제시하였다. 또한 목록 아래에 제시된 여러 가지 유형의 문제를 풀면서 표현을 익힐 수 있도록 하였다.

〈문법 제시와 연습〉

■ 해당 과의 목표 문법에 대해서 설명하고 학습자의 이해를 돕기 위해 형태적·의미적으로 유사한 문법과 예문을 함께 제시하였다. 또한 난이도에 따라 유형별로 제시된 문제를 풀면서 문법을 익힐 수 있도록 하였다.

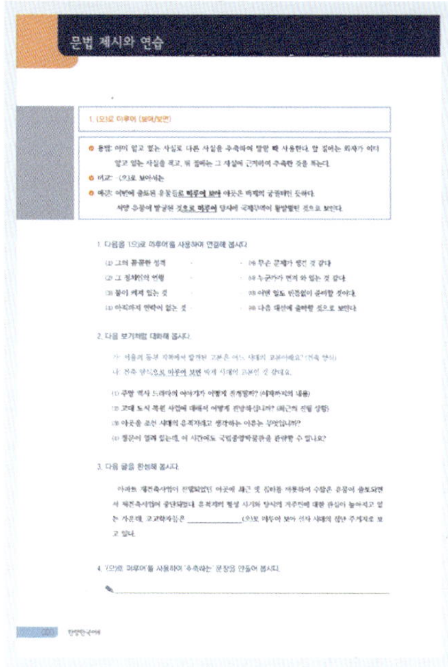
문법 제시와 연습

〈듣고 말하기〉

■ 해당 과의 주제와 관련이 있는 세 가지 담화를 제시하였다. 첫 번째와 두 번째 담화는 안내문, 발표문, 설명문, 논설문 등 여러 장르의 산문으로 구성하였고, 세 번째 담화는 다양한 대화 상황에서 다양한 대화 상대자 간의 대화문으로 구성하였다.

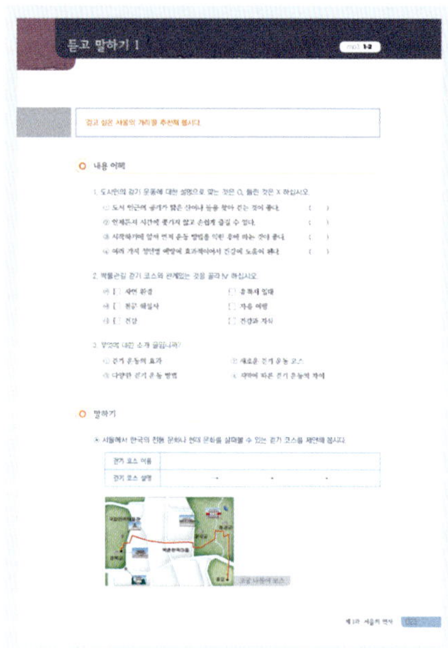
듣고 말하기 1

■ 듣기 활동 전후 단계로서 담화의 내용과 관련이 있는 말하기 활동을 제시하여 학습자의 흥미를 높이고, 통합적이고 실제적인 학습 활동이 이루어지도록 하였다. 말하기 활동의 경우 준비 시간이 필요할 수 있으므로 수업 전에 예습 과제로 제시할 수도 있다.

■ 각 담화의 지문은 듣기용 CD에 MP3 파일 형태로 수록하여 수업 중에 사용하거나 개별 학습 자료로 활용할 수 있도록 하였다.

〈읽고 쓰기〉

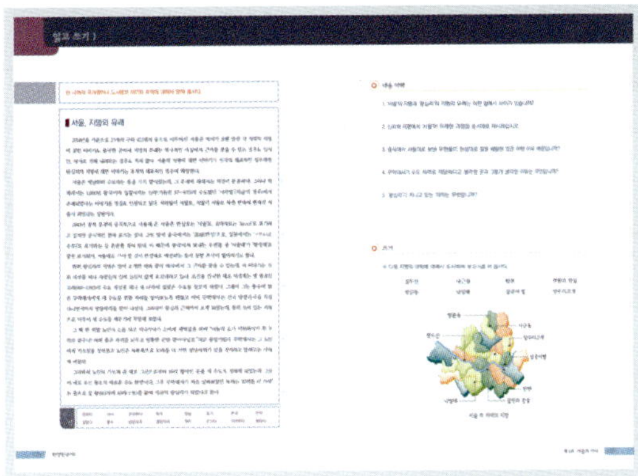

■ 해당 과의 주제와 관련이 있는 두 가지 담화를 제시하였다. 담화는 각 주제 분야별로 다루어 봄직한 문제나 한국 사회를 심도 있게 이해하는 데 필요한 내용을 중심으로 구성하였으며, 문장 내에서 목표 어휘와 문법을 다시 한 번 확인할 수 있도록 하였다.

■ 읽기 활동 전 단계에서는 담화의 내용과 관련이 있는 말하기 활동을 제시하였는데, 이 활동을 통해 학습자가 자연스럽게 담화 내용에 관심을 가질 수 있도록 하였다. 또한 읽기 활동 후 단계에서는 담화의 내용을 학습자가 충분히 이해했는지를 확인할 수 있는 내용 이해 질문과 쓰기 과제를 제시하여 통합적이고 실제적인 학습 활동이 이루어지도록 하였다.

〈활동 과제〉

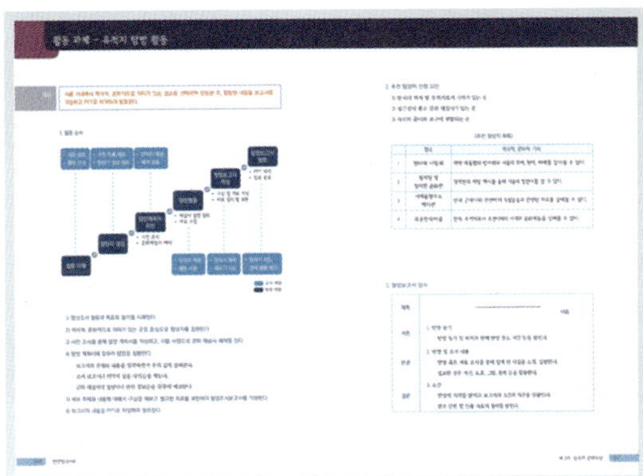

■ 학습자들이 수업 중에 배우고 익힌 내용 지식과 언어 기술을 활용하여 해결할 수 있는 활동 과제를 제시하였다. 활동 과제는 앞서 학습한 과의 내용과 관련이 있으며 실제적인 의사소통의 기회가 제공되도록 구성하였다.

■ 활동 과제는 두 개의 과가 마무리될 때마다 제시되는데, 이 책은 총 12과로 구성되어 있으므로 활동 과제는 다음의 6개이다.

- 〈유적지 탐방 보고서 작성 및 발표하기〉
- 〈환경 실천 보고서 작성 및 발표하기〉
- 〈한국인의 의식에 대한 취재 활동 보고서 작성 및 발표하기〉
- 〈한국의 사회 현상에 대한 UCC 제작 및 발표하기〉
- 〈경제 활동 체험 보고서 작성 및 발표하기〉
- 〈한반도 및 지구촌 문제에 대해 토론하기〉

■ 활동 과제는 학습자 중심의 학습 방식이며 과정 중심의 학습 방식이다. 이에 각 활동에 대한 해설과 절차를 자세히 제시하고, 수행 중에 필요한 각종 양식을 참고하여 목적한 대로 활동 과제를 활용할 수 있도록 하였다.

제1과

서울의 역사

선행 학습 목록

1. 한국의 연대기
2. 조선의 건국 과정
3. 서울의 대표적인 유적지
4. 서울 각 지역 지명의 유래

주 제	600년 도읍지 서울의 과거와 현재
어 휘	유물과 유적지 관련 어휘
문 법	① (으)로 미루어 (보아/보면) ② -(으)ㄹ 대로 ③ -(으)면서까지
활동 과제	유적지 탐방 보고서 작성 및 발표하기

01 다음 그림을 참고하여 조선의 한양과 대한민국의 서울을 비교해 봅시다.

한양의 사대문

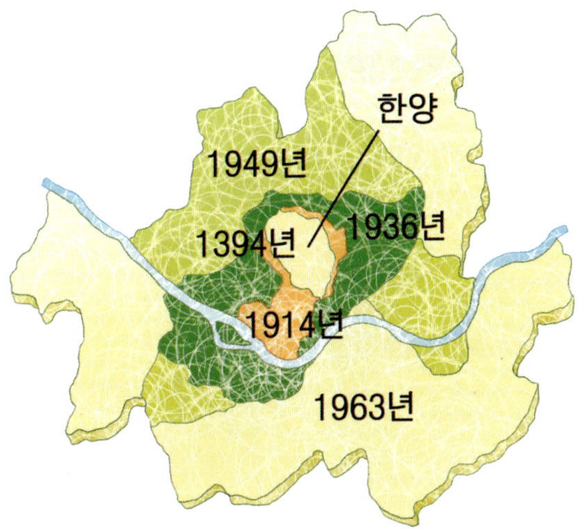

서울의 확장

02 다음 자료를 보고 서울에 대해 알아봅시다.

브랜드 Hi Seoul SOUL OF ASIA

휘 장

행정구역명	서울특별시
인구	10,442,426명
수도의 역사	1394년 ~ 현재
전국 대비 면적	0.5%
전국 대비 금융 집중도	50.6%
전국 대비 대학 집중도	23.3%

* 출처: 서울특별시 서울통계 (2012년 기준)

대화문

MP3 1-1

해설사: 여러분, 이곳이 바로 청계천이 시작되는 청계광장입니다. 자, 이곳을 마지막으로 오늘 청계천 도보 관광을 마치도록 하겠습니다. 감사합니다.

왕강: 와, 정말 기대 이상이었어. 항상 서울은 현대적인 도시라고만 생각해 왔는데, 즐비한 빌딩 숲 사이로 이렇게 역사적이고 문화적인 공간이 자리 잡고 있었다니 정말 깜짝 놀랐어.

은영: 서울의 역사를 생각해 본다면 이 정도는 약과지. 500여 년 동안 조선의 수도로서의 역할을 해 왔으니까 말이야.

왕강: 500년이 넘는단 말이야? 그렇게 오랜 세월 동안 한 나라의 수도로서 명맥을 유지해 왔다는 건 정말 대단한 일이야.

은영: 엄밀히 말하면 한양이라는 도시는 지금의 서울과는 좀 달랐어. 조선의 수도로 정해졌던 당시의 한양은 사대문과 성곽으로 둘러싸인 지역만을 부르던 지명이었거든. 그 이후 조선 시대가 끝날 때까지는 한양이나 한성으로, 일제 강점기 때는 경성으로 불렸어. 1945년 이후에야 서울이라는 이름으로 불리게 됐고, 행정 구역도 점점 확장되어 온 거야.

왕강: 유구한 역사로 미루어 보면 서울 곳곳에 역사적인 유물이나 유적지가 적지 않게 남아 있겠네? 난 기껏해야 궁궐이나 왕릉 정도밖에 보지 못했는데.

은영: 안타깝게도 그렇지 않아. 잦은 전쟁과 일제 강점기를 거치면서 파괴될 대로 파괴된 데다가 그 이후에도 경제 발전이라는 미명 아래 도시를 개발하느라고 유물 보존에 신경 쓸 겨를이 없었거든.

왕강: 아무리 개발과 성장이 중요해도 그렇지, 역사적인 유물을 훼손하면서까지 경제 개발을 해야만 했을까?

은영: 그 시대에는 그게 최선이라고 생각했던 거지. 하지만 최근에 청계천이 복원되고 성곽이 복원되는 것처럼 유물이나 유적지를 재조명하고 보존하기 위한 사업들이 추진되고 있으니까 그나마 다행이라고 생각해.

단어								
도보 관광	즐비하다	약과	명맥	엄밀히	성곽	행정 구역	유구하다	기껏해야
왕릉	잦다	일제 강점기	겨를	미명	훼손하다	복원되다	재조명하다	추진되다

알아두기

서울성곽: 서울성곽은 조선을 세운 태조 이성계가 1396년부터 경복궁을 중심으로 한양을 둘러싸고 있는 산(북악산, 낙산, 남산, 인왕산)을 연결해서 만든 도성이다. 잦은 전쟁과 개발로 인해 대부분 파괴되었으나 향후 원형대로 복원할 예정이다.

내용 이해

1. 조선 시대의 '한양'과 대한민국의 '서울'의 공통점과 차이점은 무엇입니까?

2. 왕강이 서울에 역사적인 유물이 많을 거라고 생각한 이유는 무엇입니까?

3. 수도로서의 오랜 역사에도 불구하고 서울에 유적지가 많지 않은 이유는 무엇입니까?

4. 역사적 유물의 가치에 대한 판단은 과거와 비교해 어떻게 달라졌습니까?

5. 다음 연대기 표를 보고 시대에 맞게 당시 서울의 명칭을 넣어 봅시다.

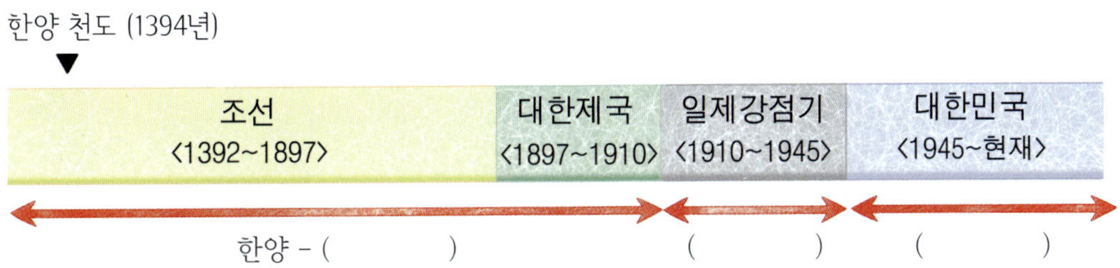

토의와 토론

1. 다음 기사문을 읽고 현재 서울의 모습과 문화를 후손들에게 알리기 위해서 어떤 물건을 타임캡슐에 넣으면 좋을지 이야기해 봅시다.

> 서울시는 지난 1994년 서울이 수도로 정해진 지 600년이 된 것을 기념하여 당시 서울의 인간과 도시를 대표하는 문물 600점을 타임캡슐에 넣어 남산한옥마을 안에 매장하였다. 이 타임캡슐은 400년 후, 서울이 수도로 정해진 지 1,000년이 되는 해인 2394년에 문화유산으로 개봉될 예정이다.

2. 유적지 발굴과 관련하여 개발과 보존의 논리가 서로 갈등을 일으키는 경우가 적지 않습니다. 다음을 참고하여 이에 대해 어떻게 생각하는지 자신의 의견을 말해 봅시다.

주 장	필요하다면 유적지일지라도 개발해야 한다.	유적지는 어떤 이유에서라도 보존해야 한다.
논 거	경제 성장을 위해서	역사적 가치를 위해서

유물과 유적지			
터 유물 유적지 고고학	답사 탐방 국보 문화재	복원 재현 보존 전수	발굴 출토 도굴 훼손

1. 다음에서 서로 관련 있는 것들을 찾아 짝지어 보고 그 관계를 설명해 봅시다.

터 ·	· 박물관
답사 ·	· 인간 문화재
전수 ·	· 역사의 현장
재현과 전시 ·	· 옛 궁궐의 흔적

2. 다음에 주어진 설명과 관계가 있는 것을 위 단어 목록에서 찾아 봅시다.

이것은 한 나라의 문화재 중에서 보존할 가치가 큰 것들을 따로 정한 것을 일컫는 말이다. 보통 학술적, 예술적, 역사적, 기술적인 가치가 큰 것 중에서 문화재 위원회의 심의를 거쳐 선정된다. 한국에서 첫 번째로 이것에 선정된 문화재는 조선 시대 사대문 중의 하나인 숭례문인데, 2008년 방화 사건으로 숭례문이 붕괴되었을 때 전 국민이 안타까워했던 이유가 여기에 있다.

3. 위에 제시된 단어를 사용하여 글을 완성해 봅시다.

서울시는 새로운 청사를 짓는 과정에서 여론을 충분히 수렴하지 않은 채 옛 청사를 철거하여 논란을 일으킨 일이 있다. 관리·감독 기관인 문화재청은 서울시의 옛 청사가 문화재로서 ①__________할 만한 가치가 있다고 판단하고 철거된 청사에 대한 ②__________을/를 명령하였다. 한편, 새 청사 공사현장에서는 보물급으로 평가되는 조선 시대 유물이 무더기로 ③____________되어 공사 여부에 대해 또 다른 논란을 낳기도 하였다.

길라잡이
① 잘 간수하여 남아 있게 함.
② 사물을 원래의 상태로 되돌림.
③ 땅속에 묻혀 있던 물건이 밖으로 나옴.

표현 제시와 연습

1	(으)로 발길을 옮기다	입소문이 퍼지다
	우후죽순으로 들어서다	에 비하면 ~ 은/는 약과다

1. 목록 1에서 알맞은 표현을 골라 밑줄 친 부분을 바꿔 말해 봅시다.

(1) 우리 고향의 강추위와 비교하면 이 정도 추위는 아무것도 아니다.

(2) 젊은 층의 커피 소비량이 늘면서 커피 전문점이 속속 생기고 있다.

(3) 수업이 끝나자 학생들은 삼삼오오 짝을 지어 학생식당으로 걸어갔다.

(4) 그 영화는 사람들로부터 올해 최고의 개봉작이라는 평가를 받고 있다.

2	열풍이 불다	안성맞춤이다
	-(이)라는 미명 아래	-(으)ㄹ 겨를이 없다

2. 목록 2에서 알맞은 표현을 골라 다음 대화를 완성하여 말해 봅시다.

(1) 가: 회사에 다니면서 야간에 대학원까지 다니니 많이 바쁘겠어요.

나: 학업과 직장 생활을 병행해야 해서 휴일에도 (쉬다) ____________________.

(2) 가: 요즘 캠핑이 유행이어서 그런지 마트에 가면 캠핑용품들이 눈에 띄게 많아진 같아요.

나: 네, (캠핑) ____________________ 관련 상품들의 판매율도 올라가는 추세예요.

(3) 가: 학교에서 가깝고 저렴한 집이 없을까? 난 잠만 잘 거라서 넓은 방은 필요 없거든.

나: 그렇다면 학교 바로 앞에 있는 (고시원) ____________________.

(4) 가: 개발을 한답시고 산을 깎아서 도로를 만들었는데 공기도 나빠지고 소음도 심해졌어.

나: (개발) ____________________ 환경을 훼손하는 경우가 많아지고 있어 걱정이야.

3. 대화 상황을 떠올리면서 여러 가지 표현으로 대화해 봅시다.

서울에서 역사적인 유적지를 탐방해 보고 싶은데
가 볼 만한 곳 좀 추천해 주세요.

(1) 역사적인 유적지라면 경복궁과 창덕궁이 안성맞춤이죠.

(2) 도보 관광 열풍이 불면서 성곽길 걷기 같은 도보 코스가 인기래요.

(3) 북촌한옥마을에 대한 입소문이 퍼지면서 관광객들이 많이 찾는대요.

문법 제시와 연습

1. (으)로 미루어 (보아/보면)

- 용법: 이미 알고 있는 사실로 다른 사실을 추측하여 말할 때 사용한다. 앞 절에는 화자가 이미 알고 있는 사실을 적고, 뒤 절에는 그 사실에 근거하여 추측한 것을 적는다.
- 비교: (으)로 보아서는
- 예문: 이번에 출토된 유물들**로 미루어 보아** 이곳은 백제의 궁궐터인 듯하다.
  서양 유물이 발굴된 것**으로 미루어** 당시에 국제 무역이 활발했던 것으로 보인다.

1. 다음을 '(으)로 미루어 (보아/보면)'를 사용하여 연결해 봅시다

(1) 그의 꼼꼼한 성격 ·	· ㈎ 무슨 문제가 생긴 것 같다
(2) 그 정치인의 언행 ·	· ㈏ 누군가가 먼저 와 있는 것 같다.
(3) 불이 켜져 있는 것 ·	· ㈐ 이번 일도 빈틈없이 준비할 것이다.
(4) 아직까지 연락이 없는 것 ·	· ㈑ 다음 대선에 출마할 것으로 보인다.

2. 다음 보기처럼 대화해 봅시다.

가: 서울의 동부 지역에서 발견된 고분은 어느 시대의 고분이래요? (건축 양식)
나: 건축 양식**으로 미루어 보면** 백제 시대의 고분인 것 같대요.

(1) 주말 역사 드라마의 이야기가 어떻게 전개될까? (이제까지의 내용)
(2) 고대 도시 복원 사업에 대해서 어떻게 전망하십니까? (최근의 진행 상황)
(3) 이곳을 조선 시대의 유적지라고 생각하는 이유는 무엇입니까?
(4) 정문이 열려 있는데, 이 시간에도 국립중앙박물관을 관람할 수 있나요?

3. 다음 글을 완성해 봅시다.

아파트 재건축 사업이 진행되었던 이곳에 최근 옛 집터를 비롯하여 수많은 유물이 출토되면서 재건축 사업이 중단되었다. 유적지의 형성 시기와 당시의 거주민에 대한 관심이 높아지고 있는 가운데, 고고학자들은 ________________(으)로 미루어 보아 선사 시대의 집단 주거지로 보고 있다.

4. '(으)로 미루어 (보아/보면)'를 사용하여 추측하는 문장을 만들어 봅시다.

✎ ____

2. -(으)ㄹ 대로

- 용법: 어떤 상태가 매우 심함을 나타내며 보통 부정적인 의미로 사용한다. 앞뒤로 동일한 용언을 적는데, 사용할 수 있는 용언이 제한적이다.
- 비교: -는 대로, -(으)ㄴ 대로
- 예문: 그 유물은 무관심 속에 오랫동안 방치되어서 낡**을 대로** 낡았다.
  문화재 도굴로 인해 신라 시대의 왕릉이 훼손**될 대로** 훼손되었다.

1. 다음 밑줄 친 부분을 '-(으)ㄹ 대로'를 사용하여 바꿔 봅시다.

(1) 이 구두는 10년을 넘게 신다 보니 뒤 굽이 다 닳았다.

(2) 다친 뒤에 치료를 제대로 받지 않아서 상처가 심하게 곪았다.

(3) 며칠째 야근하다 보니 너무 지쳐서 손가락 하나 까닥하기 힘들다.

(4) 혼수 문제로 다툰 이후에 두 사람의 사이는 돌이킬 수 없을 정도로 악화되었다.

2. 다음 보기처럼 대화해 봅시다.

가: 국보로 지정되어 있는 그 건축물의 보존 상태가 심각하다면서요? (약해지다)
나: 기둥이 약해**질 대로** 약해져서 곧 무너질 지경입니다.

(1) 궁궐터에서 발굴된 이 서적들은 복원이 가능한가요? (썩다)

(2) 이 근처에 선사 시대 유적지가 새로 발견됐다는 이야기 들으셨어요? (소문이 나다)

(3) 심혈을 기울여 온 발굴 사업이 실패로 돌아가서 기운이 많이 빠지죠?

(4) 새로운 유적지 발굴로 직원들의 업무가 늘면서 스트레스가 적지 않을 것 같아요.

3. 다음 글을 완성해 봅시다.

궁궐이나 사찰의 지붕 처마에서 오랜 세월의 흔적을 보여 주듯이 색이 ____________(으)ㄹ 대로 ____________(으)ㄴ 단청을 쉽게 찾아볼 수 있다. 단청은 목조 건물의 지붕 처마에 무늬를 그려서 아름답게 장식한 것으로서, 선사 시대에 신에게 제사를 지낼 때 제단이나 제사장 얼굴을 꾸미는 일에서 유래되었다고 한다. 액을 막아주는 상징적 의미와 함께 권위를 표시하기도 하거니와 목조 건축물을 오래 보존하기 위해 단청을 입히기도 했다.

4. '-(으)ㄹ 대로'를 사용하여 상태가 심한 상황을 나타내는 문장을 만들어 봅시다.

✎ ____

3. -(으)면서까지

- 용법: 목적을 위해 정도가 지나친 행동을 함을 말할 때 사용한다. 앞 절에는 무리한 방법이나 행동을 적고 뒤 절에는 목표로 하는 일을 적는다.
- 비교: -아/어서라도
- 예문: 그 외교관은 자비를 들이<u>**면서까지**</u> 빼앗긴 문화재를 되찾으려고 노력하였다.
  문화적 가치가 있는 유적지를 훼손하<u>**면서까지**</u> 재개발을 할 필요가 있을까?

1. 다음을 '-(으)면서까지'를 사용하여 연결해 봅시다.

(1) 밥을 굶다 ·
(2) 남에게 피해를 주다 ·
(3) 친구는 자기 꿈을 포기하다 ·
(4) 잠을 하루에 세 시간밖에 안 자다 ·

· ㈎ 가족을 위해 취업했다.
· ㈏ 살을 빼는 것은 너무 위험하다.
· ㈐ 공부하더니 결국 대기업에 취직했다.
· ㈑ 큰 소리로 음악을 듣는 것은 예의에 어긋난다.

2. 다음 보기처럼 대화해 봅시다.

가: 이번에 우리 스승님께서 국악 인간 문화재로 선정되셨다고 해요. (건강을 해치다)
나: 건강을 해치<u>면서까지</u> 밤낮으로 연습하시더니 드디어 인정을 받으셨네요.

(1) 이번에 발굴된 고려 시대 유물을 복원하는 데 수억 원이 든대. (돈을 그렇게 들이다)
(2) 문화재를 찾을 수만 있다면 도굴범과 거래할 수도 있다고 생각해요. (범죄자와 거래하다)
(3) 낙후된 지역의 개발을 위해 몇 백 년이 넘은 건물들을 모두 철거한대요.
(4) 주거 지역에서 출토된 문화재들을 보호하기 위해서 지역 주민들의 출입을 제한하기로 했대요.

3. 다음 글을 완성해 봅시다.

조선 시대의 왕릉은 한양으로부터의 거리, 주변 능과의 거리, 방위, 주변 산세 등 풍수지리와 관련된 요소를 일일이 ________________(으)면서까지 심사숙고하여 그 위치를 결정하였다. 그러한 이유로 능의 위치를 정하는 데에만 수 개월에서 수 년이 걸리기도 하였다.

4. '-(으)면서까지'를 사용하여 그 정도가 지나친 행동에 대한 문장을 만들어 봅시다.

✎ ____

듣고 말하기 1

서울에서 걷고 싶은 거리를 추천해 봅시다.

내용 이해

1. 도시인의 걷기 운동에 대한 설명으로 맞으면 O, 틀리면 X 하십시오.

① 도시 인근의 공기가 맑은 산이나 들을 찾아 걷는 것이 좋다. (　　)

② 언제든지 시간에 쫓기지 않고 손쉽게 즐길 수 있다. (　　)

③ 시작하기에 앞서 먼저 운동 방법을 익힌 후에 하는 것이 좋다. (　　)

④ 여러 가지 성인병 예방에 효과적이어서 건강에 도움이 된다. (　　)

2. 박물관 길 걷기 코스와 관계있는 것을 골라 ☑ 하십시오.

㉮	□ 자연환경	□ 유적지 일대
㉯	□ 전문 해설사	□ 자유 여행
㉰	□ 건강	□ 건강과 지식

3. 무엇에 대한 소개 글입니까?

① 걷기 운동의 효과　　② 새로운 걷기 운동 코스

③ 다양한 걷기 운동 방법　　④ 지역에 따른 걷기 운동의 차이

말하기

⊙ 서울에서 한국의 전통문화나 현대 문화를 살펴볼 수 있는 걷기 코스를 제안해 봅시다.

걷기 코스 이름	
걷기 코스 설명	→ → →

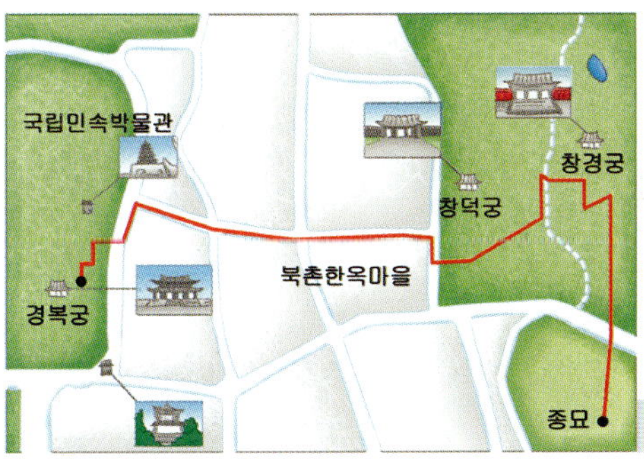

고궁 나들이 코스

듣고 말하기 2

MP3 **1-3**

서울에서 한옥이 잘 보존되어 있는 지역을 소개해 봅시다.

내용 이해

1. 북촌한옥마을에 대한 설명으로 맞으면 O, 틀리면 X 하십시오.

① 문화재가 많아 마을 전체가 박물관으로 지정되어 있다. ( )

② 서울에서 가장 북쪽에 자리 잡고 있어서 북촌이라 불린다. ( )

③ 조선 시대의 전통 한옥들이 옛 모습 그대로 보존되어 있다. ( )

④ 인구를 많이 수용하기 위해 한옥들 사이의 공간이 좁게 지어졌다. ( )

2. 여행지로서 북촌한옥마을의 매력에 대한 설명으로 맞는 것을 고르십시오.

① 내국인보다는 외국인들의 방문이 많은 곳이다.

② 서울 근교에 자리 잡고 있어서 여행자들에게 인기가 높다.

③ 주민들이 실제로 거주하고 있는 곳이어서 개인적인 관람은 불가능하다.

④ 마을을 둘러볼 수 있을뿐더러 전통문화를 직접 체험해 볼 수도 있다.

3. 다음 북촌문화센터에 대한 설명 중 서로 관계있는 것을 연결하십시오.

홍보관 •	• 전시 •	• 서예
사랑방, 뒷마당 •	• 체험 •	• 온돌

북촌한옥마을

말하기

⊙ 북촌한옥마을과 같이 전통 가옥을 잘 보존하고 있는 각국의 관광지를 소개해 봅시다.

듣고 말하기 3

MP3 **1-4**

커피와 덕수궁이 어떤 관련이 있을지 추측해서 말해 봅시다.

내용 이해

1. 다방 커피에 대한 설명으로 맞으면 O, 틀리면 X 하십시오.
   ① 요즘 신제품으로 출시된 커피의 상품명이다. ( )
   ② 예전에는 다방에서 팔던 커피를 의미했다. ( )
   ③ 현재는 커피를 만드는 방법을 의미하기도 한다. ( )
   ④ 개인의 취향에 따라 다양한 맛으로 즐길 수 있다. ( )

2. 다방 커피가 전국적으로 인기를 끄는 데에 결정적인 역할을 한 것은 무엇입니까?

✎ ____________________

3. 다음 '정관헌'에 대한 표를 완성하십시오.

건립자	건립 목적

덕수궁 정관헌

말하기

⊙ 근대 외래 문물의 유입 경로와 정착 과정 그리고 당시 사회에 미친 영향에 대해 이야기해 봅시다.

읽고 쓰기 1

한 나라의 국가명이나 도시명의 의미와 유래에 대해서 말해 봅시다.

서울, 지명의 유래

2014년을 기준으로 25개의 구와 423개의 동으로 이루어진 서울은 역사가 오랜 만큼 각 지역의 지명에 얽힌 이야기도 풍부한 곳이다. 지명의 유래는 역사적인 사실에서 근거를 찾을 수 있는 경우도 있지만 야사로 전해 내려오는 경우도 적지 않다. 서울의 지명에 대한 이야기가 전자의 대표적인 경우라면 왕십리의 지명에 대한 이야기는 후자의 대표적인 경우에 해당한다.

서울은 옛날부터 수도라는 뜻을 가진 말이었는데, 그 유래에 대해서는 의견이 분분하다. 그러나 학계에서는 1,000년 왕국이라 일컬어지는 신라(기원전 57~935)의 수도였던 '서라벌'(지금의 경주)에서 유래되었다는 이야기를 정설로 인정하고 있다. 서라벌이 서벌로, 서벌이 서울로 차츰 변하여 현재의 서울이 되었다는 설명이다.

1945년 광복 후부터 공식적으로 사용해 온 서울은 한글로는 '서울'로, 로마자로는 'Seoul'로 표기되고 있지만 공식적인 한자 표기는 없다. 그런 탓에 중국에서는 '漢城(한성)'으로, 일본에서는 'ソウル(소우루)'로 표기하는 등 혼란을 겪어 왔다. 이 때문에 중국에서 보낸 우편물 중 '서울대'가 '한성대'로 잘못 표기되어, 서울대로 가야 할 것이 한성대로 배달되는 웃지 못할 촌극이 벌어지기도 했다.

한편 왕십리의 지명은 앞서 소개한 바와 같이 야사에서 그 근거를 찾을 수 있는데, 이 이야기는 진위 여부를 떠나 사람들의 입에 심심치 않게 오르내리고 있다. 조선을 건국한 태조 이성계는 옛 왕조인 고려(918~1392)의 수도 개성을 떠나 새 나라에 걸맞은 수도를 찾고자 하였다. 그래서 그는 풍수에 밝은 무학대사에게 새 수도를 세울 만한 자리를 알아보도록 하였고 이에 무학대사는 전국 방방곡곡을 직접 다니면서까지 명당자리를 찾아다녔다. 그러다가 왕십리 근처까지 오게 되었는데, 훤히 트여 있는 지형으로 미루어 새 수도를 세우기에 적당해 보였다.

그때 한 백발노인이 소를 타고 지나가다가 소에게 채찍질하며 "이놈의 소가 미련하기가 꼭 무학과 같구나! 어찌 좋은 자리를 놔두고 엉뚱한 곳만 찾아다닐꼬."라고 중얼거렸다. 무학대사는 그 노인에게 가르침을 청하였고 노인은 서북쪽으로 십 리를 더 가면 명당자리가 있을 것이라고 말하고는 사라져 버렸다.

그리하여 노인이 가르쳐 준 대로 그곳으로부터 십 리 떨어진 곳을 새 수도로 정하게 되었는데 그곳이 바로 조선 왕조의 새로운 수도 한양이다. 그 후 무학대사가 처음 살펴보았던 자리는 '십 리를 더 가라'는 뜻으로 갈 왕(往)자에 십리(十里)를 붙여 지금의 왕십리가 되었다고 한다.

단어							
얽히다	야사	분분하다	학계	정설	표기	촌극	진위
걸맞다	풍수	방방곡곡	명당자리	훤히	트이다	미련하다	청하다

내용 이해

1. '서울'의 지명과 '왕십리'의 지명의 유래는 어떤 점에서 차이가 있습니까?

2. 신라의 수도 이름에서 '서울'이 유래한 과정을 순서대로 제시하십시오.

3. 중국에서 서울대로 보낸 우편물이 한성대로 잘못 배달된 것은 어떤 이유 때문입니까?

4. 무학대사가 수도 자리로 적당하다고 생각한 곳과 그렇게 생각한 이유는 무엇입니까?

5. '왕십리'가 지니고 있는 의미는 무엇입니까?

쓰기

⊙ 다음 지명의 내력을 조사하여 보고서를 써 봅시다.

절두산	사근동	탄천	잠원과 잠실
쌍문동	낙성대	살곶이 벌	망우리고개

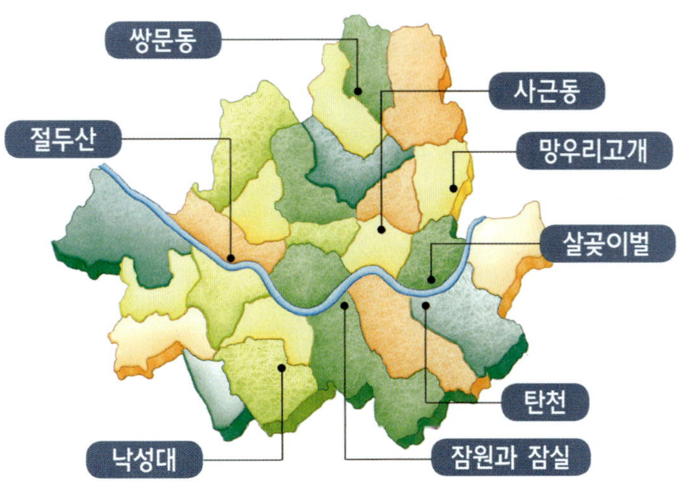

▌서울 각 지역의 지명

'○○의 중심지'라는 표현으로 명동을 소개해 봅시다.

명동의 변신

'밝은 고을'이란 뜻을 지니고 있는 명동은 반경 0.44㎢로 다소 비좁아 보이지만 하루의 유동 인구가 100만 명에 이른다. 그뿐만 아니라 쇼핑객의 절반 이상이 외국인일 정도로 한국 최고의 상업 관광지로 이름을 날리고 있다.

역사적으로도 명동은 항상 한국 경제 발전의 중심에 서 있었다. 1950년대 근대화가 시작된 이래 은행업의 중심인 증권거래소가 20여 년 동안 명동 한복판에 있었고 시중 은행의 본점들 역시 명동에 집중되어 있었다. 산업화 이후에는 국내의 사채 시장까지 이곳에 자리 잡아 지금까지도 명맥을 이어 오고 있다.

일제 강점기 때부터 근대 문물의 집산지였던 명동은 해방 이후 50~60년대 문화·예술계의 중심지이기도 했다. 또 1981년 해외여행 자유화 전까지 명동에 고급 맞춤 양복점, 양장점이 즐비했던 것으로 미루어 보면, 당시의 명동은 지금의 청담동이나 강남역, 홍대 앞을 훨씬 능가하는 패션의 중심지였던 것으로 보인다.

증권거래소가 여의도로 이전하고 새로운 부촌으로 떠오른 강남을 중심으로 백화점 상권이 자리 잡으면서 80년대 중반 이후 명동의 발전은 주춤거렸다. 특히 1997년 말 외환 위기 이후 명동 상권은 침체될 대로 침체되었다.

그러나 2000년대로 접어들어 명동은 다시 활기를 찾기 시작했다. 한국인 대신 외국 관광객이 명동으로 발길을 옮기기 시작한 것이다. 2002년 한·일 월드컵을 기점으로 일본 관광객들이 몰려들더니 2000년대 후반에는 경제 성장을 이룬 중국 관광객들이 합세하였고 2010년 이후에는 미주·유럽 관광객들까지 몰려들고 있다.

현재 명동에서 잘나가는 업종으로는 호텔업, 화장품 판매업, 마사지업 세 가지가 손꼽힌다. 호텔업의 경우 넘쳐나는 관광객을 위한 중저가 호텔 신축이 성황이다. 또 화장품 판매업은 관광객들 사이에 저렴하면서도 품질이 좋다는 입소문이 퍼지면서 호황을 누리고 있다. 한편 명동의 건물 지하, 고층을 가리지 않고 외국인 관광객을 위한 전용 마사지 가게들이 우후죽순으로 들어서 있다.

한국의 역사와 함께 부침을 거듭했던 명동은 이제 명실공히 한국 최고의 상업 관광지가 되었다고 해도 과언이 아닐 것이다. 앞으로도 명동이 인기 관광지로서의 명성을 이어 나갈 수 있을지는 관광객들의 요구를 얼마나 잘 충족하느냐에 달려 있을 것이다.

단어

반경	유동 인구	한복판	시중	사채 시장	문물	집산지	주춤거리다
기점	합세하다	잘나가다	성황	우후죽순	부침	명실공히	충족하다

내용 이해

1. 명동에 대한 정보를 정리해 봅시다.

지명의 의미	크기	하루 유동 인구	특징

2. 시대에 따른 명동의 변천사를 정리해 봅시다.

1950~1960년대	1950~1970년대	1980년대 이전	2000년대
	경제의 중심지		관광·쇼핑의 명소

3. 경제와 패션의 중심지였던 명동이 80년대 중반 이후 침체되기 시작한 이유는 무엇입니까?

4. 명동을 찾는 외국인 관광객들은 어떻게 변화해 왔습니까?

5. 현재 명동에서 가장 인기 있는 사업은 무엇입니까?

명동

쓰기

⊙ 명동이라는 명칭은 '그 지역에서 가장 중심적인 상업 관광지'라는 의미로 사용되기도 합니다. 각 도시의 '명동'을 소개하는 글을 써 봅시다.

선행 학습 목록

1. 각국의 세계유산, 세계기록유산, 인류무형문화유산
2. 한국에서 답사해 보고 싶은 유적지
3. 각국의 대표적인 역사 도시
4. 각국의 대표적인 민요

제2과

한국의 문화유산

UNESCO

세계유산 세계기록유산 인류무형문화유산

주제	유네스코에 등재된 한국의 문화유산
어휘	문화유산 관련 어휘
문법	① -(으)려야 -(으)ㄹ 수 없다 ② 도 -(이)려니와 ③ -(으)ㄴ 바에야
활동 과제	유적지 탐방 보고서 작성 및 발표하기

도입

01 다음은 유네스코에 등재된 한국의 대표적인 유산입니다. 여러분이 알고 있는 유네스코 유산에 대해 이야기해 봅시다.

세계유산(문화유산) : 경주 석굴암

세계유산(자연유산) : 제주 용암동굴

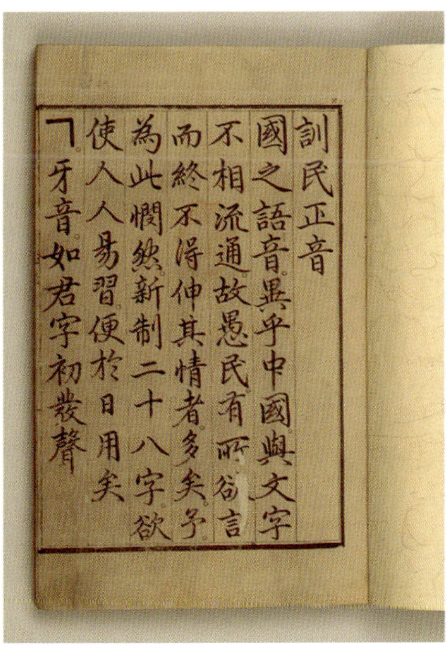

訓民正音

國之語音異乎中國與文字

不相流通故愚民有所欲言

而終不得伸其情者多矣予

為此憫然新制二十八字欲

使人人易習便於日用矣

ㄱ牙音如君字初發聲

세계기록유산 : 훈민정음

인류무형문화유산 : 판소리

대화문

MP3 2-1

한솔: 제니 씨, 왜 어제 동아리 모임에 안 나왔어요? 답사 준비해야 한다고 얘기했는데, 혹시 잊어버렸어요?

제니: 미안해요. 엊그제 책을 읽느라고 밤을 꼴딱 새웠거든요. 아침에서야 잠이 들어서 일어나려야 일어날 수가 없었어요.

한솔: 무슨 책이길래 밤을 새우면서까지 읽었어요?

제니: '나의 문화유산답사기'라는 책이에요. 제가 워낙 한국의 역사와 문화에 관심이 많잖아요. 그래서 역사 동아리에도 가입한 거고요. 그런데 이 책에 평소에 가 보고 싶었던 한국의 유적지가 구체적으로 잘 소개되어 있어서 책을 손에서 놓을 수가 없었어요.

한솔: 아, 그 책이요? 아마 우리 동아리 회원 중에 안 읽어 본 사람이 없을 걸요? 유적지에 관한 소개도 소개려니와 미학적인 측면에서의 감상법과 그곳에 얽힌 이야기들을 편안하게 풀어내서 답사의 길잡이라고도 불려요.

제니: 저도 경주에 대해서는 웬만큼 잘 알고 있다고 생각했는데 막상 책을 읽어 보니 제가 놓친 부분들이 많더라고요. 답사기의 내용을 따라 그대로 다시 한 번 경주에 가고 싶은 마음이 절로 들었어요.

한솔: 경주는 다음에 또 갈 기회가 있을 거예요. 그건 그렇고 이번 답사 장소가 안동 하회마을이니까 그 부분도 읽어 보고 가세요. 이왕 가기로 한 바에야 그곳에 대해 세세히 알고 가면 훨씬 더 재미있을 거예요. 아는 만큼 보인다는 말도 있잖아요.

제니: 아! 하회탈로 유명한 곳 말인가요? 꼭 한번 가 보고 싶었던 곳인데 잘됐네요.

한솔: 2010년에 세계문화유산으로도 등재된 곳이기도 하고 근처에 병산서원이나 도산서원 같은 문화유적지가 많이 있으니까 가 볼 만할 거예요.

단어					
엊그제	꼴딱	워낙	미학적	풀어내다	길잡이
막상	놓치다	절로	이왕	세세히	등재되다

알아두기

안동 하회마을: 경상북도 안동시에 있는 민속 마을로 2010년 유네스코 세계문화유산으로 등재되었다. 이 마을은 전통적인 생활양식과 건축물을 잘 보존한 곳으로 낙동강이 S자 형태로 이 마을을 감싸안고 흘러 하회(河回)라는 이름이 붙여졌다.

내용 이해

1. 제니는 어떤 분야에 관심이 있습니까?

2. 제니는 어떤 이유로 이 책을 밤새도록 읽게 되었습니까?

3. 제니가 읽은 책이 '답사의 길잡이'라고 불리는 이유는 무엇입니까?

4. 한솔이 답사를 가기 전에 답사 장소와 관련된 책을 읽으라고 권한 이유는 무엇입니까?

5. 동아리에서 이번에 답사로 가는 안동 하회마을은 어떤 곳입니까?

토의와 토론

1. 한국에서 답사해 보고 싶은 유적지에 대해 이야기해 봅시다.

창덕궁	수원화성	강화도 고인돌	경주 역사유적지구	양동마을

2. 최근 국외로 반출된 문화재 반환 문제가 논란이 되고 있습니다. 다음을 참고하여 이에 대해 어떻게 생각하는지 자신의 의견을 말해 봅시다.

주 장	외국의 문화재를 반환해야 한다.	외국의 문화재를 반환할 필요가 없다.
논 거	불법적으로 반출된 경우가 많고 그 나라 사람들에게 소중한 문화유산이기 때문에	국제법상 반환할 의무가 없고, 반출될 당시의 상황을 정확히 알 수 없기 때문에

어휘 제시와 연습

문화유산			
유형 문화재 무형 문화재 천연기념물 사적, 명승	택견 아리랑 판소리 종묘제례	훈민정음 동의보감 대장경판 조선왕조실록	지정되다 등재되다 계승하다 전승하다

1. 다음에서 서로 관련 있는 것들을 찾아 짝지어 보고 그 관계를 설명해 봅시다.

아리랑 ·	· 의학서
훈민정음 ·	· 역사서
동의보감 ·	· 한글 창제
조선왕조실록 ·	· 인류무형문화유산

2. 다음에 주어진 설명과 관계가 있는 것을 위 단어 목록에서 찾아 봅시다.

이것은 조선 왕실의 신주를 모신 종묘에서 역대 왕들에게 제사를 드리는 의식을 일컫는다. 이것의 특징은 보통의 제사와는 달리 음악과 춤이 함께 한다는 것이다. 500년 이상 거의 그대로 보존되어 내려오는 동아시아 유일의 왕실 의식이기에 그 가치를 인정받아 2001년에 세계문화유산으로 등재되었다.

3. 위에 제시된 단어를 사용하여 글을 완성해 봅시다.

해인사 장경판전은 ①________________ 을/를 보관하기 위해 지어진 목제 건물로 건축된 지 600년이 훨씬 지났는데도 건물의 기둥이 전혀 기울어지지 않았다. 또 습도와 통풍이 저절로 조절되도록 과학적으로 설계되어 현재까지 ①_______________ 을/를 완전하게 보존하고 있다. 이점을 높이 평가받아 국보로 ②____________(으)며 1995년 유네스코 세계유산에 ③_______________.

길라잡이
① 고려 시대 간행된 불교 경전으로 불교의 힘으로 외세의 침략을 막아보고자 제작됨.
② 가리켜 확실하게 정해짐.
③ 일정한 사항이 장부에 올려짐.

표현 제시와 연습

1	어깨너머로 배우다	-고 싶은 마음이 절로 들다
	손에서 놓을 수가 없다	~ 삼아 (재미 삼아/ 친구 삼아/ 운동 삼아)

1. 목록 [1]에서 알맞은 표현을 골라 밑줄 친 부분을 바꿔 말해 봅시다.

   (1) 재미로 시작한 한국어 공부가 이제는 내 특기가 되었다.

   (2) 장학금을 받으니 더 잘하고 싶다는 생각이 나도 모르게 들었다.

   (3) 어제부터 읽기 시작한 소설이 하도 흥미진진해서 쉬지 않고 계속 읽었다.

   (4) 나는 서예를 정식으로 배운 적은 없고 할아버지 옆에서 하시는 것을 보면서 배웠다.

2	에 버금가다	을/를 불문하고
	(부터) ~ 에 이르기까지	-(ㄴ/는)다는 점에 착안하다

2. 목록 [2]에서 알맞은 표현을 골라 다음 대화를 완성하여 말해 봅시다.

   (1) 가: 그 영화에 출연한 그 신인 배우가 요즘 유명해졌다면서요?

   나: 신인인데도 불구하고 (전문 연기자)__________ 연기력을 갖추고 있으니까요.

   (2) 가: 서울시에서 문화 해설사를 모집한다던데 전공이나 나이에 제한이 있나요?

   나: 아니요, 관심 있는 사람이라면 (전공과 나이)__________ 누구나 지원할 수 있어요.

   (3) 가: 요즘 SNS를 통한 광고가 점차 많아지고 있는 듯해요.

   나: 젊은이들이 (SNS에 익숙하다)__________ 이를 통한 마케팅을 확대하고 있는 거죠.

   (4) 가: 제 친구 중에는 스키를 잘 못 타는 친구도 있는데, 좀 위험하지 않을까요?

   나: 초급자부터 (상급자)__________ 누구나 스키를 즐길 수 있도록 다양한 코스가 있어요.

3. 대화 상황을 떠올리면서 여러 가지 표현으로 대화해 봅시다.

그 역사 소설이 그렇게 재미있어?
밤새워 읽다니…….

(1) 너도 읽다 보면 계속 읽고 싶은 마음이 절로 들걸?

(2) 이야기 전개가 흥미진진해서 손에서 놓을 수가 있어야지.

(3) 이 책이야말로 시대를 불문하고 인정받을 만한 작품이야.

문법 제시와 연습

1. -(으)려야 -(으)ㄹ 수가 없다

- 용법: 아무리 노력해도 더 이상 어떻게 할 수 없거나 그렇게 하는 것이 불가능함을 말할 때 사용한다. 앞뒤로 동일한 동사를 적으며, 주로 구어체에 많이 쓰인다.
- 비교: 아무리 -(으)려고 해도 -(으)ㄹ 수가 없다
- 예문: 불상 앞에 새겨진 글자가 너무 닳아서 **읽으려야 읽을 수가 없다**.
  전통 공연이 너무 지루해서 졸음을 **참으려야 참을 수가 없었다**.

1. 다음을 '-(으)려야 -(으)ㄹ 수가 없다'를 사용하여 연결해 봅시다.

(1) 그 사람은 하는 일마다 실수를 저질러서	·	· (가) 찾다
(2) 그 여자는 행동이나 말투가 너무 고와서 실수가 잦아도	·	· (나) 투자하다
(3) 경제 전망이 워낙 어둡다 보니 아무리 이자율이 높다고 해도	·	· (다) 미워하다
(4) 건망증이 부쩍 심해져서 항상 두던 곳에 물건을 두지 않으면	·	· (라) 일을 맡기다

2. 다음 보기처럼 대화해 봅시다.

가: 문화 해설사의 설명이 있어서 유적지에 대한 이해가 조금 쉬웠죠? (듣다)
나: 해설사의 말이 빠른 데다가 주변이 시끄러워서 <u>들으려야 들을 수가 없었어요</u>.

(1) 화재로 소실된 문화재가 원래 모습을 찾을 수 있을까요? (복원하다)
(2) 네 동생이 요즘 택견에 빠져서 공부는 안 하고 밤낮 연습만 한다면서? (이해하다)
(3) 다들 바쁜 와중에 시간 낸 거니까 너도 이번 답사 여행에 꼭 참석했으면 좋겠어.
(4) 문화유산 조사 보고서 제출 기한이 오늘까지인데 다 썼어?

3. 다음 글을 완성해 봅시다.

경주는 천년 동안 신라의 수도로서 명맥을 유지해 왔기 때문에 현재까지도 도시 곳곳에 수많은 유적지가 고스란히 남아있다. 그 깊은 역사만큼이나 다양한 볼거리로 가득 찬 경주는 하루 만에 그 모든 문화유산을 __________(으)려야 __________(으)ㄹ 수가 없다. 경주 여행을 계획하고 있다면 당일치기 여행보다는 여유 있게 일정을 짜는 것이 좋다.

4. '-(으)려야 -(으)ㄹ 수가 없다'를 사용하여 불가능한 일과 그 이유를 나타내는 문장을 만들어 봅시다.

✎ ____

2. 도 -(이)려니와 / -기도 -(으)려니와

- 용법: 화제에 대해 두 가지 내용을 함께 말할 때 사용한다. 앞 절에는 당연히 그렇다고 인정하는 것을 적고 뒤 절에는 그것과 관련된 새로운 사실을 적는다. 앞 절의 내용이 긍정적이면 뒤 절도 긍정적으로, 앞 절의 내용이 부정적이면 뒤 절도 부정적으로 적어야 한다.
- 비교: 도 -(이)지만
- 예문: 대장경판은 인쇄기술**도** 인쇄기술**이려니와** 보관 방법도 놀라울 정도로 훌륭하다.
  현재 판소리는 명창이 적**기도** 적**으려니와** 계승하려는 사람도 많지 않다.

1. 다음을 '도 -(이)려니와'를 사용하여 연결해 봅시다.

(1) 그는 외모가 출중하다 ·	· ㈎ 인품도 훌륭하다.
(2) 경주는 유적지가 많다 ·	· ㈏ 자연 경관도 뛰어나다.
(3) 외국어를 배우려면 언어를 배워야 하다 ·	· ㈐ 인맥도 잘 쌓아야 한다.
(4) 현대 사회에서 성공하려면 능력이 중요하다 ·	· ㈑ 문화도 이해할 수 있어야 한다.

2. 다음 보기처럼 대화해 봅시다.

> 가: 이 찻집은 창 너머로 궁이 보여서 분위기가 색다른 것 같아요. (분위기-차 맛)
> 나: 분위기도 분위기**려니와** 차 맛이 그만이네요.

(1) 아리랑은 들으면 들을수록 음이 아름다운 것 같아요. (음-가사)
(2) 세종대왕이 많은 책을 편찬하신 걸 보면 학문에 관심이 많으셨나 봐요. (학문-과학기술)
(3) 이곳의 문화 해설사는 문화유산에 대한 지식이 참 풍부한 것 같아.
(4) 답사할 문화 유적지를 정할 때는 역사적 가치를 최우선으로 하여 결정해야겠지요?

3. 다음 글을 완성해 봅시다.

> 냉장고가 없던 시절, 선조들은 많은 양의 김치를 보관하기 위해 땅속에 김칫독을 묻었다. 선조들이 김칫독을 땅속에 묻은 이유는 ______________도 ______________(이)려니와 김치를 자연스럽게 숙성시키기 위해서였다. 이런 방식으로 김치를 숙성시키면 겨우내 김치의 맛을 유지할 수 있어서 항상 맛있는 김치를 즐길 수 있다.

4. '도 -(이)려니와'를 사용하여 두 가지 내용을 설명하는 문장을 만들어 봅시다.

✎ ____

3. -(으)ㄴ 바에야

- 용법: 이미 벌어진 상황에서 어떻게 행동할 것인지 말할 때 사용한다. 앞 절에도 이미 벌어진 일을 적고 뒤 절에는 그 상황에서 할 수 있는 최선의 행동을 적는다. '이왕', '기왕', '어차피' 등의 부사와 잘 어울린다
- 비교: -(으)ㄹ 바에야
- 예문: 한국의 문화유산에 대해 배우기로 **한 바에야** 하나라도 더 배워야죠.
  이왕 표를 사고 들어**온 바에야** 판소리 공연이 좀 지루해도 다 보고 가자.

1. 다음을 '-(으)ㄴ 바에(야)'를 사용하여 연결해 봅시다.

(1) 이왕 늦었다 ·	·	(가) 미련을 갖지 마세요.
(2) 어학연수를 왔다 ·	·	(나) 서두르지 말고 느긋하게 가자.
(3) 어차피 헤어지기로 했다 ·	·	(다) 사전 조사를 철저히 해야 한다.
(4) 창업을 하기로 마음먹었다 ·	·	(라) 언어뿐만 아니라 다양한 문화 체험도 하자.

2. 다음 보기처럼 대화해 봅시다.

가: 시에서 그 유적지를 관리하기로 해 놓고 예산 탓만 하며 방치하고 있대. (관리하기로 했다)
나: 이왕 관리하기로 **한 바에야** 책임지고 제대로 해야지.

(1) 국악 공연을 예매했는데 갑자기 다른 일이 생겼네. 어떡하지? (예매했다)
(2) 궁이 너무 넓어 가지고 더 이상 못 걷겠다. 그만 나가자. (비싼 입장료를 내고 들어왔다)
(3) 2박 3일 일정으로 경주에 답사를 가기로 했는데 경비가 만만치 않네.
(4) 6개월 과정으로 장구를 배우기로 했는데 악기를 살까 말까 고민이야.

3. 다음 글을 완성해 봅시다.

세계문화유산에 등재되려면 9단계의 절차를 거쳐야 하는 등 까다로운 조건을 충족해야 한다. 최근 들어 세계 각국에서는 자국의 문화재를 세계문화유산에 등재시키기 위해 다양한 노력을 하고 있다. 한국도 마찬가지로 여러 고유 문화재의 세계문화유산 등재를 추진하기로 했는데 ________________(으)ㄴ 바에야 어렵더라도 최선을 다해야 할 것이다.

4. '-(으)ㄴ 바에야'를 사용하여 이미 일어난 일과 관련하여 계획이나 제안을 나타내는 문장을 만들어 봅시다.

✎ ____

듣고 말하기 1

MP3 **2-2**

다음 강화도 지도를 보고 문화 유적지를 확인해 봅시다.

내용 이해

1. 강화도에 대한 설명으로 맞으면 ○, 틀리면 × 하십시오.

① 서해에 있는 섬으로 그 크기가 한국에서 세 손가락 안에 든다. ( )

② 육지와 연결되어 있기 때문에 배를 타지 않고도 갈 수 있다. ( )

③ 아침에 해돋이가 아름답기로 유명하다. ( )

④ 강화도 특산품은 오일장에서 쉽게 구매할 수 있다. ( )

2. 강화 지석묘에 대한 설명으로 틀린 것을 고르십시오.

① 세계문화유산으로 지정되었다. ② 선사 시대 무덤이다.

③ 탁자 모양으로 생겼다. ④ 강화도 역사박물관에 전시되어 있다.

3. 강화도를 한반도 역사의 축소판이라고 부르는 이유는 무엇입니까?

✎ ______________________________

말하기

⊙ 여러분 나라에서 강화도와 같이 각기 다른 시기의 역사 유적지가 많이 모여 있는 지역을 소개해 봅시다.

듣고 말하기 2

MP3 2-3

한의학과 서양 의학의 차이점은 무엇인지 다음을 참고하여 이야기해 봅시다.

치료 방법　　약의 재료　　발달한 국가

내용 이해

1. 동의보감에 대한 설명으로 맞으면 ○, 틀리면 × 하십시오.

① 임진왜란 이후 허준이 자발적으로 편찬한 의학서이다. (　)

② 한국의 문화유산 중에서 첫 번째로 등재된 세계기록유산이다. (　)

③ 허준을 비롯해 여러 학자가 15년에 걸쳐 쓴 책이다. (　)

④ 동아시아의 전통 의학을 발전시키는 데 큰 도움을 주었다. (　)

2. 동의보감과 다른 의학서의 차이점은 무엇입니까?

✎ ____________________

3. 동의보감에 약의 재료의 이름을 한자와 한글을 함께 써 놓은 이유는 무엇입니까?

✎ ____________________

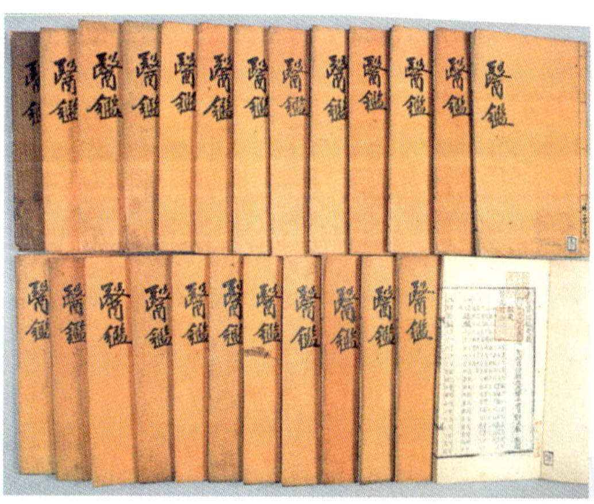

'허준'의 동의보감

말하기

⊙ 세계에서 의학 발전에 크게 기여한 사람을 소개해 봅시다.

듣고 말하기 3

MP3 **2-4**

다음 제시어를 사용해서 조선 왕조에 대해 이야기해 봅시다.

태조 이성계　　1392년　　한양　　경복궁　　유교　　신분제

내용 이해

1. 조선왕조실록에 대한 설명으로 맞으면 ○, 틀리면 × 하십시오.

① 조선 시대의 역사를 기록한 책이다. (　　)

② 주로 당시의 정치에 대한 내용이 기록되어 있다. (　　)

③ 내용이 풍부하지 않아 조선 시대를 이해하는 데에는 한계가 있다. (　　)

④ 한국이 보유하고 있는 유네스코 세계기록유산 중의 하나이다. (　　)

2. 남자가 설명한 만화의 특징으로 맞는 것을 2개 고르십시오.

☐ 어른보다는 아이들이 더 좋아하는 매체이다.

☐ 그림으로 표현되기 때문에 쉽게 이해할 수 있다.

☐ 사건이나 상황을 생동감 있게 표현할 수 있다.

☐ 역사적인 사실을 표현하기에는 좀 어려울 수도 있다.

3. 만화 조선왕조실록의 특징으로 맞는 것을 연결하십시오.

내용 •	• 역사적 사실만을 토대로 내용을 구성하였다. • 구전으로 전해 내려오는 이야기도 포함하여 내용을 구성하였다.
형식 •	• 문장을 쉽게 풀어써서 독자의 이해를 돕고 흥미를 높였다. • 문장은 어렵지만 그림을 곁들여 독자의 이해를 돕고 흥미를 높였다.

4. 만화 조선왕조실록은 모두 몇 권으로 출간될 예정입니까?

✎ ____________________

말하기

⊙ 각국의 문화유산으로 인정될 만한 서적을 소개해 봅시다.

읽고 쓰기 1

조선 22대 왕 정조와 그의 아버지 사도세자에 대해 이야기해 봅시다.

수원화성을 다녀와서

지난주 역사 동아리 모임에서 조선 시대 당시 새로운 세상을 꿈꾸었던 정조 대왕에 대한 세미나를 했다. 내친김에 동아리 친구들과 함께 정조 대왕이 아버지에 대한 효심과 새로운 시대에 대한 염원을 담아 지었다는 수원화성을 직접 답사해 보기로 했다. 일요일 아침 7시 30분, 강남역에서 시외버스를 타고 화성행궁 앞에서 내렸다. 꽃샘추위로 햇볕은 따뜻해도 바람이 제법 매섭게 부는 탓에 어깨가 움츠려졌다.

화성행궁은 정조 대왕이 수원화성을 지은 뒤 화성에 행차할 때마다 임시로 머물렀던 궁궐이다. 정식 궁궐이 아니므로 서울에 있는 경복궁이나 창덕궁처럼 규모가 웅장하지는 않았지만 소박한 멋이 묻어나는 궁이었다. 이른 시간이어서 그런지 관람객을 거의 찾아 볼 수 없어서 화성행궁 안은 참 한적했다. 해설사가 입구에 들어서자마자 보이는 600년 넘은 느티나무는 신성한 나무라 여겨져 함부로 만지면 안 된다고 말했다. 대신 이 앞에서 소원을 빌면 정조 대왕의 기운을 받아 이루어진다고 해서 재미 삼아 나도 소원을 적어 느티나무 앞 새끼줄에 걸었다.

행궁을 둘러본 후 뒤쪽 성곽을 따라 400여 미터 올라가니 화성열차라는 관광 열차가 보였다. 열차의 앞부분은 왕을 상징하는 용머리 형상을 하고 있었고, 관광객들이 앉는 객차는 왕이 타는 가마 모양이었다. 이 열차를 타고 수원화성 둘레를 돌며 해설사의 설명을 들었는데, 열차 모양 때문인지 왕이 된 것 같은 기분을 만끽할 수 있었다.

수원화성은 정조 대왕이 1794년 완공한 성으로 자연환경을 적절히 활용한 것은 물론이고 설계에서 공사에 이르기까지 새로운 기술과 다양한 장비를 이용하여 과학적이고 실용적으로 지어졌다고 한다. 실제로 가까이에서 바라본 수원화성은 돌을 쌓은 모습이라든지 성곽과 성문의 모습이 전쟁 시 공격과 수비를 효율적으로 할 수 있도록 축조된 성이었다. 화성은 한국전쟁을 겪으면서 크게 파손되었는데, 당시 축조 상황을 기록해 놓은 〈화성성역의궤〉를 바탕으로 원형대로 복원하였다고 하니 참으로 다행스러운 일이다.

마지막으로 성곽 안에 위치한 수원화성박물관에 갔는데, 가는 길에 화성 안으로 나 있는 차도로 버스와 자동차들이 성문을 통해 지나가는 것을 볼 수 있었다. 성곽 위에서 그 모습을 보고 있으니 마치 과거와 현대가 자연스럽게 이어지는 듯한 느낌이 들어 기분이 묘했다. 박물관에서는 해설사가 수원화성의 역사를 일목요연하게 설명해 줘서 오늘 본 것이 한 번에 정리되는 것 같아 흡족했다.

답사를 마친 후, 기왕 멀리까지 온 바에야 이 지역의 특별한 음식으로 저녁을 해결할 생각으로 주변의 맛집을 찾아 나섰다. 마침 박물관 인근에 맛도 맛이려니와 후한 서비스로 이름 난 40년 전통 맛집이 있었다. 우리는 이곳에서 뒤풀이 겸 저녁 식사를 하며 수원화성 답사를 유쾌하게 마무리했다.

단어							
내치다	효심	염원	매섭다	움츠리다	행차	웅장하다	신성하다
만끽하다	장비	실용적	축조	일목요연하다	흡족하다	후하다	뒤풀이

내용 이해

1. 글쓴이가 수원화성을 답사하게 된 계기는 무엇입니까?

2. 글쓴이가 한 일을 시간적인 순서에 따라 나열해 봅시다.

( ) ➡ ( ) ➡ ( ) ➡ ( )

㉠ 화성열차를 타고 성곽을 한 바퀴 돌았다.
㉡ 박물관에서 해설사의 설명을 들으며 관람했다.
㉢ 40년 전통 맛집에서 친구들과 뒤풀이를 했다.
㉣ 느티나무에 소원을 적어 걸어 두었다.

3. 화성열차의 모습을 묘사해 봅시다.

4. 수원화성의 건축 방식은 어떤 특징을 가지고 있습니까?

5. 성곽 위에서 과거와 현재가 공존하는 듯한 인상을 받은 이유는 무엇입니까?

수원화성 화홍문

쓰기

⊙ 역사 유적지를 직접 탐방한 후 시간의 흐름과 공간의 이동에 따라 기행문을 쓰십시오.

각 지역의 아리랑을 들어 봅시다.

아리랑의 유래

2012년 12월 한국의 민요 아리랑이 유네스코 인류무형유산에 등재되었다. 아리랑은 애국가에 버금갈 만큼 한민족을 상징하는 노래이다. 역사적으로도 아리랑은 일부 계층만이 즐겨 부르던 노래가 아니라 누구든지 어깨너머로 배워 부르고 손쉽게 지어 부르던 백성의 노래였다. 아리랑이 널리 불린 것은 한민족의 정서와 어울리는 선율 때문일 것이다. 이렇게 한민족의 가슴을 울리던 아리랑이 이제 세계 속의 아리랑이 됐다.

지금은 외국인들도 흥얼거릴 만큼 대중적인 노래가 되었지만, 구전 민요인 아리랑이 언제부터 불리기 시작했는지는 확실하지 않다. 전국적으로 정선아리랑, 밀양아리랑, 진도아리랑 등 곡조와 가사가 서로 다른 아리랑이 60여 종이나 존재하니만큼 그 정확한 유래에 대한 기원설을 찾으려야 찾을 수가 없다. 이들의 공통점이라면 모든 아리랑의 후렴구가 '아리랑, 아리랑, 아라리요'로 끝난다는 점인데, 이에 착안하여 '아리랑'의 어원에서 그 실마리를 찾으려는 시도가 있다. 즉 '아리랑'이 무엇을 의미하는지 찾는다면 그 유래를 밝힐 수 있다고 보는 것이다.

여러 가지 기원설 중에서 가장 흥미로운 것은 흥선대원군의 경복궁 재건과 관련된 이야기이다. 당시 경복궁을 다시 짓기 위해 밤낮을 가리지 않고 부역을 하던 사람들이 연인, 아내와 헤어져 지내야 하는 처지를 한탄하며 '아리랑(我離娘·나는 임과 헤어졌네)'이라고 말한 데에서 아리랑이 유래했다는 것이다. 또 당시 기부금을 강요하는 소리가 듣기 싫어 중얼거렸던 '아이롱(我耳聾·내 귀가 먹었다)'에서 유래했다는 이야기도 있다. 그렇지만 오늘날 '아리랑'을 단지 흥을 돋우는 여음 정도로 보는 학자들도 있다. 다른 민요의 '강강술래'나 '닐리리'와 같은 종류라는 것이다.

유래야 어쨌든 지역에 따라 곡조와 가사에서 차이를 보이며 다양하게 구전되던 아리랑이 대중적인 인기를 얻으며 널리 알려지게 된 것은 1926년 제작된 영화 '아리랑'의 배경 음악으로 쓰이면서부터였다. 일제 강점기라는 시대적 상황과 맞물려 한민족의 한을 표현한 저항의 노래로서 불렸던 것이다. 그 이후 아리랑은 한민족의 감정을 담기에 가장 적합한 민요로서 인식되기 시작하였다.

그리하여 아리랑은 1988년 서울 올림픽 당시 공식 음악으로 선정되어 지구촌 곳곳의 안방에까지 울렸다. 또 1991년 세계탁구선수권대회 이후 크고 작은 국제 경기에서 남북 단일팀의 단가로 채택되어 체제와 이념의 벽을 뛰어넘은 노래가 되기도 했다. 2002년 한·일월드컵에서는 록 버전의 아리랑이 응원가로 쓰이면서 젊은 세대의 정서까지 아우르는 노래로 발전했다. 이처럼 시대에 따라 변신과 발전을 거듭해 온 아리랑은 앞으로도 한민족의 노래로서 인류의 유산으로서 길이길이 빛날 것이다.

단어

버금가다	선율	흥얼거리다	곡조	후렴구	착안하다	실마리	재건
한탄하다	돋우다	맞물리다	저항	채택되다	체제	아우르다	길이길이

내용 이해

1. 아리랑이 한민족을 상징하는 노래라고 하는 이유는 무엇입니까?

2. 전국의 다양한 아리랑의 공통점은 무엇입니까?

3. 경복궁 재건과 관련된 기원설에서 아리랑의 의미는 어떻게 해석됩니까?

4. 현대의 일부 학자들은 아리랑의 후렴구를 어떤 의미로 해석하고 있습니까?

5. 아리랑이 대중에게 널리 퍼지게 된 계기는 무엇입니까?

6. 아리랑의 변신과 관련된 내용을 적어 표를 완성해 봅시다.

시기	1988년	1991년 이후	2002년
내용			

쓰기

⊙ 각 나라에서 사랑받고 있는 대표적인 민요를 소개해 봅시다.

활동 과제 – 유적지 탐방 활동

개요

서울 시내에서 역사적, 문화적으로 의미가 있는 장소를 선택하여 탐방한 후 탐방한 내용을 보고서로 작성하고 PPT로 제작하여 발표한다.

1. 활동 순서

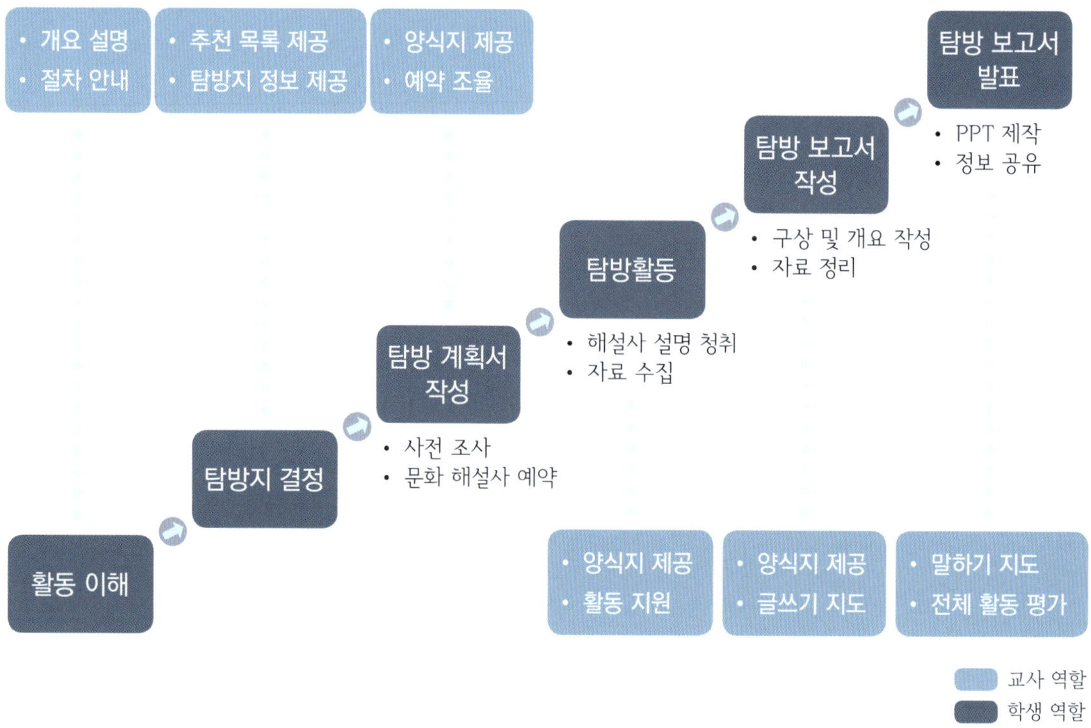

1) 탐방 조사 활동의 목표와 절차를 이해한다.

2) 역사적·문화적으로 의미가 있는 곳을 중심으로 탐방지를 결정한다.

3) 사전 조사를 통해 탐방 계획서를 작성하고, 이를 바탕으로 문화 해설사를 예약한다.

4) 탐방 계획서에 맞추어 탐방을 실행한다.

- 보고서의 주제와 내용을 생각하면서 주의 깊게 살펴본다.
- 조사 보고서나 PPT에 실을 사진들을 찍는다.
- 문화 해설사의 설명이나 관련 정보들을 꼼꼼하게 메모한다.

5) 세부 주제와 내용에 대해서 구상해 보고 필요한 자료를 보완하여 탐방 보고서를 작성한다.

6) 보고서의 내용을 PPT로 작성하여 발표한다.

2. 탐방지 선정 요건

1) 한국의 역사·문화 유적지로서 가치가 있는 곳

2) 접근성이 좋고 문화 해설사가 있는 곳

3) 자신의 흥미와 요구에 부합하는 곳

〈추천 탐방지 목록〉

	장소	역사적·문화적 가치
1	청와대 사랑채	역대 대통령의 발자취와 서울의 과거, 현재, 미래를 알아볼 수 있다.
2	청계천 및 청계천 문화관	청계천의 개발 역사를 통해 서울의 발전사를 알 수 있다.
3	서대문형무소 역사관	일제 강점기에 행해진 독립운동과 관련된 자료를 살펴볼 수 있다.
4	북촌한옥마을	한옥 주거지로서 관련 문화재들을 살펴볼 수 있다.

3. 탐방 보고서 양식

제목	____________________ 이름 ________
서론	1. 탐방 동기 - 탐방 동기 및 목적과 함께 탐방 장소, 시간 등을 밝힌다.
본론	2. 탐방 및 조사 내용 - 탐방 혹은 자료 조사를 통해 알게 된 사실을 설명한다. 필요한 경우 사진, 도표, 그림, 통계 등을 활용한다.
결론	3. 소감 - 탐방의 의의를 밝히고 보고자의 소감과 의견을 덧붙인다. 참고 문헌 및 인용 자료의 출처를 밝힌다.

제3과

환경의 위기

선행 학습 목록

1. 세계의 기후
2. 지구온난화 현상
3. 대기, 수질, 토양 등의 환경 오염 사례
4. 개발로 인한 환경 파괴 사례

주 제	인류의 생존을 위협하는 환경 문제
어 휘	환경 문제 관련 어휘
문 법	① -(으)ㄴ들 ② -기로서니 ③ -자니 -자니
활동 과제	환경 실천 보고서 작성 및 발표하기

도입

01 우리가 살고 있는 지역의 자연환경과 기후가 갑자기 달라진다면 생활 양식에 어떤 영향을 미칠지 이야기해 봅시다.

열대 기후

건조 기후

온대 기후

냉대 기후

한대 기후

02 다음은 환경 오염 문제를 상징적으로 보여주는 그림입니다. 어떤 현상에 대한 그림인지 이야기해 봅시다.

대화문

MP3 **3-1**

제니: 어제 서울 최고 기온이 27도였다는데 봄 날씨치고는 너무 더운 거 아니에요?

한솔: 그러게 말이에요. 이러다가 봄가을이 없어지는 게 아닌가 싶어요. 한국의 기후가 점점 아열대 기후처럼 변해가고 있다고 하잖아요.

제니: 이상 기후 현상이 한국에만 국한된 문제는 아닌 것 같아요. 전 세계적으로 지구온난화로 인해 지진, 홍수, 해일 등이 빈번하게 일어나는 걸 보면 말이에요.

한솔: 사람들이 제니 씨처럼 환경 의식을 가지고 있다면 좋을 텐데, 환경에 관심조차 없는 사람이 그렇게 많다고 하잖아요. 어떤 사람들한테는 눈앞에 닥친 생존 문제일 수도 있는데 말이죠.

제니: 그러게요. 얼마 전에 해수면 상승으로 가라앉고 있는 섬나라 이야기를 다룬 다큐멘터리를 봤는데 너무 안타깝더라고요. 하지만 우리가 환경 문제에 관심을 가진들 그게 무슨 도움이 되겠어요? 보통 사람들의 경우에는 생활에 쫓기다 보면 환경 문제에까지 관심을 갖기 어려운 것도 사실이고요.

한솔: 아무리 여유가 없기로서니 환경 문제를 등한시해서는 안되죠. 우리가 부지불식 간에 하는 행동이나 습관 하나하나가 환경에 미치는 영향은 상상하는 것 이상이거든요. 한 가지 예를 들자면 소고기 소비가 환경에 악영향을 미치는 거 아세요? 소의 방귀나 트림에 환경을 오염시키는 메탄가스가 섞여 있거든요.

제니: 금시초문인걸요. 하지만 소가 트림 좀 한다고 그게 환경에 영향을 미치면 얼마나 미치겠어요?

한솔: 웬걸요. 자동차나 공장의 매연 못지않게 심각한 영향을 준다고 해요. 또 공기를 정화시키는 열대 우림을 소를 키우기 위한 목초지로 만들고 있기 때문에 지구온난화 현상이 가속화되는 거래요.

제니: 평소에 소고기를 즐겨 먹는 편인데 결국 제가 환경을 파괴하는 데에 한몫하고 있었던 거네요. 이런 사실을 알면서도 그냥 먹자니 양심의 가책을 느끼고, 그렇다고 안 먹자니 그럴 자신이 없고, 참 난감하네요.

단어							
아열대	이상 기후	국한되다	지구온난화	생존	해수면	등한시하다	부지불식
메탄가스	금시초문	정화	열대 우림	목초지	가속화	가책	난감하다

알아두기

지구온난화: 지구 표면의 평균 온도가 상승하는 현상이다. 기후의 변화, 동식물들의 생활 환경의 변화, 생태계의 변화, 해수면 상승 등 기온이 올라가서 발생하는 문제를 포함하기도 한다.

내용 이해

1. 한국의 기후가 어떻게 변해가고 있습니까? 그렇게 보는 근거는 무엇입니까?

2. 이상 기후 현상으로 인한 피해로는 어떤 것들이 있습니까?

3. 환경 보호를 위해 개개인이 할 수 있는 일에 대해서 두 사람의 생각이 어떻게 다릅니까?

4. 소고기 소비가 환경에 부정적인 영향을 미치는 과정에 대해 설명해 봅시다.

5. 대화가 끝난 후 제니는 어떤 고민을 하게 되었습니까?

토의와 토론

1. 지구온난화로 인한 기상 이변으로 여러 가지 자연재해가 발생하고 있습니다. 세계 각지에서 일어나고 있는 기상 이변과 자연재해에 대해서 이야기해 봅시다.

2. 현재 선진국과 개발도상국은 환경 문제를 둘러싸고 갈등을 겪고 있습니다. 다음을 참고하여 이에 대해 어떻게 생각하는지 자신의 의견을 말해 봅시다.

주 장	(선진국) 강력하게 환경 규제를 해야 한다.	(개발도상국) 환경보다 경제 개발에 힘써야 한다.
논 거	환경은 삶의 질과 직결되어 있고 한번 훼손되면 되살리기가 어렵기 때문에	안정된 삶을 위해서는 경제적인 여건을 개선하는 것이 우선이기 때문에

어휘 제시와 연습

환경 문제			
천재지변 한파, 폭염 집중 호우 해일, 지진	온실 효과 오존층 탄소 배출권 이산화탄소, 메탄가스	멸종 사막화 이상 기후 삼림 파괴	빙하 해수면 농경지, 경작지 환경 난민

1. 다음에서 서로 관련 있는 것들을 찾아 짝지어 보고 그 관계를 설명해 봅시다.

멸종 ·	· 황사
사막화 ·	· 동식물
이상 기후 ·	· 온실효과
오존층 파괴 ·	· 한파와 폭염

2. 다음에 주어진 설명과 관계가 있는 것을 위 단어 목록에서 찾아 봅시다.

이것은 대표적인 온실가스인 이산화탄소를 배출할 수 있는 권리를 말한다. 세계 여러 나라는 지구온난화를 방지하기 위해 이산화탄소 배출량을 각 나라마다 일정량으로 정해 두기로 협약을 맺었다. 실제 배출량이 정해진 양보다 많을 경우에는 기술 개발을 통해 배출량을 줄이거나 다른 나라로부터 이것을 사서 해결해야 한다. 유럽연합에는 이것을 거래하는 거래소가 설립되어 있다.

3. 위에 제시된 단어를 사용하여 글을 완성해 봅시다.

지구 표면을 100으로 보았을 때 바다가 약 70%를 차지하고 있고 땅이 30% 정도를 차지하고 있다. 그리고 땅의 약 10% 정도가 ①________(으)로 덮여 있다. 지구가 따뜻해지면 이것이 녹게 되고, 녹은 물은 바다로 들어가 ②________을/를 높아지게 한다. 만약 ①______의 높이가 1m 낮아진다면 ②________은/는 3㎝가 높아지게 된다.

길라잡이 ① 눈이 오랫동안 쌓여 다져져 육지의 일부를 덮고 있는 얼음 층.
② 바닷물의 표면.

표현 제시와 연습

1	눈앞에 닥치다	불야성을 이루다
	넋을 놓고 바라보다	두 마리의 토끼를 잡다

1. 목록 1에서 알맞은 표현을 골라 밑줄 친 부분을 바꿔 말해 봅시다.

(1) 지금 당장 해결해야 하는 문제만 해도 산더미 같이 쌓여 있다.

(2) 연말연시 명동의 밤거리는 색색의 화려한 불빛으로 낮과 같이 밝다.

(3) 인턴 제도를 통해 중소기업 구인난 해소와 청년 취업이라는 두 문제를 다 해결했다.

(4) 한강 공원에서 석양으로 물든 하늘이 몹시 아름다워서 분위기에 취해 바라보았다.

2	에 지나지 않다	대수롭지 않게 넘기다
	-자는 취지에서	-(으)면 얼마나 -겠어요?

2. 목록 2에서 알맞은 표현을 골라 다음 대화를 완성하여 말해 봅시다.

(1) 가: 방학 동안 언어 연수를 가려고 하는데 다녀오면 영어 실력이 많이 늘까?

나: 글쎄요. 한두 달 사이에 (영어 실력이 늘다)____________.

(2) 가: 기침이 며칠째 멈추질 않아요. 증상이 심하지 않아서 약은 안 먹었어요.

나: 기침처럼 (사소한 증상)____________ 큰 병으로 이어질 수 있으니 조심하세요.

(3) 가: 다음 주에 사내 체육 대회가 있다면서요? 회사에서 웬 체육 대회예요?

나: 직원들 사이의 관계를 (돈독히 하다)____________ 여는 거니까 꼭 참석하세요.

(4) 가: 아무리 집안 환경이 어려워도 열심히 노력한다면 얼마든지 성공할 수 있다고 봐요.

나: 그런 말은 (옛말)____________. 요즘에는 부모의 경제력 없이는 공부하기도 힘들어요.

3. 대화 상황을 떠올리면서 여러 가지 표현으로 대화해 봅시다.

오늘 수업 시간에 환경 다큐멘터리를 봤는데,
지구온난화가 그렇게 심각하리라고는 생각도 못했어.

(1) 이제 환경 문제는 대수롭지 않게 넘길 일이 아니야.

(2) 그건 앞으로 인류에게 닥칠 환경 재앙의 시작에 지나지 않아.

(3) 환경 문제가 이렇게 눈앞에 닥쳤는데도 아직도 의식조차 없는 사람이 많으니 정말 큰일이야.

문법 제시와 연습

1. -(으)ㄴ들

- 용법: 바람직한 상황이 벌어지더라도 소용없음을 말할 때 사용한다. 앞 절에는 이상적인 행동이 나 상황을 적고 뒤 절에는 효과가 없다거나 결과가 부정적이리라는 예측을 적는다.
- 비교: -어/아 봤자, -(ㄴ/는)다 할지라도
- 예문: 아무리 환경 규제를 강화<u>한들</u> 환경 파괴를 막을 수는 없을 것이다.
  환경을 보호해야겠다는 생각이 없는데 아무리 말<u>한들</u> 내 입만 아플 뿐이다.

1. 다음을 '-(으)ㄴ들'을 사용하여 문장을 완성해 봅시다.

(1) 밤을 새워 준비하다	· ·	(가) 반도 끝낼 수 없을 거예요.
(2) 제품의 기능이 다양하다	· ·	(나) 귓등으로도 듣지 않을 게 뻔해요.
(3) 좋은 방법을 생각해 내다	· ·	(다) 현실적이지 않으면 탁상공론에 지나지 않는다.
(4) 귀에 못이 박히게 이야기하다	· ·	(라) 사용법을 전혀 모르는데 무슨 소용이 있겠어요?

2. 다음 보기처럼 대화해 봅시다.

가: 화석 연료가 조만간 고갈된다고 하니 절약해서 써야 할 것 같아요. (결국 고갈되다)
나: 아무리 절약해서 <u>쓴들</u> 결국에는 고갈되고 말 거예요.

(1) 야생 동물 보호법을 강화할 예정이래요. (밀렵꾼들이 사냥을 계속하다)
(2) 고가이기는 하지만 재생 가능한 대체 에너지를 개발했대요. (실용화가 되지 않다)
(3) 환경 보호 실천의 첫걸음은 환경 교육을 하는 거예요.
(4) 전력 낭비를 줄이기 위해 사용하지 않는 전기 코드는 빼놓기로 했어.

3. 다음 글을 완성해 봅시다.

환경 보호를 둘러싼 선진국과 개발도상국 간의 갈등은 좀처럼 좁혀지지 않고 있다. 환경 위기를 각종 환경 규제를 통해 막으려는 선진국과 당장 먹고 살기 위해 개발이 필요한 개발도상국의 입장은 상반된다. 환경 규제는 경제적·사회적 비용의 부담을 초래할 수 있기 때문에 개발도상국으로서는 선뜻 동참하기가 쉽지 않다. 아무리 ____________________(으)ㄴ들 개발도상국이 참여하지 않은 반쪽짜리 규제로는 환경 위기를 극복할 수 없다.

4. '-(으)ㄴ들'을 사용하여 그렇게 하더라도 소용없음을 나타내는 문장을 만들어 봅시다.

✎ ____

2. -기로서니

- 용법: 이유와 상관없이 상대방의 행동을 질책할 때 사용한다. 앞 절에는 뒤에 이어지는 행동을 하게 되는 이유나 상황을 적고 뒤 절에는 질책 받을 만한 행동을 적는다.
- 예문: 아무리 쓰레기통이 없기로서니 담배꽁초를 길에다 버리면 어떡해?
  처리 비용이 많이 들기로서니 폐수를 강으로 그대로 흘려보내면 안 되죠.

1. 다음을 '-기로서니'를 사용하여 문장을 완성해 봅시다.

(1) 세일 폭이 크다 ·	· (가) 충동구매하면 안되지.
(2) 야단맞는 것이 겁나다 ·	· (나) 거짓말을 하면 안되죠.
(3) 발등에 불이 떨어졌다 ·	· (다) 대책도 없이 그만두면 어떡해?
(4) 하는 일이 적성에 맞지 않다 ·	· (라) 일을 대충 해서 마무리하면 되겠어?

2. 다음 보기처럼 대화해 봅시다.

가: 요즘 열대야가 심해서 에어컨 없이는 잠도 못 자. (덥다)
나: 아무리 덥기로서니 밤새 에어컨을 켜 두는 건 좀 심하지 않아?

(1) 원자력 에너지는 온실가스 감축에 가장 유리한 에너지원이니까 좀 더 개발에 힘써야 하지 않을까요? (온실가스 감축 효과가 크다)
(2) 개발도상국들은 경제 개발이 시급하니까 환경 문제에 관심을 가지지 못하지. (개발이 중요하다)
(3) 전력난이 우려되니까 실내 온도를 18℃ 이하로 유지해 주세요.
(4) 이 채소는 친환경 제품이라 가격이 다른 제품보다 세 배나 비싸대.

3. 다음 글을 완성해 봅시다.

인간과 자연의 갈등은 먼 옛날 인류가 지구 상에 등장한 이래로 지속되어 온 문제이다. 인간은 자연과의 조화를 꿈꾸면서도, 다른 한편으로는 개발 논리를 앞세워 때로는 되돌리기 힘든 파괴적인 방식으로 자연에 악영향을 끼쳐 왔다. 그러나 아무리 개발이 ________________ 기로서니 생태계를 회복하기 어려운 지경까지 이르게 해서는 안 될 것이다.

4. '-기로서니'를 사용하여 질책의 의미를 나타내는 문장을 만들어 봅시다.

✎ ____

3. -자니 -자니

- 용법: 두 가지 선택 상황에서 양쪽 모두 의도한 대로 하기 어려운 상황임을 설명할 때 사용한다.
  '-고 싶지만 -어/아서 고민이다'의 의미이다.
- 비교: -(으)려고 하니
- 예문: 일회용 제품의 사용을 줄이자니 너무 불편하고, 계속 사용하자니 환경 오염이 걱정된다.
  혼자 하자니 엄두가 안 나고, 다른 사람에게 맡기자니 비용이 만만치 않다.

1. 다음을 '-자니 -자니'를 사용하여 문장을 완성해 봅시다.

(1) 맞벌이를 하다 - 아이들 교육이 걱정이다 / 집에서 아이들을 돌보다 - 생활비가 부족하다

(2) 지금 직장을 계속 다니다 - 급여가 턱없이 적다 / 하고 싶은 일을 하다 - 미래가 불투명하다

2. 다음 보기처럼 대화해 봅시다.

가: 요즘 회사에서 시행하는 승용차 요일제 때문에 좀 불편하시죠?
(차를 놓고 다니다, 차를 매일 가지고 다니다)
나: 네, 차를 놓고 다니자니 근처에 대중교통수단이 없어서 문제고, 차를 매일 가지고 다니자니 회사 방침을 어기는 거라 마음에 걸려요.

(1) 지진에 견딜 만한 건물을 지으려면 건축비가 적잖이 들어요. (튼튼하게 짓다, 건축비를 줄이다)

(2) 국제적인 환경 난민들을 지원하고 싶지만 국내 경제 상황이 좋지 않네요.
(환경 난민을 지원하다, 환경 난민을 모르는 척하다)

(3) 도시 환경을 개선하는 과정에서 주변의 농경지나 산림이 파괴되는 경우가 많다네요.

(4) 환경을 생각해서라도 웬만하면 에어컨 사용을 좀 줄이지 그래요?

3. 다음 글을 완성해 봅시다.

전기로 열을 내는 방한 가전제품은 대부분 소비 전력이 매우 높아서 생각지도 못한 전기 요금 폭탄을 맞는 경우가 간혹 있다. 하지만 ______________________자니 추위를 못 견디겠고, ______________________자니 전기 요금이 걱정이다. 최근 전기세를 줄일 수 있는 제품들이 출시되었다고 하니 이런 제품을 구매한다면 전기 요금에 대한 부담을 줄일 수 있을 것이다.

4. '-자니 -자니'를 사용하여 선택의 기로에서 고민하는 문장을 만들어 봅시다.

✎ ____

듣고 말하기 1

MP3 **3-2**

다음을 참고하여 인간이 환경 보호에 힘써야 하는 이유를 말해 봅시다.

생태계 먹이 사슬 먹이 피라미드

내용 이해

1. 다음 쓰레기 섬에 대한 설명으로 맞으면 ○, 틀리면 × 하십시오.

① 섬에서 버린 쓰레기들이 한곳에 모여 있는 것을 일컫는다. ( )

② 쓰레기들은 바다의 흐름과 바람의 영향으로 한곳에 모이게 된다. ( )

③ 대부분의 쓰레기는 보통 북태평양 한복판으로 모여든다. ( )

④ 쓰레기 섬은 현재 전 세계적으로 셀 수 없을 만큼 많다. ( )

2. 쓰레기 중에서 플라스틱 조각들이 가장 위험한 이유는 무엇입니까?

① 배를 파손시킬 수 있기 때문에

② 쓰레기 섬을 형성할 수 있기 때문에

③ 해양 생물의 먹이를 없애버리기 때문에

④ 생태계에 영향을 미칠 수 있기 때문에

3. 다음 먹이 피라미드에서 생물 농축의 피해가 가장 심각한 단계를 고르십시오.

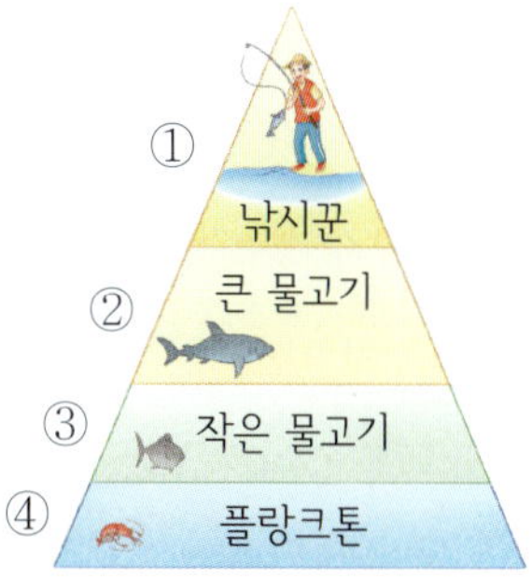

4. 해양 쓰레기 문제를 해결하는 것이 어려운 이유로 맞는 것을 2개 고르십시오.

☐ 동시다발적으로 일어난다.

☐ 모든 생물에게 영향을 미친다.

☐ 처리 비용이 많이 든다.

☐ 한 국가가 책임질 수 없다.

말하기

⊙ 다음 글을 읽고 해양 오염 사건의 심각성에 대해 말해보고 다른 비슷한 사건을 말해 봅시다.

2007년 12월 7일 서해안의 태안 앞바다에서 유조선과 해상 크레인이 충돌하여 대량의 기름이 유출된 해양 오염 사고가 있었다. 유출된 기름으로 형성된 짙은 기름띠는 광범위하게 확산되어 2008년 1월에는 전라남도와 제주도 해안까지 퍼졌다.

듣고 말하기 2

MP3 **3-3**

최근 세계적으로 식량이 부족한 이유가 무엇일지 말해 봅시다.

내용 이해

1. 지구온난화와 관련된 설명으로 맞으면 ○, 틀리면 × 하십시오.

① 지구온난화는 해수면의 높이에 영향을 미친다. (　　)

② 지구온난화로 인해 바닷가 근처의 농사는 더 활발해질 것이다. (　　)

③ 지구온난화로 인해 세계 인구는 점점 늘어날 것으로 예상된다. (　　)

④ 지구온난화는 세계 식량 생산에 부정적인 영향을 미칠 것이다. (　　)

2. 다음 중 동물성 식품 소비와 관련하여 맞는 것을 고르십시오.

□ 최근 신흥 국가들은 동물성 식품 소비가 늘고 있다.

□ 고기를 생산하는 것이 곡물을 생산하는 것보다 더 효율적이다.

3. 바이오 에너지 생산이 세계 식량 위기를 초래하는 이유는 무엇입니까?

① 생산 과정에서 환경 오염을 일으키기 때문에

② 에너지 가격이 급등하여 식량을 구입할 수 있는 여유가 없어지기 때문에

③ 인간이 먹는 식량을 원료로 하기 때문에

④ 식량 생산에 사용되기 어려운 에너지 형태이기 때문에

말하기

⊙ 다음 그림을 보고 지역별 식량 생산량의 변화와 그 원인을 말해 봅시다.

▌기후 변화에 따른 식량 생산량의 변화

듣고 말하기 3

MP3 **3-4**

여러분은 수질 검사를 통해 안전성이 검증된 수돗물이라면 믿고 마실 수 있습니까?

내용 이해

1. 여자가 축제에서 받은 물을 마시지 않은 이유는 무엇입니까?

   ① 무료가 아니기 때문에　　② 안전하지 않기 때문에
   ③ 수돗물을 담은 것이기 때문에　　④ 생수를 좋아하지 않기 때문에

2. 생수 산업에 대한 설명으로 맞으면 ○, 틀리면 × 하십시오.

   ① 생수는 지하수를 이용하기 때문에 오염될 가능성이 없다. (　)
   ② 생수 공장으로 인해 그 지역의 지하수가 고갈될 수 있다. (　)
   ③ 생수를 생산하는 과정에서 환경에 유해한 물질이 나온다. (　)
   ④ 국내 생수보다 수입 생수가 환경에 더 악영향을 미친다. (　)

3. 남자의 생각으로 맞는 것을 고르십시오.

   □ 비싸더라도 믿을 수 있는 회사의 생수를 마시는 것이 좋다.
   □ 생수 사용을 줄이면 환경 보호에 도움이 될 것이다.

말하기

⊙ 생수 소비를 자제함으로서 얻어지는 환경 보호 효과에 대해 말해 봅시다.

읽고 쓰기 1

연일 쏟아져 나오는 생활 쓰레기를 각각 어떻게 처리하고 있는지 이야기해 봅시다.

쓰레기 매립장의 변신

지금은 아름다운 자연 경관으로 주목받고 있는 난지도의 월드컵공원은 1990년대만 해도 악명 높은 쓰레기 매립장이었다. 엄청난 쓰레기 더미, 코를 찌르는 악취, 시커먼 폐수가 예전의 이곳을 기억하는 사람들의 머릿속에 각인된 모습일 것이다. 15년간 서울의 생활 쓰레기, 산업 폐기물 등이 매립됐던 이곳은 1993년 당시 쓰레기 더미의 높이가 95m에 이르렀다고 한다. 이 쓰레기 매립장을 계속 운영하자니 쓰레기 매립 용량이 포화 상태이고 그대로 내버려 두자니 흉물스러울 뿐만 아니라 각종 환경 오염을 일으킬 가능성이 높아서 난감한 상황이었다. 그래서 쓰레기 반입을 중단하고 쓰레기 매립장을 공원화하는 사업을 통하여 2002년 5월 1일 '월드컵공원'이라는 이름으로 개원하였다.

월드컵공원의 가장 큰 특징은 생태 공원이면서 자연 에너지를 이용한다는 점이다. 이곳에서는 거대한 바람개비로 전력을 생산해 각종 시설의 에너지원으로 사용하고 있으며, 또한 쓰레기 더미에서 발생하는 매립 가스를 지역난방의 연료로 사용하고 있기도 하다. 생태 공원 조성과 에너지 생산이라는 두 마리의 토끼를 잡고 있는 셈이다. 이처럼 쓰레기 매립장에서 아름다운 공원으로 변신한 월드컵공원은 현재 서울의 대표적인 명소로도 자리매김했다.

월드컵공원이 친환경 생태 공원으로 주목을 받게 되자 이를 벤치마킹한 매립장들이 생겨났다. 한 예가 수도권 매립장이다. 이곳 역시 수년 전만 해도 대표적인 혐오 시설이었는데, 가장 큰 문제는 쓰레기가 썩으면서 발생하는 침출수였다. 침출수는 1990년대 말까지만 해도 심각한 수질 오염의 주범이었으나 최근 침출수를 처리하는 정화 기술이 개발됨으로써 수질이 크게 개선됐다. 또 이곳은 수목원, 식물원 등 환경 단지가 조성되면서 친환경 생태 공간으로 거듭나고 있다.

이뿐만이 아니다. 침출수와 함께 환경 오염의 주원인이었던 매립 가스는 자원으로 활용되고 있다. 매립장에서 파이프를 통해 매립 가스를 모은 뒤에, 이를 태울 때 발생하는 열로 전력을 생산하는 발전소를 건설한 것이다. 여기에서 생산된 전력은 매립장 안에 있는 여러 시설의 냉·난방 연료로 쓰이고 일부는 주변 가구에도 공급되고 있다.

이와 같이 쓰레기 매립장의 환골탈태는 환경 유해 시설을 어떻게 바꿔나가야 할지에 대한 방향을 제시해 주고 쓰레기라 할지라도 어떻게 활용하느냐에 따라 새로운 에너지원으로 활용될 수 있다는 사실을 일깨워 주고 있다.

단어							
매립장	더미	각인되다	폐기물	포화	흉물스럽다	반입	자리매김하다
벤치마킹	혐오	침출수	주범	정화	거듭나다	환골탈태	일깨우다

내용 이해

1. 과거 난지도는 어떤 모습이었습니까?

2. 난지도의 쓰레기 매립장이 월드컵공원으로 탈바꿈하게 된 계기는 무엇입니까?

3. 월드컵공원 사업이 '두 마리 토끼를 잡았다'는 것은 어떤 의미입니까?

4. 과거 수도권 매립장에서 환경 오염을 일으켰던 주원인은 무엇이었으며 이를 어떻게 해결했는지 정리해 봅시다.

환경 오염의 주원인	해결

5. 쓰레기 매립장 개선 사업을 통해 얻을 수 있는 교훈은 무엇입니까?

월드컵 공원의 과거와 현재

쓰기

⊙ 세계적으로 환경 유해 시설이나 혐오 시설이 친환경 생태 공간으로 바뀐 사례에 대해 조사해 써 봅시다.

읽고 쓰기 2

도시의 밤하늘에서 별이 잘 보이지 않는 이유에 대해서 이야기해 봅시다.

무분별한 인공조명의 폐단

서울의 색다른 볼거리 중의 하나는 야경이다. 오색찬란한 조명들로 반짝이는 한강은 넋을 놓고 바라보기에 충분하다. 시내의 대형 건물들을 환하게 밝힌 조명과 외벽을 화려하게 수놓은 조명들로 서울은 불야성을 이룬다. 그러나 서울의 밤하늘에서 별을 찾기란 여간 어려운 게 아니다. 이것은 단지 서울에서만이 아니라 고층 건물과 자동차들로 가득한 대도시에서 공통으로 나타나는 현상이다.

대기 오염 탓도 있지만 다른 이유도 있다. 밤거리를 휘황찬란하게 밝히는 네온사인 간판과 대형 건물의 조명 시설이 별을 관측할 수 없도록 방해하기 때문이다. 이른바 '빛 공해'로 인해 도심에서 별을 보는 일이 하늘의 별 따기가 되어 버린 것이다.

이러한 과도한 인공조명의 사용은 건강에도 악영향을 끼친다. 일례로 빛은 숙면을 방해하는데, 밤이 낮처럼 환하면 생체 리듬이 깨져 불면증과 우울증을 유발할 수도 있다. 실제로 국내의 한 연구 결과에 따르면 밤에도 낮과 같은 환경에서 일하는 교대 작업자들의 경우 암 발병률이 높다고 한다. 외국의 한 연구 결과에서도 비슷한 예를 찾아볼 수 있는데 야간 근무를 자주 하여 인공조명에 장시간 노출된 여성이 그렇지 않은 여성보다 유방암 발생 비율이 73%나 높다고 한다. 이러한 결과를 볼 때 지나친 빛에 노출되는 것은 대수롭지 않게 넘길 일이 아니다.

인공조명의 폐단은 여기서 그치지 않는다. 대표적인 피해로 생태계의 교란을 들 수 있다. 농촌에서는 빛 공해로 농작물 수확에 어려움을 겪고 있는데 산업 단지, 골프장, 주유소, 가로등 등의 불빛이 밤새 논밭을 비추기 때문이다. 철새가 이동 경로를 상실하고 어류의 번식이 감소하는 것도 빛 공해가 영향을 미치기 때문으로 밝혀졌다.

최근 해외 각국에서는 인공조명의 사용을 줄이려는 노력이 활발하게 이루어지고 있다. 미국을 필두로 하여 영국, 일본 등에서는 국민 건강 및 생태계 보호를 위해 인공조명을 체계적으로 관리해 오고 있다. 한국에서도 법으로 인공조명의 자극적인 빛을 공해로 규정하여 간판의 네온사인 등이 과도할 경우 벌금형에 처하고 있다. 또 세계 각국에서는 국제적인 랜드마크 건물들을 일정 시간 동안 소등하는 지구촌 불 끄기 행사를 통해 빛 공해를 포함하여 환경 문제에 대한 경각심을 높이고 있다.

인공조명의 사용을 줄이면 이로 인한 폐단도 막고 에너지도 절약하는 일석이조의 효과를 기대할 수 있다. 인공조명이 인류에게 가져다준 혜택은 일일이 나열할 수 없을 만큼 많은 것이 사실이다. 하지만 아무리 혜택이 많기로서니 그 폐단을 막기 위한 노력을 게을리해서는 안 될 것이다.

단어							
오색찬란하다	넋	불야성	휘황찬란하다	관측하다	생체 리듬	유발하다	발병률
대수롭다	폐단	교란	상실하다	번식	필두	랜드마크	경각심

내용 이해

1. 현재 서울의 밤하늘에서 별을 보기가 어려운 이유는 무엇입니까?

2. 인공조명의 폐단에는 어떤 것들이 있는지 사례를 찾아 정리해 봅시다.

	사 례
인간	
식물	
동물	

3. 한국에서는 빛 공해를 줄이기 위해 어떤 노력을 하고 있습니까?

4. 지구촌 불 끄기 행사를 개최하는 취지는 무엇입니까?

5. 인공조명의 사용을 줄임으로써 얻을 수 있는 두 가지 효과는 무엇입니까?

도시의 야경

쓰기

⊙ 도시의 밤을 밝히는 인공조명의 혜택과 폐단에 대해서 자신의 생각을 써 봅시다.

제4과

환경 보호 운동 및 실천

선행 학습 목록

1. 일회용품 분해 시간
2. 환경 마크의 의미
3. 세계적인 환경 단체
4. 각국의 대표적인 생태 관광지

주 제	생활 속에서 실천할 수 있는 환경 보호 활동
어 휘	친환경 관련 어휘
문 법	① -(으)ㄹ 턱이 없다 ② -던 터에 ③ -(으)ㄴ/는 셈 치고
활동 과제	환경 실천 보고서 작성 및 발표하기

01 다음은 일회용품이 분해되기까지의 걸리는 시간입니다. 환경 오염의 주범인 각종 일회용품을 대체할 수 있는 상품들에 대해 이야기해 봅시다.

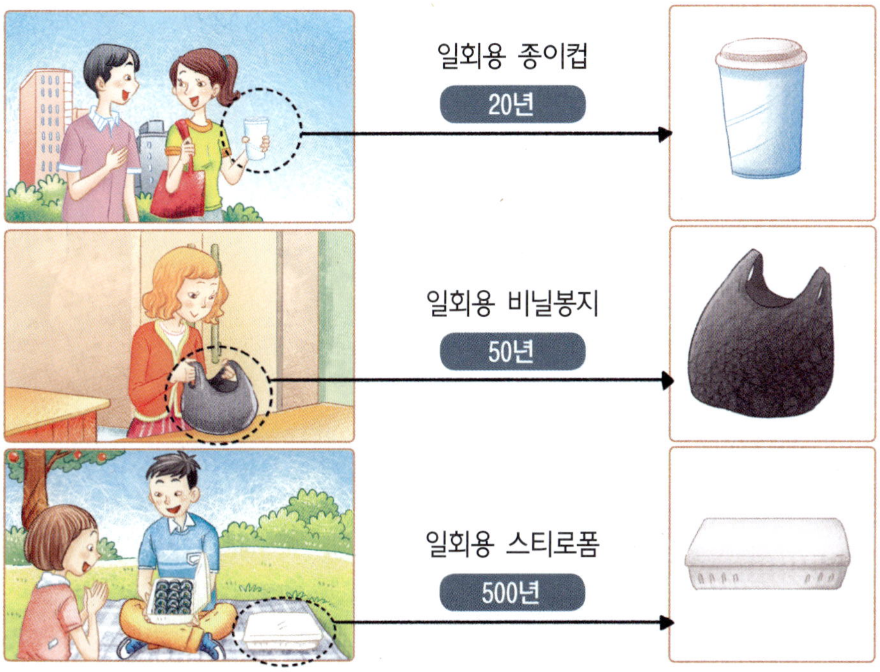

02 다음은 환경 보호를 실천할 때 참고할 수 있는 마크입니다. 각 마크에 알맞은 설명을 찾아 보고 생활에서 활용해 본 적이 있는지 이야기해 봅시다.

▮환경 마크

▮에너지소비효율 등급표지

▮탄소성적표지

가) 친환경 제품임을 인증하는 마크

나) 전자 제품의 효율성, 즉 효과 대비 전기 사용량의 정도를 보여 주는 마크

다) 제품의 생산, 유통, 사용, 폐기 과정에서 배출되는 온실가스의 양을 탄소 배출량으로 환산하여 보여 주는 마크

대화문

MP3 4-1

왕강: 컴퓨터하고 세탁기가 망가져서 버리려고 하는데 도대체 어디에다 버려야 할지 잘 모르겠어. 쓰레기 종량제 봉투에 버리는 건 아닌 것 같은데.

은영: 보통 냉장고나 세탁기 같은 대형 폐기물은 별도로 신고한 후에 배출하고, 컴퓨터 같은 소형 가전제품은 전용 수거함에 넣으면 무상으로 수거해 가.

왕강: 작동도 안 되는 걸 가져다가 어디에 쓰는 거야? 재활용도 안 될 텐데.

은영: 재활용도 안 되는 걸 가져갈 턱이 없지. 버려진 컴퓨터에서 나오는 금속이 의외로 꽤 많대. 폐가전에서 금속을 분리해서 재활용하게 되면 자원도 아낄 수 있고 환경 오염도 방지할 수 있으니까 일거양득이라고 할 수 있지. 못 쓰는 휴대폰을 모으는 것도 같은 이유에서야.

왕강: 그래? 안 그래도 안 쓰는 휴대폰을 버리려던 터에 잘 됐다. 전용 수거함에 넣어야겠네.

은영: 참, 근처에 재활용 센터가 생겼던데 세탁기 새로 살 거면 한 번 가 봐. 정찰제가 아니라서 흥정만 잘하면 괜찮은 중고 전자 제품을 싸게 살 수도 있을 거야.

왕강: 값이 저렴한 건 좋은데 쓸 만할까? 싼 게 비지떡이라는 말도 있잖아. 값이 싸길래 속는 셈 치고 샀다가 얼마 쓰지도 못하고 버린 물건이 한둘이 아니라서 말이야.

은영: 어디 새것만 하겠어? 그래도 생각하기 나름이야. 나도 선입견을 갖고 있었는데 직접 가 보니 제법 쓸 만한 중고 제품들이 많더라고.

왕강: 그럼, 말이 나온 김에 지금 한번 가 봐야겠다.

은영: 같은 중고품이라도 가격이 천차만별이니까 가격 비교는 필수야.

단어					
폐기물	별도	전용 수거함	수거하다	금속	폐가전
일거양득	정찰제	흥정	선입견	제법	천차만별

알아두기

쓰레기 종량제: 1995년부터 시행된 이 제도는 쓰레기 배출량에 따라 수수료를 부과하는 제도로서 지정된 쓰레기 봉투를 구매해 쓰레기를 버리는 방식을 말한다. 이 제도는 쓰레기 처리에 드는 사회적 비용을 줄이는 동시에 쓰레기 배출량을 줄이는 것을 목적으로 하고 있다.

내용 이해

1. 다음 물건들의 배출 방법을 정리해 봅시다.

대형 폐기물	
소형 가전제품	

2. 폐가전을 재활용함으로써 얻을 수 있는 이점은 무엇입니까?

3. 재활용 센터에 대한 왕강과 은영의 입장 차이를 비교하여 말해 봅시다.

4. 재활용 센터에서 물건을 살 때 유의해야 할 사항에 대해 말해 봅시다.

재활용 센터

토의와 토론

1. 여러분은 물건을 재활용해 본 적이 있습니까? 어떤 물건을 어떻게 재활용해 썼는지 이야기해 봅시다.

2. 중고품 구매에 대해 상반된 주장이 있습니다. 다음을 참고하여 이에 대해 어떻게 생각하는지 자신의 의견을 말해 봅시다.

주 장	중고품을 적극적으로 구입하여 사용하는 것이 좋다	중고품은 되도록 구입하거나 사용하지 않는 것이 좋다
논 거	가격 대비 품질이 좋아 경제적이고 환경을 보호하는 데 도움이 되기 때문에	남이 쓰던 물건이라 꺼림칙하고 기능이 신제품에 비해 많이 떨어지기 때문에

어휘 제시와 연습

친환경			
친환경	생태 관광	청정에너지	환경 마크
녹색 소비	생태 마을	대체 에너지	친환경 농산물 인증 마크
녹색 성장	환경 단체	재생 에너지	탄소성적표지
환경개선부담금	아나바다 운동	친환경 에너지	에너지소비효율 등급표지

1. 다음에서 서로 관련 있는 것들을 찾아 짝지어 보고 그 관계를 설명해 봅시다.

친환경 제품 ·	· 에너지 고갈
환경 단체 ·	· 오염 물질 처리
재생 에너지 ·	· 환경 마크
환경개선부담금 ·	· 그린피스

2. 다음에 주어진 설명과 관계가 있는 것을 위 단어 목록에서 찾아 봅시다.

이것은 '아껴 쓰고, 나눠 쓰고, 바꿔 쓰고, 다시 쓰자'의 첫 글자를 따서 만든 용어로, 근검절약을 생활화하자는 운동이다. 이 운동은 1998년 외환 위기로 경제적으로 어려웠던 시기에 시민 단체가 중심이 되어 본격적으로 시작되었다. 자원 절약 운동인 이것은 환경도 보존하고 지역 주민들과의 나눔을 통해 공동체 의식도 느낄 수 있으니 일거양득이라 할 수 있다.

3. 위에 제시된 단어를 사용하여 글을 완성해 봅시다.

'생태 공동체'라고도 불리는 생태 마을에서는 화학 비료와 농약 사용을 최소화하여 농산물을 생산하고 환경을 보존하는 ① ______________ 농업을 추구한다. 또 이 마을에서는 기존의 에너지를 대신할 수 있는 ② ______________을/를 사용해 환경 문제를 극복하려고 노력하고 있다.

길라잡이 ① 환경에 해를 끼치지 않음.
② 석유, 석탄과 같은 화석 연료를 대신할 에너지 자원.

표현 제시와 연습

1	
갈피를 못 잡다	귀추를 주목하다
이/가 앞다투어 쏟아지다	은/는 엄두조차 못 내다

1. 목록 [1]에서 알맞은 표현을 골라 밑줄 친 부분을 바꿔 말해 봅시다.

(1) 선생님의 권위에 눌려 감히 말대꾸를 해 볼 생각조차 못 했다.

(2) 선거 결과가 어떻게 나올지 온 국민이 관심을 가지고 지켜보고 있다.

(3) 겨울이 다가오면서 다양한 전열 기구들이 끊임없이 출시되고 있다.

(4) 처음 맡게 된 업무이다 보니 어떻게 시작해야 할지 방향을 정하기가 어렵다.

2	
-기 나름이다	(으)로서 손색이 없다
에 그치지 말고	-는 데에는 그만한 이유가 있다

2. 목록 [2]에서 알맞은 표현을 골라 다음 대화를 완성하여 말해 봅시다.

(1) 가: 우리 아이는 창의력이 부족한 것 같아 항상 걱정이에요.

나: 아이의 창의력은 부모가 (노력하다) ______________________.

(2) 가: 그가 학생 대표로서 자격이 있다고 생각하세요?

나: 모든 일에 솔선수범하는 것을 보면 그는 (대표) ______________________.

(3) 가: 요즘 선생님이 내 주는 과제가 실력 향상에 도움이 된다고 생각해?

나: 지금은 이해가 되지 않겠지만 선생님이 (그런 과제를 내다) ______________________.

(4) 가: 저는 문법을 열심히 공부하는데도 한국어 실력이 늘지 않아서 고민이에요.

나: 단순히 (문법을 익히는 것) ______________________ 배운 것을 적극적으로 활용해 보세요.

3. 대화 상황을 떠올리면서 여러 가지 표현으로 대화해 봅시다.

여름철 에어컨 과다 사용으로 전력난이 심각하다면서요?

(1) 열대야 때문에 에어컨 없는 여름은 엄두조차 못 내요.

(2) 선풍기를 써야죠. 선풍기도 냉방 제품으로서 손색이 없어요.

(3) 그래서 에너지소비효율이 높은 제품이 앞다투어 쏟아지고 있잖아요.

1. -(으)ㄹ 턱이 없다

- 용법: 어떤 일이 일어나는 것이 불가능하다고 생각함을 말할 때 사용한다. 보통 앞 절에는 그렇게 생각하는 이유를 적는다.
- 비교: -(으)ㄹ 리가 없다
- 예문: 공장에서 매연이 저렇게 많이 배출되는데 공기가 오염되지 않<u>을 턱이 있</u>겠어?
  홍보가 제대로 되지 않았는데 소비자들이 환경 마크를 <u>알 턱이 없</u>지.

1. 다음을 '-(으)ㄹ 턱이 없다'를 사용하여 연결해 봅시다.

(1) 부족함 없이 자라서 ·	· (가) 저녁을 내다
(2) 항상 턱걸이로 시험을 통과하는데 ·	· (나) 아쉬운 것이 있다
(3) 거짓말 한 번 안 하고 자란 아이인데 ·	· (다) 그런 나쁜 짓을 하다
(4) 커피 한 잔도 사 주기 아까워하는 사람인데 ·	· (라) 성적 우수 장학금을 받다

2. 다음 보기처럼 대화해 봅시다.

가: 이제 음식물 쓰레기도 봉투에 넣어서 버려야 한다던데 안 귀찮아요? (일일이 봉투에 넣다)
나: 일일이 봉투에 넣어야 하는데 귀찮지 않<u>을 턱이 있겠어요?</u>

(1) 생수 산업으로 그 지역의 지하수가 고갈됐대요. (지하수를 무분별하게 개발하다)
(2) 공업 단지 인근의 수질을 검사했다고 하던데 별문제 없죠? (정화 시설을 설치하지 않다)
(3) 옛날에는 이 호수에서 낚시를 자주 했었는데, 이제는 물고기가 한 마리도 없네요.
(4) 마트에서 장바구니를 나눠 준다고 해서 줄 서서 기다렸는데 물건을 사야 준다더라고요.

3. 다음 글을 완성해 봅시다.

소비자들이 친환경 제품을 잘 구매하지 않는 데에는 몇 가지 이유가 있다. 판매점이 적고, 종류가 다양하지 않으며 정말로 친환경 제품인지 믿을 수 없기 때문이다. 무엇보다 친환경이라는 이유로 턱없이 가격이 비싸기 때문이다. 최근 몇 년간, 계속되는 불경기로 물가가 상승하고 있는 마당에 소비자들이 일반 상품보다 더 비싼 ______________________(으)ㄹ 턱이 있겠는가? 가격 경쟁력을 갖추지 않는 한 경기가 안 좋을수록 친환경 제품에 대한 관심은 멀어질 수밖에 없다.

4. '-(으)ㄹ 턱이 없다' 를 사용하여 믿기 어려움을 나타내는 문장을 만들어 봅시다.

✎ ____

2. -던 터에 / -(으)려던 터에

- 용법: 우연히 원하던 상황이 벌어졌음을 말할 때 사용한다. 앞 절에는 하려고 하는 일이나 지금의 상황을 적고 뒤 절에는 그 상황에 필요한 어떤 일이 마침 일어났음을 적는다.
- 비교: -던 차에, -던 참에
- 예문: 선풍기가 필요하**던 터에** 재활용 센터에서 쓸 만한 것을 하나 발견했다.
  자원봉사를 하**려던 터에** 환경 엑스포 도우미 모집 공고를 보고 지원했다.

1. 다음을 '-던 터에' 또는 '-(으)려던 터에'를 사용하여 연결해 봅시다.

(1) 대출을 받다 ·	· ㈎ 기숙사에 자리가 났다.
(2) 배가 출출하다 ·	· ㈏ 언니가 야식을 사 왔다.
(3) 할 일이 없어 심심하다 ·	· ㈐ 투자해 두었던 주식이 급등했다.
(4) 학교 근처로 이사하다 ·	· ㈑ 친구가 최신 게임을 소개해 주었다.

2. 다음 보기처럼 대화해 봅시다.

가: 이달 말에 아나바다 바자회가 열린대요. 혹시 기증할 물건 없어요? (버리다)
나: 안 입는 옷이 많은데 줄 사람도 없고 해서 버리**려던 터에** 잘됐네요.

(1) 어떤 이유로 환경 운동에 적극적으로 참여하시게 됐습니까? (환경에 관심이 있다)
(2) 싸지도 않은데 왜 하이브리드 자동차를 산 거야? (에너지 효율이 높은 자동차를 구입하다)
(3) 제가 집에서 직접 기른 상추인데 좀 나눠 드릴까요?
(4) 도시 생활이 훨씬 더 편할 텐데 귀농을 하시게 된 이유라도 있나요?

3. 다음 글을 완성해 봅시다.

사용량 대비 높은 전기료 때문에 로봇 청소기가 ____________________던 터에 전기료 절감 기능을 갖춘 신제품이 출시되었다. 그동안 로봇 청소기는 전기를 많이 소모하는 제품으로 인식돼 외면을 받았지만 최근 결점을 보완한 제품들이 앞다투어 쏟아지면서 판매량이 증가할 것으로 보인다.

4. '-(으)려던 터에'를 사용하여 어떤 시기가 마침 잘 맞음을 나타내는 문장을 만들어 봅시다.

✎ ____

3. -(으)ㄴ/는 셈 치고

- 용법: 무엇인가 마음에 걸리는 일이 있을 때 편하게 생각하기 위해 의도적으로 어떤 상황을 가정하여 말할 때 사용한다. 앞 절에는 화자가 가정한 것을 적고 뒤 절에는 화자의 행동을 적는다.
- 비교: -(으)ㄴ/는 셈이다, -다고 치다
- 예문: 이 화장품이 정말 친환경 제품인지는 모르겠지만 저렴해서 속**는 셈 치고** 하나 샀다.
  친환경 야채가 비싸기는 하지만 외식 한 번 **한 셈 치고** 샀다.

1. 다음을 '-(으)ㄴ/는 셈 치고'를 사용하여 연결해 봅시다.

(1) 복습하다 ·	· (가) 친구를 집까지 태워다 줬다.
(2) 드라이브하다 ·	· (나) 빌려준 돈을 안 받기로 했다.
(3) 아르바이트하다 ·	· (다) 주말에는 부모님의 가게 일을 돕는다.
(4) 친구에게 밥을 사 줬다 ·	· (라) 오늘 배운 문법을 친구에게 가르쳐줬다.

2. 다음 보기처럼 대화해 봅시다.

가: 유행이 지난 원피스를 다시 수선해 입고 싶은데 이상하면 어떻게 하지? (버리다)
나: 어차피 그냥은 입지도 못하는 옷이니까 버리는 셈 치고 수선해 봐.

(1) 자동차를 샀는데 환경개선부담금을 십만 원이나 냈어. (환경을 위해 좋은 일 하다)
(2) 유기농 농작물 수확이 성공을 거두기까지 많이 힘드셨을 것 같은데요. (처음에는 손해보다)
(3) 과제로 환경에 관한 설문 조사를 해야 하는데 팀원 한 명이 전혀 협조를 안 해.
(4) 에너지 절약을 위해서 엘리베이터 사용을 줄이기로 했는데 걸어 다니려니 힘들어 죽겠어.

3. 다음 글을 완성해 봅시다.

승용차 요일제란 일주일 중 스스로 하루를 정해 차량을 운행하지 않는 제도이다. 이는 에너지를 절약하고, 교통 체증을 줄이자는 취지에서 실행되었다. 이 작은 실천이 연 50조 원의 에너지를 수입하는 한국 경제에 도움이 된다고 하니 다소 불편하더라도 침체된 ________________(으)ㄴ/는 셈 치고 승용차 요일제에 동참해 보는 건 어떨까? 자동차세 할인, 주유 요금 할인 등 다양한 혜택도 함께 받을 수 있으니 일주일에 하루쯤은 차 없이 다녀도 좋을 듯하다.

4. '-(으)ㄴ/는 셈 치고'를 사용하여 마음에 걸리는 일을 다르게 생각함을 나타내는 문장을 만들어 봅시다.

✎ ____

듣고 말하기 1

MP3 4-2

환경 보호 실천을 표방하고 있는 환경 단체에 대해서 이야기해 봅시다.

내용 이해

1. 그린피스에 대한 내용으로 틀린 것을 고르십시오.

① 환경 보호를 실천하는 단체이다.

② 전 세계의 수많은 환경 보호 운동가가 참여하여 만들어졌다.

③ 설립 초기부터 그린피스라는 이름을 사용한 것은 아니었다.

④ 배를 타고 세계 여러 곳을 다니면서 환경 운동을 벌이기도 한다.

2. 들은 내용과 같으면 ○, 다르면 X 하십시오.

① 그린피스의 설립 취지는 핵을 평화적으로 활용하자는 것이다. ( )

② 그린피스는 해양 동물 보호를 위해 활동하기도 한다. ( )

③ 그린피스는 환경 운동에서부터 정치, 사회 등으로 활동의 폭을 넓혀 왔다. ( )

④ 그린피스는 환경 보호 활동을 인정받아 두 번이나 노벨 평화상을 받았다. ( )

3. 그린피스가 일부 사람들로부터 비판받는 이유가 무엇인지 쓰십시오.

✎ ______________________________

말하기

⊙ '행동을 통한 긍정적인 변화'를 추구하는 그린피스 정책에 대해 자신의 생각을 이야기해 봅시다.

듣고 말하기 2

MP3 **4-3**

다음 지도를 보고 DMZ(비무장지대)의 위치를 알아봅시다.

내용 이해

1. 생태 관광에 대한 설명으로 맞으면 O, 틀리면 X 하십시오.

   ① 제2차 세계 대전 직후에 주목을 받게 되었다. (　　)

   ② 환경을 보호하는 것도 주목적 중의 하나이다. (　　)

   ③ 지역 경제 활성화에 긍정적인 영향을 미친다. (　　)

   ④ 생태 관광의 정의는 아직 통일되어 있지 않다. (　　)

2. DMZ의 생태계 회복이 가능했던 이유는 무엇입니까?

   ✎ ______________________________

3. DMZ가 최근 생태 관광지로 주목받고 있는 이유를 고르십시오.

   □ 세계의 희귀한 생물들을 볼 수 있는 자연 생태계이기 때문에

   □ 전쟁의 폐허를 극복하고 독특한 생태계를 형성했기 때문에

4. DMZ 생태 체험 코스에 포함된 내용을 모두 고르십시오.

   □ 생태 관찰　　□ 군 생활 체험　　□ 역사 유적지 탐방

말하기

⊙ 각국의 유명한 생태 관광지를 소개해 봅시다.

 MP3 **4-4**

'에코(ECO)'라는 말이 들어간 단어를 찾아 그 말이 붙은 이유를 말해 봅시다.

내용 이해

1. 에코 마일리지는 어떤 의미가 결합된 단어입니까?

에코	+	마일리지	=	에코 마일리지
(　　　　　)		(　　　　　)		

2. 에코 마일리지 이용 방법에 대한 설명입니다. 빈칸에 알맞은 단어를 채워 넣으십시오.

홈페이지 방문 ➡ (　　　　　) ➡ (　　), (　　), (　　) 사용량 점검 ➡ (　　　　　) 주기로 체크

➡ 에너지 (　　　　　)을/를 실천한 경우 혜택을 받을 수 있음

3. 에코 마일리지 혜택에 대한 설명으로 맞으면 O, 틀리면 X 하십시오.

① 6개월에 십만 원가량의 혜택을 받을 수 있다. (　　)

② 원하면 직접 현금으로 받는 것도 가능하다. (　　)

③ 친환경 제품을 싸게 구매할 수 있다. (　　)

④ 현재 재래시장 상품권을 선택하는 방법도 있다. (　　)

말하기

⊙ 에코 마일리지와 같이 자원을 절약했을 때 혜택을 받는 방법이나 제도를 소개해 봅시다.

▌승용차 요일제

▌탄소포인트제

읽고 쓰기 1

경제적 측면, 환경적 측면에서 현대 사회의 문제점이 무엇인지 말해 봅시다.

생태 공동체, 현대 사회의 대안

공동체는 주거지를 중심으로 오랜 세월에 걸쳐 형성되는 것이지만 사회 구성원들의 필요에 의해 또는 사회 문제를 해결하기 위한 대안으로 새로운 공동체가 탄생하기도 한다.

최근에는 도시 발전에 따른 환경 파괴와 자본주의 사회의 부조리한 경제 구조, 불균형한 교육 실태 등 현대 사회의 문제들을 해결하려는 움직임이 일던 터에 '생태 공동체'가 주목을 받고 있다. 생태 공동체는 도시에서의 삶을 버리고 농사를 지으며 대안 사회를 만들려고 하는 사람들이 자발적으로 만든 공동체로 앞서 언급한 문제들의 돌파구를 찾는 데에 관심을 두고 있다. 생태 공동체의 구성원들은 현대 사회가 직면한 문제가 각각 개별적인 것이 아니라 서로 영향을 주고받는 관계라는 점에 주목하고 각 문제를 연계하여 해결하고자 한다.

생태 공동체는 여느 공동체와 마찬가지로 주거와 생업, 교육 등 삶의 모든 순간을 공동체 구성원들이 함께 만들어간다. 생태 공동체가 다른 공동체와 다른 점이라면 자연 생태와의 조화를 이루기 위해서 노력한다는 것이다. 이를 통해 생태 공동체는 일반 사람들이 엄두조차 내지 못하는 환경친화적인 삶을 일상에서 실현하고 있다.

일부 생태 공동체들은 화학 비료를 일절 쓰지 않는 친환경 농업을 추구하기도 한다. 친환경 농업은 기존의 농사방식과 달라서 쉬울 턱이 없지만 이들은 시행착오를 두려워하지 않는다. 또 그 지역의 자연에서 얻은 에너지를 사용하는 경우도 많다. 태양 에너지와 풍력을 이용하여 필요한 전력을 생산하고 가축의 분뇨를 이용해 가스를 만들어 사용하는 것이 그 예이다. 이처럼 이들은 불필요한 에너지 사용을 최소화하고 환경 오염을 줄이는 데에 주력하고 있다. 이러한 삶의 방식은 아이들의 교육에도 그대로 반영된다. 아이들은 책이 아닌 직접적인 경험을 통해 에너지와 자연의 고마움을 알게 되는 것이다.

이처럼 자연 친화적인 삶을 추구하는 생태 공동체는 불안하고 위태로운 현대 사회의 대안으로 부각되고 있다. 국내에서도 경남 산청의 민들레 마을을 비롯해 전국 각지에서 생태 공동체가 속속 생겨나고 있다. 아직은 실험 단계지만 생태 공동체가 향후 우리의 삶을 바꿀 수 있을지, 우리가 처해 있는 위기를 극복할 수 있는 대안이 될 수 있을지 귀추를 주목해 본다.

단어

대안	부조리	일다	자발적	돌파구	연계	생업	엄두
일절	시행착오	주력하다	위태롭다	부각되다	속속	향후	귀추

내용 이해

1. 생태 공동체가 형성되게 된 배경을 정리해 봅시다.

도시 발전	➡		➡	대안: 생태 공동체
자본주의	➡			

2. 생태 공동체의 구성원들이 현대 사회가 직면한 문제를 바라보는 시각은 어떻습니까?

3. 생태 공동체와 다른 공동체의 가장 큰 차이점은 무엇입니까?

4. 생태 공동체에서 추구하고 있는 농업 방식과 에너지 조달 방식은 어떻습니까?

5. 생태 공동체에서의 교육 방식은 어떻습니까?

6. 현재 생태 공동체가 현대 사회의 대안으로 부각되고 있는 이유는 무엇입니까?

쓰기

⊙ 여러분이 만약 생업, 교육, 육아를 마을 구성원들과 함께 하는 삶을 살아야 한다면 어떤 공동체를 만들고 싶습니까? 자신이 꿈꾸는 공동체를 글로 써 봅시다.

환경 보호를 위해 우리가 일상생활에서 실천할 수 있는 일을 말해 봅시다.

세상을 바꾸는 작은 힘

최근 환경에 대한 경각심이 많이 높아지고 있지만, 생활 속에서 몸소 환경 보호를 실천하는 사람들은 드물다. '친환경'이란 단어는 숱하게 들어왔어도 정작 어떻게 시작해야 할지 갈피를 잡지 못하거나 환경 운동은 뭔가 거창한 느낌이 들어 개인이 하기에는 부담스럽다는 선입견을 갖고 있기 때문이다. 그러나 사실 생활 속에서 실천할 수 있는 환경 운동은 알고 보면 그리 대단한 것이 아니다.

매일 식사 이후 마시는 커피 한 잔, 매장에 머그잔이 비치되어 있음에도 불구하고 열에 아홉은 이런저런 이유로 종이컵을 선호한다. 만약 개인 텀블러 이용이 생활화된다면 셀 수 없이 버려지는 종이컵의 낭비를 막을 수 있을 것이다. 모두 이 사실을 모르는 바 아니지만 다만 귀찮아서 실행에 옮기지 않을 뿐이다.

에너지 절약을 위해 개인이 할 수 있는 일은 이처럼 일상의 곳곳에 있다. 양치질할 때 물을 그냥 흘려보낼 경우 컵에 물을 받아서 쓰는 것에 비해 무려 열 배가량이 허비된다. 또 사용하지 않는 전자 제품의 플러그를 뽑으면 온실가스를 줄이는 동시에 전기 소비량의 10%를 절약할 수 있다. 한편 직장인의 경우 여름에는 넥타이를 풀고 겨울에는 내복을 입으면 체감 온도가 2도 정도 달라져서 냉·난방비를 절감할 수 있다.

몇 년 전부터 '착한 소비' 열풍에 힘입어 에코백의 매출이 증대되고 있는데, 이는 친환경 제품에 패션을 잘 접목했기 때문이라 할 수 있다. 에코백은 친환경 소재로 만들어졌을 뿐만 아니라 가격도 부담 없고 색상도 산뜻하여 패션 아이템으로도 손색이 없다. 환경에 관심이 없을지라도 환경 운동에 일조하는 셈 치고 에코백을 사용해 보는 것도 좋을 듯하다.

이러한 환경 보호 실천을 귀찮은 일이라 여길 수도 있지만 발상을 전환해 볼 필요가 있다. 예를 들어 쓰레기를 분리 배출하거나 대중교통을 이용하는 것은 누구나 일상 생활에서 쉽게 할 수 있을 뿐더러 생활비를 절약하는 방법이기도 하다. 또한 대기 오염과 유해 물질을 줄이는 것은 건강과도 직결된 일이다. 결과적으로 환경 보호 실천은 자신의 삶을 좀 더 윤택하게 하는 길이 될 것이다.

이제 친환경 생활은 '선택'이 아닌 '필수'이다. 합리적이면서 절제된 소비생활과 생명을 존중하고 자연과의 조화를 이루며 살아가는 것이 매우 시급한 일이란 사실을 깨달아야 한다. 또한 개개인이 알고 있는 것에 그치지 말고 실천을 함으로써 파괴되어 가는 환경을 지키는 일에 적극 동참해야 할 것이다. 환경 보호가 캠페인이 아닌 당연한 일상이 되는 미래가 오길 기대해 본다.

단어

경각심	몸소	숱하다	정작	갈피	거창하다	그리	머그잔
비치되다	텀블러	허비되다	발상	유해	직결되다	윤택하다	절제

내용 이해

1. 환경에 대한 위기 의식을 가지면서도 사람들이 환경 보호 실천을 제대로 하지 못하는 이유는 무엇입니까?

2. 이 글에서 제시하고 있는 생활 속에서 자원을 절약할 수 있는 방법을 정리해 봅시다.

	절약 방법
종이컵	
물	
전기	
냉·난방비	

3. 몇 년 사이에 에코백 판매가 증가한 이유는 무엇입니까?

4. 환경 보호 실천이 삶을 윤택하게 하는 방법이라고 생각하는 이유는 무엇입니까?

5. 글쓴이가 궁극적으로 주장하는 것으로 바른 것을 고르십시오.

 □ 환경 보호를 실천함으로써 훼손된 환경을 되살리자.

 □ 환경 파괴의 위험성을 인식하고 올바른 환경 의식을 갖자.

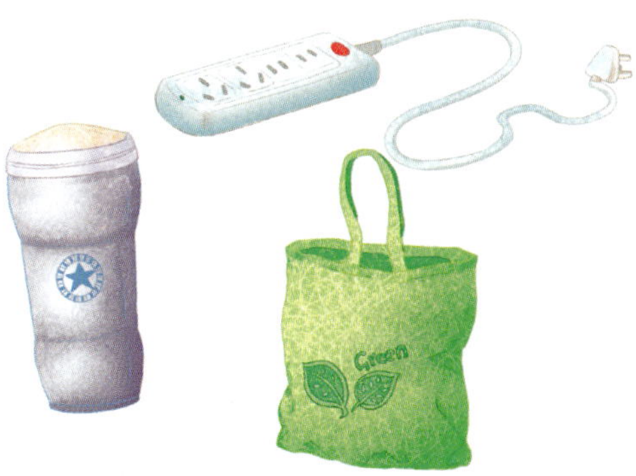

쓰기

⊙ 환경 보호를 위해 우리가 생활 속에서 실천할 수 있는 것에는 무엇이 있는지 생각해 보고 한 달 간 실천한 뒤 환경 실천 보고서를 작성해 봅시다.

활동 과제 - 환경 실천 활동

개요

생활 속에서 실천할 수 있는 환경 보호 실천 사항을 계획하여 2주간 집중적으로 시행한 후 보고서를 작성하고 PPT로 제작하여 발표한다.

1. 활동 순서

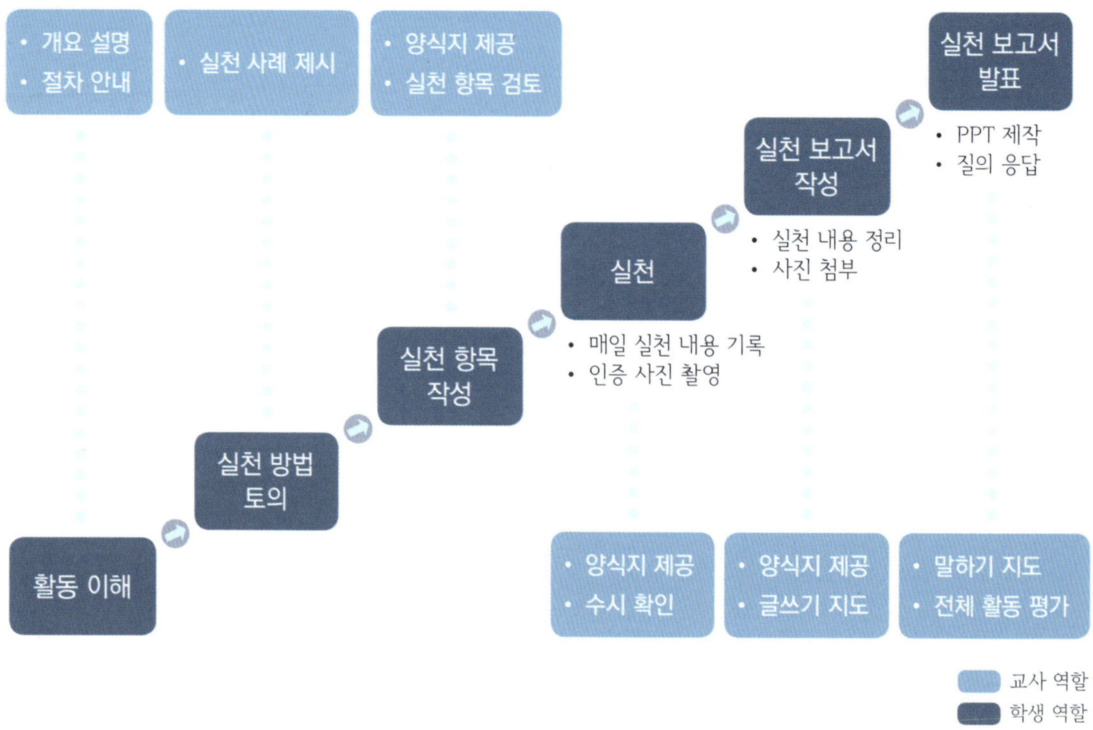

1) 환경 보호 실천 활동의 목표와 절차를 이해한다.

2) 생활 속에서 쉽게 할 수 있는 환경 보호 활동에 대해 토의한다.

3) 개인이 할 수 있는 실천 항목을 정해 실천 계획서를 작성한다.

4) 계획한 항목을 2주 동안 실행하며 매일 실천 일지를 쓴다.

5) 2주간의 활동이 끝나면 실천 과정과 인증 사진을 첨부하여 보고서를 작성한다.

6) 보고문의 내용을 PPT로 작성하여 발표한다.

7) 발표 후 질의 응답 시간을 갖는다.

2. 환경 보호 실천 항목 선정 요건

1) 일상생활 속에서 손쉽게 할 수 있는 것

2) 지속적으로 실천할 수 있는 것

3) 활동 전·후 차이를 명확히 구분할 수 있는 것

〈환경 보호 실천 항목의 예〉

	에너지 절약	자원 절약
1	냉·난방 온도 조절하기	물 절약하기
2	전자제품 사용 줄이기	음식물 쓰레기 줄이기
3	엘레베이터 사용 줄이기	쓰레기 분리 배출하기
4	대중교통 이용하기	일회용품 사용 줄이기
5	사용하지 않는 조명 끄기	장바구니 이용하기

3. 환경 실천 보고서 양식

제목	____________________ 이름________
서론	1. 실천 동기 - 실천 동기 및 목적과 함께 실천 기간, 실천 사항 등을 간단히 밝힌다.
본론	2. 실천 과정 - 실천 사항을 항목별로 제시한 후 구체적인 실천 과정을 사진과 함께 정리한다. 필요한 경우 표나 그래프 등을 활용한다.
결론	3. 평가 및 계획 - 실천 활동의 의의를 밝히고 앞으로의 계획을 덧붙인다.

제5과

한국의 민속

선행 학습 목록

1. 각국의 민간 신앙과 관련된 풍습
2. 각국의 세시 풍습 및 유래
3. 각국의 명절 음식에 담긴 의미
4. 각국의 이사와 관련된 풍속

주 제	한국의 민간 신앙과 세시 풍속
어 휘	한국의 민속 관련 어휘
문 법	① -(이)라면 ② -(으)련만 ③ -어/아서야
활동 과제	한국인의 의식에 대한 취재 활동 보고서 작성 및 발표하기

도입

01 다음은 한국의 민간 신앙과 관련된 것들입니다. 각각의 기능을 알맞게 연결하고 여러 분 나라의 민간 신앙과 비교하여 이야기해 봅시다.

금줄

돌탑

장승

1 지역 간 경계를 표시하고 마을의 수호신 역할을 함

2 재앙을 막고 마을의 번영을 기원함

3 신성한 곳임을 표시하고 잡귀의 출입을 막음

02 다음 한국의 세시 풍속에 대해 이야기해 봅시다.

동지 팥죽 먹기

부럼 깨기

보름달 보며 소원 빌기

대화문

MP3 5-1

제니: 민속촌도 가보고 사극이나 책에서 한옥을 많이 봐 오긴 했지만 이렇게 직접 한옥 체험을 하다니 꿈만 같아요. 근데 아까 들어오면서 보니까 안방에 항아리가 있던데 장독대에 놓지 않고 왜 방에 들여놓은 거죠?

한솔: 신줏단지를 말하는 모양이네요. 옛날에는 집 안 곳곳에 그곳을 관장하는 가택신이 있다고 믿었어요. 신줏단지는 가택신 중에서 가장 높은 성주신을 모셔 놓은 거고요.

제니: 흥미로운 얘기네요. 성주신 말고 또 어떤 신들이 있었어요?

한솔: 부엌에는 조왕신, 변소에는 측신, 대문에는 문왕신이 있다고 믿었죠. 특히 예로부터 불을 신성시했기 때문에 불을 다스리는 조왕신을 더욱 숭배했어요.

제니: 신이라고 하면 왠지 신성한 장소에만 있을 거라고 여겼는데, 한국의 가택신은 일상적인 장소에 자리 잡고 있었네요.

한솔: 집 안 곳곳에 신들이 존재한다고 믿었기 때문에 언제 어디서나 몸가짐을 바르게 해야 한다고 생각했어요. 집안에 나쁜 일이 생기면 이러한 신들을 모시는 것을 게을리한 탓이라 여겨서 무당을 불러다 굿을 하기도 했고요.

제니: 아! 굿이라면 전에 사극에서 본 기억이 나요. 그런데 요즘에도 이런 풍습이 남아 있나요?

한솔: 거의 사라졌다고 볼 수 있죠. 개업식을 할 때나 어떤 중요한 일을 시작할 때 부정을 막아 달라고 고사를 지내는 정도라고나 할까요? 이런 풍속도 풍속이지만 계승, 발전시켜야 할 세시 풍속까지 점차 사라지고 있으니 안타까울 뿐이에요.

제니: 전통적인 것에 자부심을 갖고 보존해 나가면 좋으련만 지나치게 현대적인 것만 추구하는 건 아닌지 모르겠어요. 현대적인 것도 좋지만 미풍양속을 등한시해서야 어디 되겠어요?

단어						
장독대	신줏단지	관장하다	가택신	신성시	숭배하다	몸가짐
게을리하다	무당	굿	부정	고사	자부심	미풍양속

알아두기

신줏단지: 예로부터 한국의 조상들은 안방과 마루 등에 쌀을 담은 항아리를 놓거나 쌀을 한지에 싸서 기둥에 묶어 놓고, 그곳에 집안의 여러 신을 통솔하는 성주신이 산다고 여겼다. 농경 사회에서 곡식은 특별한 의미가 있으므로 그 안에 곡식을 담아 신성시해 왔다.

내용 이해

1. 한옥의 안방에 놓여 있던 항아리의 이름과 용도는 무엇입니까?

2. 다음의 가택신이 머무르며 관장했던 장소를 정리해 봅시다.

	장소	기능 및 특징
성주신		가택신들을 통솔함
조왕신		가족의 건강과 평안을 담당함
측신		심술궂고 아이들을 괴롭힘
문왕신		복을 들이고 잡귀의 출입을 막음

3. 옛날 사람들은 집안에 나쁜 일이 생기는 이유를 무엇 때문이라고 여겼습니까?

4. 현대에 개업을 하거나 중요한 일을 할 때 고사를 지내는 이유는 무엇입니까?

토의와 토론

1. 여러분 나라에 신과 관련된 재미있는 이야기가 있으면 소개해 봅시다.

2. 예로부터 내려오는 풍습을 어떤 방식으로 보존하는 것이 좋은지에 대한 상반된 주장이 있습니다. 다음을 참고하여 이에 대해 어떻게 생각하는지 자신의 의견을 말해 봅시다.

주 장	풍습은 원형 그대로 유지해야 한다.	풍습은 시대에 맞춰 바꿔 나가야 한다.
논 거	전통문화를 보존하고 계승하는 것이 중요하기 때문에	편리함을 추구하는 현대 사회와 맞지 않기 때문

어휘 제시와 연습

한국의 민속			
안채, 바깥채 사랑방 뒷간 장독대	탈춤 판소리 줄타기 인형극	윷놀이 널뛰기 연날리기 쥐불놀이	세찬 복조리 더위팔기 부럼 깨기

1. 다음에서 서로 관련 있는 것들을 찾아 짝지어 보고 그 관계를 설명해 봅시다.

세찬 ·	· 떡국
부럼 ·	· 손님, 주인
판소리 ·	· 고수, 소리꾼
사랑방 ·	· 정월 대보름

2. 다음에 주어진 설명과 관계가 있는 것을 위 단어 목록에서 찾아 봅시다.

이것은 복을 가져다 준다고 하여 설날 새벽에 사서 부엌이나 안방, 마루 등의 벽에 걸어 두던 물건이다. 이 안에 동전이나 실타래를 넣어 두기도 했는데 동전은 풍요로움을, 실타래는 웃어른의 무병장수를 기원하는 의미가 있다. 이것의 값을 깎으면 들어온 복을 내친다고 여겨 거래할 때 흥정을 하지 않았다.

3. 위에 제시된 단어를 사용하여 글을 완성해 봅시다.

정월 대보름을 앞두고 민속촌에서는 '정월 대보름 맞이' 행사가 열린다. 공연장에서는 신명 나는 ① __________이/가 한판 벌어지며 하루 두 차례 아슬아슬한 ② __________ 묘기를 선보인다. 이 밖에도 민속촌 곳곳에서 줄다리기, 널뛰기, 연날리기 등 다양한 전통 놀이를 체험할 수 있다.

길라잡이 ① 얼굴에 나무나 종이로 만든 물건을 쓰고 추는 춤.
② 줄 위를 걸어다니면서 여러 가지 재주를 보이는 놀이.

표현 제시와 연습

1	
눈길을 끌다	시치미를 떼다
을/를 살리다	손꼽아 기다리다

1. 목록 [1]에서 알맞은 표현을 골라 밑줄 친 부분을 바꿔 말해 봅시다.

(1) 언니의 컴퓨터 파일을 실수로 삭제했는데 혼날까 봐 모르는 척했다.

(2) 새로 개업한 가게 앞에서 홍보를 위해 춤을 추는 여자가 사람들의 시선을 모았다.

(3) 어렸을 때에는 선물을 받으려고 크리스마스를 날짜를 세면서 기다리곤 했다.

(4) 한국의 전통 가옥인 한옥은 곡선미가 잘 드러나게 표현한 아름다운 건축물이다.

2	
-다니 꿈만 같다	-는 경우가 허다하다
-는 재미가 쏠쏠하다	-(으)ㄴ 게 엊그제 같다

2. 목록 [2]에서 알맞은 표현을 골라 다음 대화를 완성하여 말해 봅시다.

(1) 가: 새로 등록한 요리 학원은 다닐 만해요?

나: 네, 서툰 요리 실력이지만 조리법을 보면서 배워가며 (만들다)__________________.

(2) 가: 어제 콘서트에 인기 있는 아이돌 그룹들이 많이 나왔다면서?

나: 아! 좋아하는 가수들을 가까이에서 직접 (보다)__________________.

(3) 가: 이제 졸업 논문만 발표하면 대학 생활도 끝이야. 참 빠르지 않아?

나: 그러게. 대학에 (입학하다)__________________ 벌써 졸업이라니 믿어지지가 않아.

(4) 가: 학생들이 제출한 보고서의 내용이 다 비슷비슷한데요?

나: 보고서를 직접 쓰지 않고 인터넷에 있는 내용을 그대로 (베껴 쓰다)__________________.

3. 대화 상황을 떠올리면서 여러 가지 표현으로 대화해 봅시다.

이번 설에는 고향에 가는 대신에 친구들하고 음식을 만들어 먹기로 했다며?

(1) 다들 바쁘다 보니 고향에 못 가는 경우가 허다해.

(2) 각자 고향이 달라서 음식을 만들어 먹는 재미가 쏠쏠할 것 같아.

(3) 고향 갈 날을 손꼽아 기다렸는데 갑자기 일이 생기는 바람에 못 가게 됐어.

1. -(이)라면

- 용법: 어떤 화제에 대해 소개하거나 설명할 때 사용한다. 앞 절에는 소개하고자 하는 것을 적고 뒤 절에는 그것을 들었을 때 가장 먼저 연상되는 것, 가장 대표적이거나 유명한 것, 개인적인 경험 등을 적는다.
- 비교: -(으)ㄴ/는 것이라면
- 예문: 설날**이라면** 아이들에게는 세뱃돈을 빼 놓을 수 없다.
  한국을 대표하는 음식**이라면** 너나 할 것 없이 김치를 손꼽는다.

1. 다음을 '-(이)라면'을 사용하여 연결해 봅시다.

(1) 야식 ·	· (가) 강원도 산간 지역이 떠오른다.
(2) 폭설 ·	· (나) 효과가 있다는 건 모조리 해 보았다.
(3) 수학 ·	· (다) 뭐니 뭐니 해도 치킨에 맥주가 최고다.
(4) 다이어트 ·	· (라) 학창 시절에 제일 자신 있는 과목이었다.

2. 다음 보기처럼 대화해 봅시다.

가: 부모님께 선물하려고 하는데 뭘 사야 할지 고민이에요. (실속 있는 현금)
나: 부모님께 드리는 것**이라면** 실속 있는 현금이 최고죠.

(1) 저녁때 고기 먹으러 갈까요? (명절 때 질리도록 먹다)
(2) 인사동에서 민화 특별전이 열린다는데 가 볼래요? (문외한이다)
(3) 방학을 이용해 뭔가 보람 있는 일을 해 볼까 하는데 뭐가 좋을까?
(4) 민속놀이에 대해 발표를 해야 하는데 어떻게 해야 흥미를 끌 수 있을까요?

3. 다음 글을 완성해 봅시다.

김치라면 ______________을/를 떠올리는데 아주 먼 옛날에는 소금에 절여 만든 '지' 라는 흰 김치를 먹었다. 지금처럼 고춧가루를 넣은 김치는 조선 시대에 들어서야 생겨났으며 김치라는 이름도 '지'가 '침채', '딤채' 를 거쳐 지금의 '김치'로 바뀐 것이다.

4. '-(이)라면'을 사용하여 그 단어를 들었을 때 떠오르는 것으로 문장을 만들어 봅시다.

✎ ______________________________

2. -(으)련만

- 용법: 기대하는 것이 이루어질 수 없음을 말할 때 사용한다. 앞 절에는 바람을 적고 뒤 절에는 그것과 상반되는 실제 사실을 적는다.
- 비교: -(으)ㄹ 텐데
- 예문: 명절에 온 가족이 모이면 좋**으련만** 다들 바빠서 얼굴 보기도 힘들다.
  미리 고향에 가면 길이 덜 막히**련만** 명절 연휴 때 가려니 교통지옥이 따로 없다.

1. 다음을 '-(으)련만'을 사용하여 연결해 봅시다.

(1) 2~3층은 걸어 올라가면 되다 ·	· ㈎ 전혀 차도가 없다.
(2) 원하는 회사에 들어가면 좋다 ·	· ㈏ 늘 꾸물거리다가 지각한다.
(3) 조금만 서두르면 지각하지 않다 ·	· ㈐ 취업하기가 하늘의 별 따기다.
(4) 약을 그 정도 먹었으면 나을 법도 하다 ·	· ㈑ 항상 엘리베이터를 이용한다.

2. 다음 보기처럼 대화해 봅시다.

가: 하회탈 장식품이 선물로 좋을 것 같은데 왜 안 사세요? (조금만 저렴하면 사다)
나: 조금만 저렴하면 사**련만** 너무 비싸서 망설여져요.

(1) 역사 탐방 모임에 나올 수 있어요? (시간이 되면 참석하다)
(2) 매일 이렇게 탈춤 연습을 하면 금방 실력이 늘 것 같아요. (연습한 만큼 늘면 좋다)
(3) 사람들이 너무 웅성대서 판소리에 대한 설명이 하나도 안 들려요.
(4) 지방에 가면 오일장이나 칠일장을 구경할 수 있으니까 한번 가 보세요.

3. 다음 글을 완성해 봅시다.

한국의 조상들은 일 년 중 가장 덥다는 복날에 뜨거운 음식을 먹어 더위를 이겨냈다. 차가운 음식을 먹으면 ____________(으)련만 왜 뜨거운 음식을 먹었을까? 그 이유는 뜨거운 음식이 몸에 들어가면 열이 오르면서 몸속에 있던 나쁜 물질들이 땀과 함께 몸 밖으로 배출되어 시원함을 느끼게 되기 때문이다.

4. '-(으)련만'을 사용하여 그렇게 하지 못해 아쉬움을 나타내는 문장을 만들어 봅시다.

✎ ____

3. -어/아서야

- 용법: 그렇게 하면 안 됨을 강조하여 말할 때 사용한다. 앞 절에는 하면 안 되는 행동 혹은 바람직하지 않은 상황을 적고, 뒤 절에는 앞 절의 행동이나 상황이 초래할 수 있는 부정적인 일을 적는다. 보통 뒤 절은 수사 의문문의 형태를 띤다.
- 비교: -(으)면 안 되다, -다가는
- 예문: 문화재를 이렇게 소중히 여기지 않아서야 되겠는가?
  명절인데 귀찮다고 고향에 가지 않아서야 어디 가족이라 할 수 있겠니?

1. 다음을 '-어/아서야'를 사용하여 문장을 완성해 봅시다.

(1) 세상이 많이 변했다고 해도 자신의 뿌리를 모르다 / 어디 되겠는가?
(2) 취업 준비한답시고 전공 공부를 이렇게 소홀히 하다 / 졸업할 수 있겠어?
(3) 자기 일이 아니라고 친구의 일을 모른척하다 / 어디 친구라고 할 수 있겠는가?
(4) 그렇게 결석도 밥 먹듯이 하고 숙제도 안 하다 / 어디 학생이라고 할 수 있겠어?

2. 다음 보기처럼 대화해 봅시다.

가: 모처럼 연휴인데 집에서 잠이나 실컷 자야겠다. (황금 같은 연휴에 집에만 있다)
나: 황금 같은 연휴에 그렇게 집에만 있어서야 되겠니?

(1) 명절에 부엌에서 나오지도 못하고 일만 하다가 병이 났어요. (그렇게 일이 많다)
(2) 월급 받은 지 일주일밖에 안 됐는데 통장에 잔액이 없어요. (돈을 물 쓰듯 쓰다)
(3) 연일 치솟는 물가로 제사 음식을 준비하는 비용이 작년 대비 20%나 늘었대요.
(4) 장독대에 있는 항아리를 깨뜨렸는데 내가 안 그랬다고 시치미 뗐어.

3. 다음 글을 완성해 봅시다.

예로부터 폐백은 신부가 시댁 어른들께 드리는 첫인사로 음식 준비부터 절차 하나하나에 이르기까지 정성과 예를 다하였다. 그러나 폐백이 점차 간소화, 현대화되면서 폐백에 담긴 원래의 의미는 퇴색된 채 형식만 남아 있는 듯하다. 자손의 번영을 기원하고 새로운 인연이 맺어짐을 상징하는 폐백이 형식적인 결혼 절차의 하나로 ____________어/아서야 되겠는가?

4. '-어/아서야'를 사용하여 조언, 훈계하는 문장을 만들어 봅시다.

✎ ____

듣고 말하기 1

MP3 **5-2**

다음을 보고 단오에 행해지는 풍습에 대해 알아 봅시다.

씨름　　그네뛰기　　창포물에 머리 감기　　부채 선물하기　　수리취떡

내용 이해

1. 들은 내용의 제목으로 알맞은 것을 고르십시오.

① 강릉단오제의 기원　　② 강릉단오제의 특징

③ 강릉단오제의 역할　　④ 강릉단오제의 규모

2. 강릉단오제에 대한 설명으로 맞으면 ○, 틀리면 × 하십시오.

① 전국에서 유일하게 열리는 단오제다. (　　)

② 전통문화의 가치를 잘 보존하고 있다. (　　)

③ 정부와 기관 주도적인 성격을 지니고 있다. (　　)

④ 술을 빚는 것으로 축제가 시작된다. (　　)

3. 강릉단오제 기간 동안 열리는 행사를 모두 고르십시오.

☐ 제사　☐ 인형극　☐ 무당굿　☐ 가면극　☐ 농악　☐ 판소리

말하기

⊙ 여러분 나라의 특별한 축제를 소개해 봅시다.

듣고 말하기 2

MP3 **5-3**

새해를 맞이하여 먹는 대표적인 음식과 그 음식에 담긴 의미에 대해 말해 봅시다.

내용 이해

1. 떡국에 대한 설명으로 맞으면 ○, 틀리면 × 하십시오.

① 무병장수와 부를 바라는 마음을 담아 설 음식을 만들었다. ( )

② 세찬 중에서 가장 보편적으로 많이 먹는 음식이 떡국이다. ( )

③ 지역을 불문하고 떡국의 모양은 비슷비슷했다. ( )

④ 북쪽 지방에서는 벼농사를 많이 짓지 않아 만둣국을 먹었다. ( )

2. 다음 음식에 담긴 의미를 각각 바르게 연결하십시오.

① 흰 떡	·	·	㉠ 재물이 쌓임
② 동전 모양의 떡	·	·	㉡ 복을 싸서 먹음
③ 조롱이떡	·	·	㉢ 잡귀를 물리치고 액운을 막음
④ 만두	·	·	㉣ 깨끗한 한 해의 시작

3. 설날 어려운 이웃에게 차례 용품을 보냈던 풍습에 담긴 의미는 무엇입니까?

✎ ____________________

말하기

⊙ 각국의 명절 음식을 소개하고 그 속에 담겨 있는 의미를 말해 봅시다.

듣고 말하기 3

MP3 **5-4**

여러분 나라에 봄을 맞이하는 특별한 풍속이 있으면 소개해 봅시다.

내용 이해

1. 삼짇날에 대한 설명으로 틀린 것을 고르십시오.

   ① 동지부터 이날까지 팥죽을 즐겨 먹었다.

   ② 음력 3월 3일을 일컫는 말이다.

   ③ 봄을 맞아 된장, 고추장을 담그곤 했다.

   ④ 꽃으로 만든 화전을 가지고 나들이를 가곤 했다.

2. 특별히 여자들이 삼짇날을 고대했던 이유는 무엇입니까?

   ✎ ______________________________

3. 다음 동물이 상징하는 것으로 잘못 짝지어진 것을 고르십시오.

   ① 뱀 – 흉조 ② 개구리 – 풍년

   ③ 노랑나비 – 길조 ④ 흰 나비 – 부모의 죽음

4. 삼짇날에 즐겼던 전통 놀이에는 어떤 것들이 있습니까?

   ✎ ______________________________

말하기

⊙ 전통적으로 운수를 점칠 때 사용했던 방법에 대해서 함께 이야기해 봅시다.

읽고 쓰기 1

옛 선조들은 혼례나 이사와 같은 중요한 일을 앞두고 택일을 중시했는데 그 이유가 무엇인지 말해 봅시다.

한국인의 이사 풍속

한국인들에게 집은 주거 공간이자 그곳에 머무르는 사람들의 길흉화복에 영향을 미칠 수 있는 요소 중의 하나였다. 그래서 집터를 정할 때에나 이사할 때에는 심사숙고하여 결정하였다. 이사할 때 액운을 막고 복을 불러들이기 위한 풍속이 현대까지 이어지고 있는 이유가 바로 여기에 있다.

한국인들의 이사 풍속은 이사를 준비하는 단계에서부터 찾아볼 수 있다. 이사 전에 가장 먼저 신경 써야 할 것은 택일인데, 택일은 이사 날을 결정하는 것으로 나이, 일진, 방위 등 여러 가지 조건을 따져 신중하게 정했다. 특히 '손 없는 날' 을 길일로 여겼는데 여기에서 '손' 이란 사방을 돌아다니면서 사람의 활동을 방해하는 귀신을 말한다. 집안의 어른이나 점술가에게 물어 이사 갈 방향에 손이 있거나 일진이 안 좋은 날에는 이사하지 않고 날짜를 옮겼다.

이사 때에도 기복적인 행위들은 이어진다. 예전에 살던 집 아궁이의 불씨를 꺼뜨리지 않고 살려 간다든지, 솥 안에 요강을 넣어 가는 것, 또 살던 집의 문을 열어 놓고 가거나 못 쓰는 물건이나 쓰레기를 그냥 두고 나오는 것은 이러한 행위들이 액운을 막고 복을 받을 수 있게 한다는 믿음에서 기인한 것이다. 현대인의 관점에서 보면 쉽게 납득이 가지 않지만 하나하나 따지고 보면 그 나름의 이유가 있다.

불씨를 소중히 다룬 것은 가택신 중의 하나인 조왕신과 관련이 있는 불의 신성함 때문인데 불씨가 꺼지면 재산이 줄고 집안이 망한다고 여겼다. 또 솥 안에 요강을 넣어 간 것은 솥과 요강이 음식물을 섭취하고 배설하기 위한 기본적인 도구이니만큼 모든 일이 순탄하게 잘 이어져 가기를 바라는 뜻이 담겨 있다. 또 살던 집의 문을 열어 놓고 가는 것은 그 집의 복이 함께 가기를 바라는 뜻에서였다. 못 쓰는 물건이나 쓰레기를 방치해 두는 것은 그것들에도 복이 깃들어 있어서 쓸어 버리면 복을 버리는 것과 같다고 여겼기 때문이다.

이사를 한 후에도 불행과 재해를 막고 복을 기원하는 풍속이 지켜졌다. 우선 이사를 하자마자 팥죽을 끓여 집 안 곳곳에 뿌렸다. 이는 귀신이 붉은색을 무서워 한다고 여겨 붉은 팥으로 집 안에 머물러 있을지도 모르는 악귀를 쫓아내고자 함이었다. 같은 이유로 붉은 팥을 고물로 한 시루떡을 해 먹었는데, 이 떡은 새로 이사 온 동네의 이웃들과 나누어 먹었다. 이는 인사를 겸한 정을 나누는 의미를 담고 있다.

한국인의 이사 풍속은 다소 미신적인 요소가 있긴 하지만, 풍속에 내포된 의미를 따져 보지 않고 과학적인 근거가 없다는 이유로 무시해서야 선조의 삶을 제대로 이해할 수 있을까? 이러한 이사 풍속의 이면에는 복이 있어야 잘 산다고 굳게 믿었던 한국인의 기복 사상이 담겨 있는 것이다.

단어							
길흉화복	심사숙고	액운	택일	일진	기복	아궁이	불씨
요강	납득	순탄하다	방치하다	깃들다	악귀	내포	이면

내용 이해

1. 한국인에게 집은 어떤 의미입니까?

2. 이사할 날짜를 택하는 데 있어 고려했던 것이 아닌 것은 무엇입니까?

① 운세 ② 일손 ③ 나이 ④ 방위

3. 한국의 옛 조상들이 다음과 같은 풍속을 지켰던 이유를 쓰십시오.

이사 관련 풍속	이유
불씨를 꺼뜨리지 않는다.	
이사할 때 문을 열어 놓는다.	
쓰레기를 두고 나온다.	
팥죽을 새집 곳곳에 뿌린다.	
시루떡을 이웃과 나눠 먹는다.	

4. 이사 풍속을 통해 알 수 있는 한국인의 대표적인 민간 신앙은 무엇입니까?

쓰기

⊙ 여러분 나라에는 이사와 관련된 특별한 풍속이 있습니까? 한국의 풍속과 비교하여 공통점과 차이점을 써 봅시다.

'꿩 대신 닭'이라는 속담의 의미는 무엇입니까? 왜 이런 속담이 생기게 되었는지 그 유래를 추측해 봅시다.

명절에 얽힌 속담 이야기

속담이란 일상생활에서 체득된 삶의 지혜를 비유적으로 표현한 말이다. 속담은 교훈과 풍자를 짧은 문장으로 간결하게 제시하기 때문에 딱딱하거나 무겁게 느껴지지 않는다. 또 속담에는 오랜 시간에 걸쳐 형성된 집단과 공동체의 문화도 반영되어 있다. 한국의 속담에도 한국인들의 문화와 삶의 지혜가 담겨 있는데, 특히 세시 풍속에서 유래된 것이 많다.

'꿩 대신 닭'이라는 속담의 탄생 배경에는 설의 풍속이 자리 잡고 있다. 예로부터 꿩은 '하늘 닭'이라 하여 신성한 새로 여겨졌다. 그래서 한 해를 시작하는 날인 설날에 먹는 떡국은 꿩고기를 넣어 끓였다. 꿩이 구하기 쉬운 재료였으면 누구나 꿩고기로 떡국을 끓였으련만, 꿩은 야생 동물로 잡기도 힘들었거니와 가격이 높았기 때문에 닭고기로 국물을 내는 경우가 허다했다. 이런 연유로 '알맞은 것이 없을 때 비슷한 것으로 대신한다'는 의미의 '꿩 대신 닭'이라는 속담이 생겨났다.

정월 대보름의 풍속에서 유래한 속담도 있다. 한국의 조상들은 보름달을 보며 풍년과 집안의 안녕을 기원하였을 만큼 보름달에 대한 믿음이 깊었다. 보름달이 점점 기우는 것은 자연의 법칙이지만 이를 안타깝게 여긴 옛사람들은 만만한 개에게 그 화풀이를 하였다. 즉 하늘의 개가 달을 먹었기 때문에 달이 기운다고 믿었고 그 벌로 보름날에 개를 굶겼던 것이다. 밥을 굶은 개는 돌아다니거나 짖지도 못하고 대충 누워서 그날을 넘겼다. 그래서 결혼식 때나 명절 때 다른 사람들은 배불리 먹는데 혼자만 의도치 않게 끼니를 거를 때에 '보름날 개 팔자다'라는 말을 하게 된 것이다.

'더도 말고 덜도 말고 한가위만 같아라'라는 속담도 세시 풍속에서 그 유래를 찾을 수 있다. 먼저 한가위라고 불리는 추석이 한국의 최대 명절로 꼽히게 된 데에는 다음과 같은 역사적 사실이 숨어 있다. 신라 유리왕 때 두 왕비가 나라 안의 여자들을 두 패로 나누어 칠월 보름부터 한 달 동안 길쌈 내기를 했다. 그래서 팔월 보름날 진 편이 이긴 편에게 술과 음식을 대접하고 춤과 노래로 즐겁게 해 주었는데 이 행사를 '가배'라고 불렀다. 팔월 보름이 큰 명절이 된 것은 이때부터라고 한다. 한가위라는 말도 이 가배에서 비롯되었는데 '가배'가 가위가 되고 여기에 '크다'는 뜻의 '한'이 붙어 한가위가 된 것이다. '더도 말고 덜도 말고 한가위만 같아라'라는 속담의 의미는 말 그대로이다. 추석 무렵에는 날씨는 덥지도 춥지도 않아 살기에 더할 나위 없이 좋고 곡식이며 과일도 하나둘 익어 간다. 그래서 항상 추석 때처럼 잘 먹고 편히 살기를 바라는 마음에서 이러한 속담이 탄생한 것이다.

이처럼 속담의 탄생 배경과 유래를 함께 알아보면 문화적인 내용도 배울 수 있어 그 재미가 배가된다. 한국의 또 다른 속담도 유래를 찾아가며 공부하다 보면 한국 문화를 알아 가는 재미가 쏠쏠할 것이다.

단어

체득하다	비유적	풍자	연유	안녕	기울다	만만하다
화풀이	굶기다	팔자	패	길쌈	배가되다	쏠쏠하다

내용 이해

1. 속담에 대한 설명으로 맞으면 ○, 틀리면 × 하십시오.

   ① 비유적으로 서술된 표현이 많다. ( )

   ② 민족과 집단의 문화를 엿볼 수 있다. ( )

   ③ 세시 풍속의 유래를 설명하는 짧은 표현이다. ( )

   ④ 삶에 대한 교훈과 풍자를 담고 있다. ( )

2. 떡국 국물을 낼 때 꿩 대신 닭을 쓰게 된 이유는 무엇입니까?

3. 정월 대보름에 개를 굶긴 이유는 무엇입니까?

4. 한가위라는 명칭의 변화 과정을 정리해 봅시다.

가배	➡		➡		+		➡	한가위

5. 다음은 추석과 관련된 속담들입니다. 속담의 의미를 말해보고 여러분 나라의 세시 풍속과 관련된 속담을 소개해 봅시다.

- 옷은 시집 올 때처럼 음식은 한가위처럼.
- 팔월 한가위에는 가난한 집 며느리도 배탈이 난다.
- 5월 농부, 8월 신선.

쓰기

⊙ 각국의 세시 풍속 중 하나를 골라 그 유래를 밝혀 써 봅시다.

제6과

한국인의 정서

선행 학습 목록

1. 보편적인 한국인의 정서
2. 각국의 공동체 문화와 관련된 풍습
3. 각국의 대표적인 국민성
4. '정'의 순기능과 역기능

주 제	한국인의 정서적 특징
어 휘	한국인의 정서 관련 어휘
문 법	① -(으)ㄹ라치면 ② -(으)ㄴ/는지라 ③ 은/는 고사하고
활동 과제	한국인의 의식에 대한 취재 활동 보고서 작성 및 발표하기

도입

01 다음을 보고 느낄 수 있는 한국인의 정서에 대해 말해 봅시다.

▌회식

▌자리 양보

▌거리 응원

02 다음을 보고 한국인의 성향이 어느 쪽에 가까운지 함께 이야기해 봅시다.

감정 표현	vs.	개인적인 감정을 잘 표현한다.
		개인적인 감정을 잘 드러내지 않는다.
자신에 대한 인식	vs.	자긍심이 강하며 타인의 시선을 별로 의식하지 않는다.
		겸손함을 중시하고 타인의 시선을 지나치게 신경 쓴다.
의사 소통 방식	vs.	상대에게 하기 어려운 말이더라도 직접 말한다.
		상대에게 하기 어려운 말은 돌려서 표현한다.

대화문

MP3 **6-1**

제니: 지방 축제에 갔다가 무척 신기한 걸 봤어요. 대형 그릇에다가 이천여 명가량이 먹을 수 있는 밥과 갖가지 야채를 넣어 여러 사람이 함께 비비지 뭐예요?

한솔: 아, 초대형 비빔밥을 말하는 모양이네요. 종종 큰 행사가 있을 때 화합과 나눔의 상징적인 의미로 대형 비빔밥이나 대형 떡 따위를 만들어 그곳에 모인 시민들과 나누어 먹곤 해요.

제니: 한국 사람들은 같이 모여서 뭔가를 하면서 나누는 걸 꽤 즐기는 것 같아요.

한솔: 예전부터 농경 사회다 보니 뭐든지 할라치면 서로 도와야 하는 일이 유난히 많아 그럴 거예요. 단기간 내에 노동력을 집약적으로 투입해야 할 때 행해졌던 두레라든지 품앗이 같은 것이 그 예라 할 수 있죠.

제니: 조상들은 공동체 생활을 상당히 중시했던 것 같은데 지금도 이와 같은 상부상조하는 풍습이 이어져 오고 있나요?

한솔: 과거와 같이 농사와 관련된 것은 이제 찾아보기 힘들어요. 친목 도모를 위한 계 모임, 동호회 등은 활성화되어 있어요. 이러한 모임은 다 같이 어울려 신명 나게 노는 것을 좋아하는 한국인들의 성향을 보여 주죠.

제니: 예전에 어디선가 '한' 이 한국인의 정서를 대표한다고 들었는데 다 옛말인가 봐요. 제 한국 친구들처럼 젊은 세대들에게는 그런 게 전혀 느껴지지 않거든요.

한솔: 이제는 젊은 세대는 고사하고 기성세대들조차 한의 감정을 잘 이해하지 못해요. 그건 이들이 식민지 시대의 아픔이나 전쟁의 비참함을 겪은 세대가 아닌지라 한이라는 감정을 느낄 만한 경험이 없었기 때문이에요. 오히려 지금으로선 '정'이나 '신명'이 대표적인 한국인의 정서라고 할 수 있죠.

제니: 월드컵 때 너나 할 것 없이 열띤 응원을 한 것도 일종의 그런 정서가 반영된 셈이군요. 이제야 왜 사람들이 그렇게 열광적이었는지 이해가 가네요.

단어							
갖가지	화합	따위	유난히	집약적	두레	품앗이	상부상조
친목 도모	계	활성화되다	신명	식민지	비참하다	한	열띠다

알아두기

- **두레**: 조선 후기 농촌에서 농사일을 공동으로 하기 위하여 마을 단위로 둔 조직이다. 두레의 상부상조 전통은 아름다운 미풍양속으로 보편적인 농민 생활 풍습의 바탕이 되기도 했다.

내용 이해

1. 대형 비빔밥이나 대형 떡을 만드는 상징적인 의미는 무엇입니까?

2. 한국 사회에 함께 하는 공동체 문화가 발달하게 된 사회적 배경에 대해 설명해 봅시다.

3. 현대에 찾아 볼 수 있는 공동체 문화는 무엇입니까?

4. 과거와 비교해서 현재의 한국인의 주된 정서가 어떻게 바뀌었으며 그 이유는 무엇입니까?

토의와 토론

1. 다음은 한국의 공동체 문화와 관련된 풍습입니다. 당시 사회에서 어떤 기능을 했는지 알아보고 여러분 나라에도 비슷한 것이 있으면 말해 봅시다.

	기능	자국의 예
계	더 화목하고 친하게 지내고 경제적인 도움을 주고받음. 공동체에 필요한 비용을 마련함.	
두레	농사가 시작될 때부터 끝날 때까지 마을 일을 함께 함.	
품앗이	농촌에서 힘든 일이나 바쁜 일이 있을 때 서로 일손을 나누거나 도움을 주고받음.	

2. 공동체 문화에서는 개인적인 문제까지도 함께 해결하려고 하기에 개인과 집단 간에 갈등이 생기기도 합니다. 다음을 참고하여 이에 대해 어떻게 생각하는지 자신의 의견을 말해 봅시다.

주 장	결혼 여부나 배우자 선택은 가족과 상의해서 결정해야 한다.	결혼 여부나 배우자 선택은 당사자가 스스로 결정할 문제이다.
논 거	한 사람의 인생은 가족 구성원 모두의 삶과 연결되어 있기 때문에	자신의 인생은 스스로 결정할 수 있는 권리가 있기 때문에

어휘 제시와 연습

한국인의 정서			
연고주의 권위주의 상부상조 공동체 의식	인정 근면 체면 서열	역동성 응집력 획일성 조급성	콩 한 쪽이라도 나눠 먹는다. 피는 물보다 진하다. 냉수 먹고 이 쑤신다. 찬물도 위아래가 있다.

1. 다음에서 서로 관련 있는 것들을 찾아 짝지어 보고 그 관계를 설명해 봅시다.

역동성 ·	· 협동
획일성 ·	· 변화
상부상조 ·	· 몰개성
공동체 의식 ·	· 소속감

2. 다음에 주어진 설명과 관계가 있는 것을 위 단어 목록에서 찾아 봅시다.

이것은 혈연, 지연, 학연으로 맺어진 관계를 중요하게 여기는 태도를 일컫는다. 폐쇄적인 관계를 통해 이익을 얻으려고 하는 이것은 항상 '우리'라고 부를 수 있는 사람들과 '그 밖의' 다른 사람들을 구별한다. 이 안에서는 '나'의 개인적 성향이나 능력보다는 내가 속해 있는 '우리'의 성향이나 능력이 훨씬 더 영향력이 크다. 그렇기 때문에 이것으로 인해 사회적 갈등이 생기고, 부정부패와 비리가 나타나기도 한다.

3. 위에 제시된 단어를 사용하여 글을 완성해 봅시다.

'냉수 먹고 이 쑤신다.'라는 속담은 실속은 아무것도 없으면서 겉으로 있는 체 한다는 뜻으로, ① ___________을/를 중시하는 한국인의 특징이 드러나 있다. 또 '찬물도 위아래가 있다.'라는 속담은 하찮은 찬물을 마시는 데에도 윗사람과 아랫사람의 순서가 있다는 뜻으로, 윗사람을 공경해야 함을 비유적으로 이르는 말로, 예로부터 한국인들이 ② _________을/를 따졌음을 알 수 있는 속담이다.

길라잡이 ① 남을 대하기에 떳떳한 도리나 얼굴.
② 일정한 기준에 따라 순서대로 늘어서는 것.

표현 제시와 연습

1

빛을 발하다	땅에 떨어지다
자칫 -다가는	유례를 찾을 수 없다

1. 목록 [1]에서 알맞은 표현을 골라 밑줄 친 부분을 바꿔 말해 봅시다.

(1) 졸음운전은 어쩌다가 조금이라도 잘못하면 대형 사고를 일으킬 수 있다.

(2) 이 영화의 흥행 비결은 조연 배우들의 연기력이 크게 돋보였다는 데에 있다.

(3) 북한처럼 삼대가 정권을 세습하는 체제는 세계에서 비슷한 예가 없었던 일이다.

(4) 이번 비리 사건으로 그 고위 공무원의 명예는 회복되기 어려울 정도로 손상되었다.

2

을/를 전제로	-(은)ㄴ 지 오래다
도 다 옛말이다	-(이)라는 말이 무색하다

2. 목록 [2]에서 알맞은 표현을 골라 다음 대화를 완성하여 말해 봅시다.

(1) 가: 이곳은 행정 구역상 강남에 속하는 지역인데, 빈민촌처럼 보이네요.

나: 정말 (강남)＿＿＿＿＿＿＿＿＿＿＿ (으)ㄹ 정도네요.

(2) 가: 돈 좀 빌려달라고? 생활비가 벌써 다 떨어졌단 말이야?

나: 학기 초라 여기저기 돈 쓸 데가 많아서 생활비가 (떨어지다)＿＿＿＿＿＿＿＿＿＿＿ .

(3) 가: 노인을 공경하는 문화가 점차 사라지는 것 같아 안타까워요.

나: 그러게요. (한국인은 예의가 바르다는 말)＿＿＿＿＿＿＿＿＿＿＿ 인 것 같아요.

(4) 가: 요즘 사귀는 사람이 있다고 들었는데, 언제 결혼할 계획이에요?

나: 그 사람과 (결혼)＿＿＿＿＿＿＿＿＿＿＿ 사귀고 있는 건 아니어서 아직 잘 모르겠어요.

3. 대화 상황을 떠올리면서 여러 가지 표현으로 대화해 봅시다.

부장님이 회식하자고 하는데
신입 사원이 선약이 있다면서 거절을 하더라고요.

(1) 부장님의 권위가 땅에 떨어졌다고 볼 수 있죠.

(2) 직장 상사의 말을 무조건 따라야 한다는 것도 다 옛말이에요.

(3) 요즘에는 직장 내 서열 문화라는 말이 무색할 정도로 상사의 눈치를 안 봐요.

문법 제시와 연습

1. -(으)ㄹ라치면

- 용법: 반복적으로 일어났던 경험을 바탕으로, 그런 일이 있으면 으레 어떤 결과가 뒤따름을 말할 때 사용한다. 앞 절에는 보통 하려고 했던 일을 적고, 뒤 절에는 그 때마다 반복적으로 일어났던 일을 적는다.
- 비교: -(으)려고 할 때마다
- 예문: 지하철에서 자리가 생겨서 앉**을라치면** 꼭 옆에 어르신이 계신다.
  부하 직원들이 식사 후에 돈을 **낼라치면** 항상 부장님이 모두 계산을 하신다.

1. 다음을 '-(으)ㄹ라 치면'을 사용하여 문장을 연결해 봅시다.

(1) 전공 서적을 읽다 ·	· (가) 마땅히 입을 옷이 없어서 늘 고민한다.
(2) 여름휴가를 내다 ·	· (나) 졸음이 쏟아져서 한 페이지를 넘긴 적이 없다.
(3) 토론에서 내 의견을 내놓다 ·	· (다) 다른 사람이 먼저 말해서 번번이 기회를 놓친다.
(4) 부부 동반 모임에 참석하다 ·	· (라) 항상 급한 업무가 생겨서 결국 때를 놓치게 된다.

2. 다음 보기처럼 대화해 봅시다.

가: 퇴근 후에 학원을 다니고 싶어도 언제 야근할지 몰라서 다닐 수가 없어.
(꼭 일이 생겨서 취소하게 되다)
나: 맞아. 나도 약속이 있어서 퇴근**할라치면** 꼭 일이 생겨서 취소하게 되더라고.

(1) 식당에 손님도 많지 않은 것 같은데 좀 쉬엄쉬엄해. (사장님이 눈치를 줘서 못 쉬다)
(2) 그 아이디어 참 기발한데 회의에서 한번 얘기해 봐. (비정규직이라고 발언권도 안 주다)
(3) 어제 회식 후에 노래방에 갔다면서? 노래는 많이 불렀어?
(4) 할머니께 인사만 드리고 오라니까 왜 매번 저녁까지 꼬박꼬박 먹고 와?

3. 다음 글을 완성해 봅시다.

한국인은 위기가 닥칠 때마다 강한 응집력으로 문제를 해결해 내곤 한다. 그런데 이런 응집력에는 한국인 이외의 구성원을 받아들이지 않으려는 배타성이 내재되어 있다. 일례로 다른 문화권 출신의 외국인이 한국 사회에 ______________(으)ㄹ라 치면 차별적인 태도로 대하곤 하는데, 이는 다름을 인정하지 않으려는 폐쇄성과 배타성을 여실히 보여주는 사례다.

4. '-(으)ㄹ라 치면'을 사용하여 계획했으나 하지 못한 일에 대한 문장을 만들어 봅시다.

✎ ____

2. -(으)ㄴ/는지라

- 용법: 이어지는 말에 대해 원인이나 이유가 되는 근거를 말할 때 사용한다. 앞 절에는 원인이나 이유를 적고, 뒤 절에는 그에 따르는 결과를 적는다.
- 비교: -어/아서, -기 때문에
- 예문: 봄부터 가을까지는 농번기<u>인지라</u> 일손이 항상 부족했다.
  집안 어른들이 체면을 중히 여기<u>는지라</u> 결혼식을 격식을 갖춰 치를 수밖에 없다.

1. 다음을'-(으)ㄴ/는지라'를 사용하여 문장을 연결해 봅시다.

(1) 형제, 자매가 없다.	· ·	(가) 끼니 걱정은 안 했다.
(2) 먹고 살기도 힘들다.	· ·	(나) 여가 생활은 꿈도 꾸지 못한다.
(3) 가을에는 수확한 농작물이 넉넉하다	· ·	(다) 서로에 대한 이해의 폭이 넓다.
(4) 그 친구와 나는 같은 업종에 종사하다	· ·	(라) 부모님의 사랑을 독차지해 왔다.

2. 다음 보기처럼 대화해 봅시다.

가: 할머니는 왜 항상 같은 노래만 반복해서 들으세요? 안 지겨우세요?
(할아버지가 생전에 즐겨 듣던 노래이다)
나: 할아버지가 생전에 즐겨 듣던 노래<u>인지라</u> 옛날 생각이 나서 그런다.

(1) 왜 매번 약속 시간보다 일찍 나오세요? (상대를 기다리게 하는 게 미안하다)
(2) 광화문 광장에 사람들이 왜 그렇게 많이 모였대요? (저녁에 촛불 시위가 있다)
(3) 한국 사람들은 휴대폰을 자주 바꾸는 것 같아요.
(4) 경제적인 여유도 없는데 혼수를 왜 그렇게 무리해서 준비하고 그래요?

3. 다음 글을 완성해 봅시다.

한국의 마당놀이는 서양의 공연과는 달리 공연자와 관중 간의 구분이 없다. 공연 중 흥이 나면 관중들이 '얼쑤' 라는 추임새를 넣어 함께 어울리는데, 이렇게 해야 제대로 공연을 했다고 생각한다. 이러한 분위기는 대중가요 공연에서도 이어진다. 가수와 관객이 하나가 되어야만 ______________(으)ㄴ/는지라 가수는 관중들이 함께 부르기를 유도하며 흥을 돋운다.

4. '-(으)ㄴ/는지라'를 사용하여 이유나 원인을 설명하는 문장을 만들어 봅시다.

✎ ____

3. 은/는 고사하고

- 용법: 부정적인 답변을 강조하여 말할 때 사용한다. 앞 절에는 부정적으로 말하고자 하는 내용을 적고, 뒤 절에는 앞 절과 비교하여 그것을 강조할 수 있는 내용을 적는다.
- 비교: 은/는커녕, -기는커녕
- 예문: 월급을 받아도 저축은 고사하고 먹고 살기도 빠듯하다.
  부장님 눈치를 보느라고 칼퇴근하는 것은 고사하고 야근하는 날이 부지기수다.

1. 다음을 '은/는 고사하고'를 사용하여 문장을 완성해 봅시다.

(1) 자신 잘못에 대한 반성 / 오히려 남 탓을 한다.

(2) 장학금 / 성적이 낮아 졸업하기도 어렵다.

(3) 이웃과 가깝게 지내다 / 친척들과도 남처럼 지낸다.

(4) 알뜰하게 생활하다 / 대출까지 받아 돈을 물 쓰듯이 쓴다.

2. 다음 보기처럼 대화해 봅시다.

가: 연말이고 하니까 회사에서 보너스 받았겠네. (이번 달 월급조차 못 받다)
나: 회사 사정이 어려워서 보너스는 고사하고 이번 달 월급조차 아직 못 받았어.

(1) 예전과 달리 요즘에는 젊은이들이 노인들을 별로 공경하지 않는 것 같아요.
(말도 안 통한다고 무시하다)

(2) 요즘은 대학생들도 명품 가방 하나쯤은 다 있다던데 너는 어때?
(들고 다닐 만한 가방도 없다)

(3) 회사 생활이 바빠도 일 년에 한두 번은 동창들을 만나죠?

(4) 한국에서는 전통적으로 아들이 부모를 부양해 왔다던데 요즘에도 그런가요?

3. 다음 글을 완성해 봅시다.

지난 100여 년간 외국에서 한국을 상징하는 말로 가장 널리 사용된 문구는 '고요한 아침의 나라'일 것이다. 그래서 동양의 고요한 신비로움을 기대하고 한국을 처음 방문하는 외국인이라면 ______________은/는 고사하고 시끌벅적하고 화려한 한국의 모습에 그 기대감이 깨질지도 모른다. 그러나 역동적이고 정이 넘치는 한국의 매력에 곧 사로잡힐 것이다.

4. '은/는 고사하고'를 사용하여 부정적인 상황을 나타내는 문장을 만들어 봅시다.

✎ ____

듣고 말하기 1

MP3 **6-2**

한국의 거리 응원을 보거나 참여해 본 적이 있습니까? 어떤 분위기인지 말해 봅시다.

내용 이해

1. 들은 내용의 제목으로 알맞은 것을 고르십시오.

① 한·일 월드컵의 성과 ② 월드컵이 낳은 응원 문화

③ 열정적인 한국인 ④ 붉은 악마의 역사

2. 월드컵 응원 구호에 대한 설명으로 바르지 않은 것을 고르십시오.

① 한·일 월드컵을 기점으로 월드컵 경기 때마다 사용되고 있다.

② 단순하고 쉬운 리듬으로 구성되어 있다.

③ 축구 이외의 종목에서도 응원할 때 사용된다.

④ 대한민국을 대표하는 브랜드로서 자리 잡았다.

3. 붉은 악마에 대한 설명으로 맞는 것을 고르십시오.

① 대한민국 축구 국가 대표팀의 요청으로 조직된 응원단이다.

② 붉은 악마로 인해 즐기며 응원하는 문화가 정착되었다.

③ 붉은 악마는 세계적인 명성에 걸맞게 한·일 월드컵을 성공적으로 치렀다.

④ 한·일 월드컵 당시 거리 응원에 참여했던 어린이들이 이제 붉은 악마의 주축이 되었다.

붉은 악마의 마크

붉은 악마

붉은 악마는 1995년 축구동호회에서 출발했다. 1998년 프랑스 월드컵 아시아지역 예선을 앞두고 본격적인 활동을 시작하였으며, '그레이트 한국 서포터스 클럽(Great Hankuk Supporters Club)'이라는 임시 이름으로 프랑스월드컵 예선부터 조직적인 응원을 시작했다. '붉은 악마'라는 명칭은 1997년부터 사용하였다.

말하기

⊙ 여러분 나라의 응원 문화는 어떻습니까? 한국과 같이 거리 응원이 활성화되어 있습니까?

듣고 말하기 2

MP3 6-3

조상들은 농사를 짓거나 큰일을 치를 때 일손이 부족한 문제를 어떻게 해결했습니까?

내용 이해

1. 품앗이는 어떤 의미의 단어가 결합하여 만들어진 단어인지 쓰십시오.

품	+	앗이	=	품앗이

2. 근대에 들어 품앗이가 쇠퇴하게 된 이유를 쓰십시오.

✎ ______________________________

3. 경조사와 관련된 품앗이의 특징을 시대에 맞게 바르게 연결하십시오.

① 과거 ·   · ㉠ 상호 간 노동력 제공

② 현재 ·   · ㉡ 경조사비 부담

4. 이웃과 함께하는 현대판 품앗이에 대한 설명과 관계없는 것을 고르십시오.

① 양육비 공동 부담   ② 체험 활동

③ 교육 정보 공유   ④ 친목 도모

말하기

⊙ 다음은 한국의 전통 풍습인 품앗이를 현대적으로 계승한 사례입니다. 여러분들이 참여한다면 어떤 재능을 나눌 수 있는지 말해 봅시다.

'e-품앗이'란 재능과 서비스, 물건을 가상 화폐를 통해 교환하는 제도이다. e-품앗이에서 거래할 수 있는 품목은 생활용품을 비롯하여 육아, 교육, 가사, 미용, 의료 등의 서비스 거래까지 매우 다양하다. 이 제도는 재능을 나눌 수 있다는 점에서 지역 경제 활성화뿐 아니라 고용 시장에도 도움이 된다.

듣고 말하기 3

MP3 **6-4**

한국인의 기질적 특성에 대해 말해 봅시다.

내용 이해

1. '빨리빨리' 기질의 양면성을 각각 나누어 쓰십시오.

긍정적인 측면		부정적인 측면
	⬅ '빨리빨리' 기질의 양면성 ➡	

2. 한국인의 '빨리빨리' 기질이 디지털 시대에 들어 재평가받는 이유는 무엇입니까?

✎ ______________________________

3. 여자의 의견에 대한 남자의 태도로 맞는 것을 고르십시오.

① 반박하고 있다. ② 무시하고 있다. ③ 동조하고 있다. ④ 비난하고 있다.

말하기

⊙ 다음은 외국인들을 놀라게 한 한국인의 습관입니다. 여러분 혹은 주변 친구들은 어떤 비슷한 습관이 있는지 이야기해 봅시다.

한국인의 조급한 습관

- 메시지를 보내자마자 답장이 안 오면 답답해한다.
- 엘리베이터 문이 닫힐 때까지 '닫힘' 버튼을 누른다.
- 식당에서 주문할 때 빨리 달라고 요청한다.
- 에스컬레이터에서 걸어간다.

읽고 쓰기 1

여러분은 한국에서 생활하면서 한국인 특유의 정을 느껴본 적이 있습니까?

한국인의 정 문화

나라마다 그 나라 국민들의 전형적인 모습이 있다. 영국인은 전통을 존중하고 신분 계급 의식이 강하고, 미국인은 실용적인 사고를 하고, 독일인은 논리적이고, 일본인은 타인에게 폐를 끼치지 않는 것을 미덕으로 생각한다는 식이다. 그럼, 한국인에 대한 일반적인 인식은 어떠한가? 여러 가지 특징이 있겠지만 아마도 대표적인 것은 '정이 많은 한국인'일 것이다.

예로부터 한국인들은 정을 중시하였으며 가족뿐만 아니라 이웃끼리도 서로 정을 나누며 살아왔다. 지금보다 먹고살기가 어려웠지만 이웃의 어려움을 서로 나누려는 따뜻한 정을 가지고 살았기에 어려움도 얼마든지 이겨낼 수 있었다. 옛날 사람들은 이웃집에 숟가락이 몇 개 있는지 안다는 말을 종종 했는데 이것은 이웃집과 아주 친밀한 사이라는 것을 상징적으로 보여주는 말이었다.

그러나 이웃과 음식을 나눠 먹거나 경조사가 있을 때 서로 챙기는 것은 현대인들의 삶 속에서 사라진 지 오래다. 옛날처럼 생활 속에서 이웃 간의 정을 느끼기가 쉽지 않게 된 것이다. 예를 들면 아파트에 사는 사람들은 이웃과 정을 나누는 것은 고사하고 위아래 층에 누가 사는지 관심조차 없다. '이웃사촌'이라는 말이 무색할 정도로 엘리베이터에서 만나는 이웃들과 인사하는 경우도 손에 꼽을 정도이다. 위층과 아래층 간의 층간 소음 문제, 주차 구역 분쟁 등으로 이웃과 대면할 뿐이다.

다만 아직까지 자신이 맺고 있는 관계 안에서의 정은 한국 사회에 남아 있다. 고향 사람, 학교 선·후배, 친·인척 간의 정은 현재까지도 이어지고 있다. 그러나 이런 개인적인 친분 관계에 의한 정은 사회에서는 자칫 잘못하다가는 사적인 감정이 우선시 되어 공적인 일을 그르칠 수 있다. 다시 말하면 정이라는 미명 아래 사사로운 감정에 얽매여 공정하지 못한 결정을 내릴 수 있다는 것이다. 부정부패나 비리의 이면을 잘 살펴보면 대부분 연고가 개입되어 있음을 알 수 있다. 그러다 보니 원리원칙을 무시한 채 공정성이 결여된 판단을 내리게 되는 것이다. 다른 관점에서 말하자면 인맥이 없는 사람은 불리한 처지에 놓이게 될 수밖에 없는 사회가 되어 버린 것이다.

오랫동안 한국인을 대표하는 미풍양속으로 명맥을 이어온 정 문화이다. 외국인들이 예찬하는 한국인의 끈끈한 정 문화가 오늘날 우리 사회에서 부정적인 방향으로 흘러서는 곤란하다. 사적인 관계를 내세워 공적인 일을 해결하려고 들지 말고 옛날 조상들이 동고동락하며 함께 나누었던 순수한 정을 되살려야 할 것이다.

단어								
전형적	폐	미덕	무색하다	대면하다	자칫	그르치다	사사롭다	부정부패
비리	연고	원리원칙	공정성	결여	예찬하다	끈끈하다	내세우다	동고동락

내용 이해

1. 다음 나라의 국민들이 가지고 있는 대표적인 국민성은 무엇입니까?

	나라	대표적인 국민성
1	영국	
2	미국	
3	독일	
4	일본	
5	한국	

2. '이웃집에 숟가락이 몇 개인지 안다'는 말의 의미는 무엇입니까?

3. 현대 사회의 이웃 간의 모습은 어떻습니까?

4. 친분 관계에 의한 정의 역기능은 어떤 경우를 말하는 것입니까?

5. 이 글에서 글쓴이가 주장하는 바는 무엇입니까?

쓰기

⊙ 여러분 나라의 대표적인 정서나 국민성에 대해 써 봅시다.

읽고 쓰기 2

여러분 나라나 가정에서 아버지의 위상과 역할은 어떻습니까?

새로운 역할을 요구받는 한국의 아버지

세계 102개국 비영어권 사람들을 대상으로 세상에서 가장 아름다운 영어 단어가 무엇이냐는 설문 조사가 있었다. 그 결과 사람들이 꼽은 세상의 수많은 단어 중 가장 아름다운 단어 1위는 'mother' 즉 '어머니'였다. 반면 아버지인 'father'는 뜻밖에도 순위 70위 안에도 들어있지 않았다. 같은 부모라도 아버지의 존재 가치는 어머니와 같은 자리에 놓기에는 다소 부족한 모양이다.

그렇다면 한국의 아버지들은 어떤 모습일까? 조직에서의 성공만을 추구하며 가정에서의 역할을 포기할 수밖에 없는 아버지, 가족들에게 권위적이기만 하고 애정 표현은 서툰 아버지, 아마도 이런 모습이 그려질 것이다. 가족들의 생계를 위해서 일에 전념하다 보니 아버지들은 가정의 가장자리로 밀려난 지 이미 오래다.

자녀와 아내를 해외로 보내고 국내에서 교육비를 벌어야 하는지라 궁상맞은 생활을 할 수밖에 없는 기러기 아빠, 하다못해 담배라도 피울라치면 가족들의 눈치를 보며 아파트 베란다로 나가야 하는 아버지 등 아버지들의 위상 변화를 나타내는 모습을 흔히 찾아볼 수 있다. 이처럼 한국 아버지들의 권위는 땅에 떨어지고 어느새 주변에는 가정에서 소외된 나약하고 외로운 아버지들밖에 보이지 않게 되었다.

과거 대가족 구조에서 가장 권위가 강했던 한국의 아버지들은 가족 구조가 핵가족으로 변하고 맞벌이 부부가 증가함에 따라 가장으로서의 힘과 권위를 유지하기 힘든 지경에 처해 있다. 게다가 급격하게 변화하고 있는 한국 사회는 한국의 아버지들에게 새로운 역할을 부여하고 있다. 친구 같은 아빠, 다정한 아빠, 잘 놀아주는 아빠와 같은 역할이 바로 그것이다.

그러나 자녀와 친밀해진다는 것이 가장으로서의 권위를 유지하는 것과 양립하기 어려운 문제로 인식되면서 한국 아버지들의 고민은 더욱 커지고 있다. 억압이 아니라 소통을 통해서 가장으로서의 권위를 유지하면서도 자녀와의 친밀한 관계를 유지해 나가는 것이 이들이 달성해야 할 목표가 된 것이다.

한국의 아버지들은 이제 자녀를 억압하고 권위만을 내세우는 아버지, 가족의 생계를 위해 돈 버는 기계로 전락해 버린 아버지가 아니라 '아이들의 어린 시절을 아름답게 해 주기 위해 많은 노력을 기울였던 아버지'로 기억되기 위해, 그리고 자녀들에게 아버지로서의 존재 가치를 인정받기 위해, 가족 구성원과 소통하고 정신적으로 교감하려는 노력을 부단히 해야 할 것이다.

단어

권위적	서툴다	전념하다	밀려나다	궁상맞다	하다못해	위상	소외되다
나약하다	부여하다	양립하다	억압	달성하다	전락하다	교감하다	부단히

내용 이해

1. 예전의 한국의 아버지에게서 떠올릴 수 있는 이미지는 어떤 것이었습니까?

2. 한국의 아버지와 관련된 신조어의 의미와 신조어가 보여주는 아버지들의 위상 변화에 대해 정리해 봅시다.

신조어	의미	아버지들의 위상 변화
기러기 아빠		

3. 한국 아버지들의 역할과 가치에 변화를 몰고 온 사회 구조적 변화는 무엇입니까?

4. 현대 사회가 한국의 아버지에게 요구하고 있는 모습은 어떤 것입니까?

5. 변화된 사회가 요구하는 아버지로서의 역할을 수행하기 위해 한국의 아버지들에게 필요한 것은 무엇입니까?

쓰기

◉ 한국 아버지의 위상 변화와 관련해서 다음 시에 대한 감상문을 써 봅시다.

〈마종기 '며루치는 국물만 내고 끝장인가'〉 *며루치: 멸치의 방언

아내는 맛있게 끓는 국물에서 며루치를 하나씩 집어내 버렸다.
국물을 다 낸 며루치는 버려야지요. 볼썽도 없고 맛도 없으니까요.
며루치는 국물만 내고 끝장인가.
...... (중략)
시원하고 맛있는 국물을 마시면서 이제는 쓸려나간 며루치를 기억하자.
남해의 연한 물살, 싱싱하게 헤엄치던 은빛 비늘의 젊은 며루치떼를 생각하자.

활동 과제 - 취재 활동

개요

한국인의 의식과 관련하여 취재할 주제를 정한 후 주변에서 만날 수 있는 한국인을 대상으로 인터뷰를 하여 기사문을 작성하고 PPT로 제작하여 발표한다.

1. 활동 순서

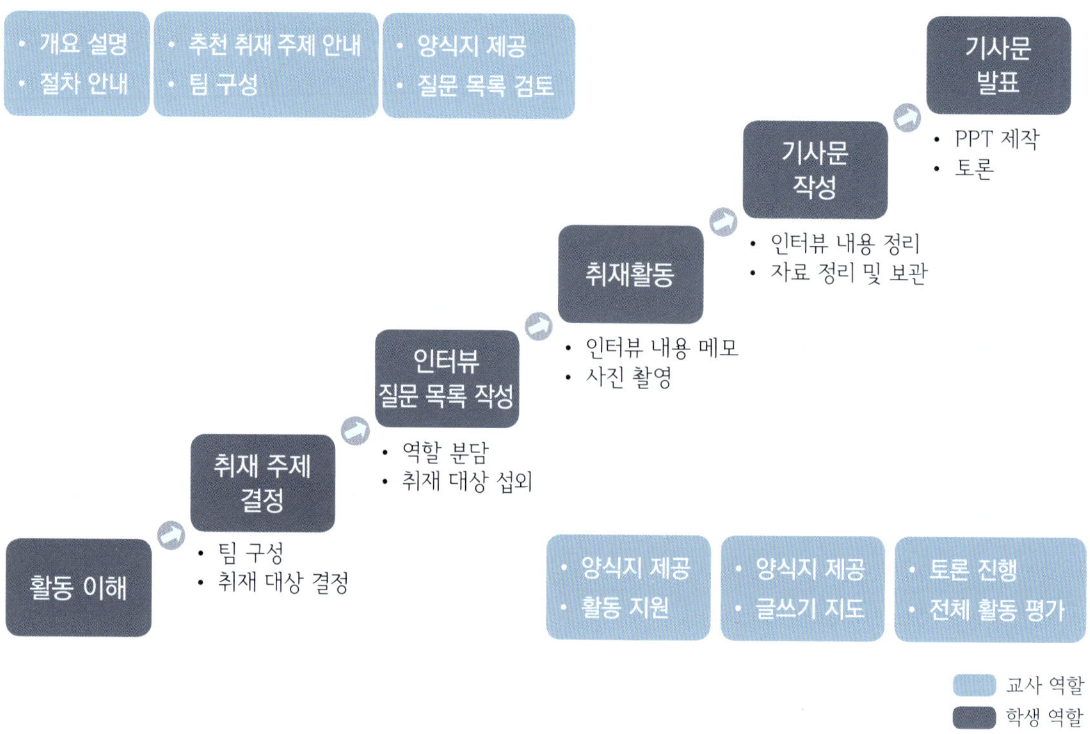

1) 취재 활동의 목표와 절차를 이해한다.

2) 한 팀당 3~4명으로 팀을 나눈다.

3) 팀별로 한국인의 의식과 관련된 주제를 선정한다.

4) 인터뷰 질문을 5~6개 정도 작성하고, 필요할 경우 인터뷰 대상자와 약속 시간을 미리 정한다.

5) 취재, 사진 촬영, 보고서 작성, PPT 제작 등 역할을 알맞게 분담한다.

6) 취재 활동 계획서에 맞추어 취재 활동을 실행한다.
   - 취재 주제와 내용을 생각하면서 인터뷰한다.
   - 기사문이나 PPT에 실을 사진들을 찍는다.
   - 인터뷰 내용을 꼼꼼히 메모한다.
   - 필요한 경우 사전에 양해를 구한 후 녹취를 한다.

7) 취재한 내용을 바탕으로 기사문을 구상한 후 자료를 정리·보완하여 기사문을 작성한다.

8) 기사문의 내용을 PPT로 작성하여 발표한다.

9) 발표 후 질문 및 답변을 하며 기사문의 주제에 따라 토론으로 확장하여 진행한다.

2. 추천 취재 주제 목록

	주제어	관련 주제
1	혈연주의	남아선호사상의 변화, 입양에 대한 인식, 다문화 사회에 대한 인식
2	권위주의	서열 문화, 가정에서의 아버지의 권위의 변화
3	집단주의	한국의 집단주의에 대한 의견, 개인주의에 대한 인식
4	출세주의	성공의 정의와 요건, 학벌과 성공의 상관관계

3. 기사문 양식

제목	______________________ 이름 ________
서론	1. 취재 동기 - 취재 동기 및 목적과 함께 취재 대상, 방법 등을 밝힌다.
본론	2. 취재 내용 및 의견 - 질문 목록을 바탕으로 취재 내용을 정리하고 팀원들의 의견을 함께 정리한다. 필요한 경우 사진, 도표, 통계 등을 활용한다.
결론	3. 소감 - 취재 활동의 의의를 밝히고 팀원들의 소감을 덧붙인다.

제7과

가치관과 사회의 변화

선행 학습 목록

1. 각국의 인구 변동 추이
2. 세대별 가치관의 차이
3. 전통적 가치관과 현대적 가치관의 대립
4. 사회 변화로 인해 등장한 다양한 가족 형태

주 제	사회 변화에 따른 다양한 가치관의 출현
어 휘	새로운 가치관과 사회 현상 관련 어휘
문 법	① -(으)려니 ② -는가 하면 ③ -는 동시에
활동 과제	한국의 사회 현상에 대한 UCC 제작 및 발표하기

도입

01 다음 인구 변동 추이를 보고 어떤 문제가 예상되는지 말해 봅시다.

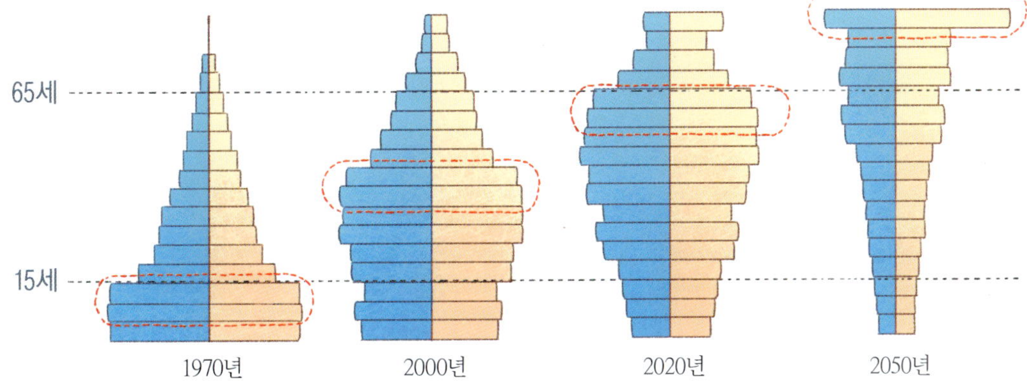

인구 변동 추이 (남 여)

02 다음 자료를 보고 여러분의 소비관, 직업관과 비교해서 말해 봅시다.

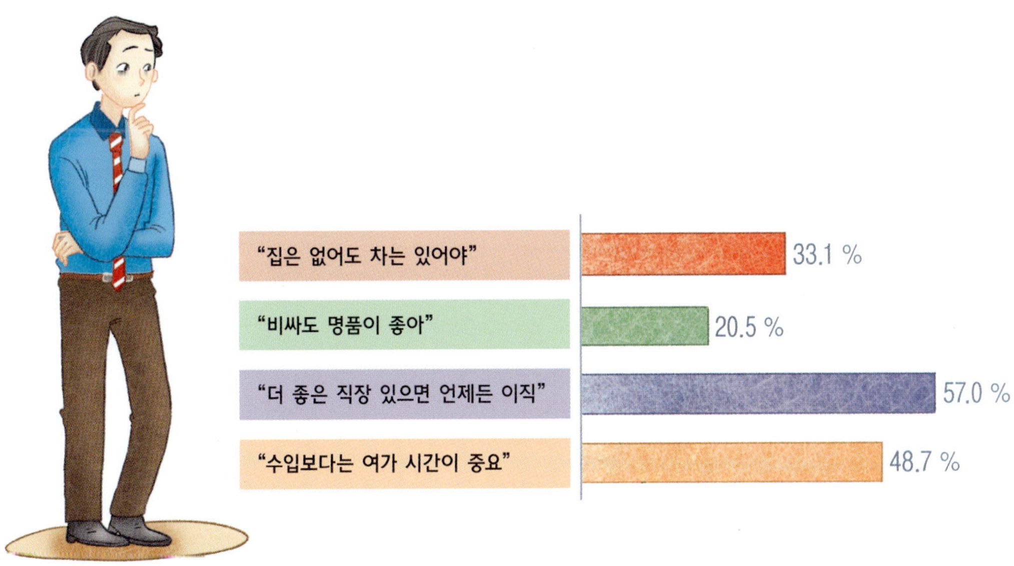

서울 시민의 소비관과 직업관 〈출처: e-서울통계 8호〉

대화문

MP3 **7-1**

제니: 엊그제 결혼식에서 신부 얼굴이 앳되어 보여서 기껏해야 서른이려니 했는데 40대라고 해서 깜짝 놀랐어요. 요즘은 결혼 적령기라는 게 따로 없나 봐요.

한솔: 이제는 결혼을 늦게 하는 게 이상할 것도 없어요. 여성들의 사회 활동도 활발해졌을뿐더러 결혼에 대한 가치관도 많이 변했잖아요. 젊은 층은 기성세대와는 달리 결혼을 절대적이고 보편적인 제도로 보지 않아요.

제니: 시대가 변하면 사람들의 생각도 변하기 마련이죠. 특히나 한국 사회는 여느 국가와 비교해 보더라도 변화의 속도가 빠른 것 같아요.

한솔: 한국 사회는 격변의 시대를 거쳐 왔죠. 해방 이후 '한강의 기적'이라고 불릴 만큼 급속한 경제 성장을 한데다가 외래문화도 빠르게 유입되었고 정치 체제도 크게 변화했으니까요. 물론 그 변화는 아직도 계속 되고 있다고 할 수 있죠.

제니: 변화는 긍정적인 면이 있는가 하면 그에 못지않게 부작용도 있기 마련인데, 한국 사회에는 어떤 현상들이 나타나고 있는지 궁금한데요.

한솔: 사회가 빠르게 변하다 보니 기존의 전통적 가치관과 현대적 가치관이 갈등을 빚는 경우가 많아요. 예를 들면 권위주의나 집단주의 같은 과거의 가치와, 평등주의와 개인주의 같은 새로운 가치의 충돌이 사회적으로 문제가 되고 있어요.

제니: 가치의 충돌은 좀 더 나은 사회로 가기 위한 과도기적 현상이라고 할 수 있지 않나요?

한솔: 그렇긴 하죠. 그래서 세대 간, 계층 간의 갈등을 극복하는 동시에 구성원들을 통합하기 위한 노력이 필요한 것 같아요.

제니: 한국 사회가 발전하기 위해서는 그런 갈등을 어떻게 해소하느냐가 관건이라고 할 수 있겠군요.

단어						
앳되다	기껏해야	결혼 적령기	보편적	격변	외래문화	유입
빚다	권위주의	집단주의	과도기	계층	통합	관건

알아두기

한강의 기적: 한국은 한국전쟁 이후 전쟁의 폐허 속에서 단기간에 경제 선진국으로 발돋움하게 되었다. 한강의 기적은 이러한 한국의 급격한 경제 성장을 나타내는 상징적인 용어이다. 이 용어는 원래 제2차 세계대전 이후 서독의 눈부신 경제 발전을 이르는 '라인강의 기적'에서 유래되었다.

내용 이해

1. 과거와 비교해서 결혼관이 어떻게 변했습니까?

2. 한국 사회의 변화 속도가 다른 나라에 비해 빠른 이유는 무엇입니까?

3. 제니는 가치관의 충돌을 어떻게 바라보고 있습니까?

4. 앞으로 한국 사회가 발전하기 위해서 어떤 문제를 해결하는 것이 가장 중요합니까?

토의와 토론

1. 다음 가치관이 과거와 비교해서 어떻게 변했는지 써 봅시다.

1	직업관	
2	연애관	
3	가족관	

2. 시대가 빠르게 변하면서 전통적 가치관과 현대적 가치관이 대립하는 경우가 잦아지고 있습니다. 부모 부양에 대해서도 상반된 주장이 있습니다. 다음을 참고하여 이에 대해 어떻게 생각하는지 자신의 의견을 말해 봅시다.

주 장	부모 부양은 자녀가 함께 살며 직접 해야 한다.	부모 부양은 노인 전문 기관에 위탁하는 것이 좋다.
논 거	부모를 누구보다도 잘 이해하고 상황에 맞게 대처할 수 있기 때문에	전문적인 지식과 경험을 활용하여 좀 더 편안하게 모실 수 있기 때문에

어휘 제시와 연습

새로운 가치관과 사회 현상			
물질주의 집단 이기주의 개인주의 외모 지상주의	독신주의 골드미스 저출산 고령화 사회	주 5일 근무제 성과주의 평생직장 재택근무	황혼 이혼 한부모 가정 다문화 가정 단일 민족

1. 다음에서 서로 관련 있는 것들을 찾아 짝지어 보고 그 관계를 설명해 봅시다.

다문화 가정 ·	· 이주 여성
성과주의 ·	· 정보 통신 기술
주 5일 근무제 ·	· 실적, 연봉
재택근무 ·	· 관광, 레저 산업의 발달

2. 다음에 주어진 설명과 관계가 있는 것을 위 단어 목록에서 찾아 봅시다.

이것은 이기심에 의한 현상으로서 특정 집단이 집단의 이익을 위해 공공 정책 등에 과도한 영향력을 행사하려고 하는 현상이다. 예를 들면 쓰레기 매립장, 하수 처리장, 원자력 발전소, 교도소, 장애인 시설과 같이 사회적으로 꼭 필요하지만 집값이 내려갈 우려가 있는 혐오 시설이 지역 내에 설치되는 것을 반대하는 것이다.

3. 위에 제시된 단어를 사용하여 글을 완성해 봅시다.

다문화 가정은 우리와 다른 민족이나 다른 문화적 배경을 가진 사람들이 포함된 가정을 지칭하는 용어다. 이런 가정이 늘면서 ① __________(으)로서의 한민족 개념이 흔들리고 있다고 우려하지만 사실 한민족이란 문화와 언어적 측면에서 구별될 수 있을 뿐이지 인종적으로 큰 의미가 있다고 보기는 어렵다.

길라잡이　① 단일한 인종으로 구성된 민족.

표현 제시와 연습

1	한목소리를 내다	이/가 기승을 부리다
	봇물처럼 쏟아지다	-느냐가 관건이다

1. 목록 1에서 알맞은 표현을 골라 밑줄 친 부분을 바꿔 말해 봅시다.

(1) 한국어 능력 시험의 합격 여부는 작문 점수를 얼마나 잘 받는지에 달려있다.

(2) 무더위가 너무 심하다 보니 빙과류와 음료수의 판매량이 평소보다 증가했다.

(3) 결혼 후 맞벌이를 해야 한다는 데 남녀 모두가 의견을 같이했다.

(4) 스마트폰이 대중화되면서 다양한 응용 프로그램들이 앞다투어 출시되고 있다.

2	-(이)라는 게 따로 없다	-(으)려고 발버둥 치다
	은/는 뒷전인 채로	-는 데 밑거름이 되다

2. 목록 2에서 알맞은 표현을 골라 다음 대화를 완성하여 말해 봅시다.

(1) 가: 아버지는 대학교 때 전공 공부와 취업 준비를 어떻게 병행하셨어요?

나: 내가 대학교 다닐 때만 해도 (취업 준비)__________________.

(2) 가: 한국어를 배우고는 있는데 이게 쓸 데가 있을지 모르겠어요.

나: 그동안 갈고닦은 한국어 실력이 나중에 (취직하다)__________________.

(3) 가: 넌 회사 다닌 지 꽤 됐으니까 결혼 자금은 어느 정도 모았겠다.

나: 월급이 워낙 쥐꼬리만큼 적다 보니 (돈을 모으다)__________________ 쉽지가 않네.

(4) 가: 이번 사건은 대책도 나오지 않고 관련자들이 책임만 서로 미루는 것 같아요.

나: (문제 해결)__________________ 잘잘못만 따지고 있으니 한숨만 나와요.

3. 대화 상황을 떠올리면서 여러 가지 표현으로 대화해 봅시다.

영어 교육 때문에 다들 무리를 해서라도 자식들을 유학 보낸대요.

(1) 인성 교육은 뒷전인 채로 영어에만 매달리니 큰일이에요.

(2) 방학만 되면 유학 관련 광고들이 봇물처럼 쏟아지더라고요.

(3) 유학 경험이 훗날 꿈을 이루는 데 밑거름이 될 수도 있으니까요.

문법 제시와 연습

1. -(으)려니

- 용법: 어떤 사실을 추측하여 말할 때 사용한다. '-(으)려니' 다음에 '하다', '싶다', '생각하다'를 붙여 쓰며, 보통 앞 절에 그렇게 추측하는 이유를 적는다.
- 비교: -(으)ㄹ 것 같다
- 예문: 워낙 취업이 어려워 이번에도 보나 마나 떨어지려니 해.
  생계형 범죄가 자주 일어나는 게 먹고살기가 어려워서 그러려니 싶어.

1. 다음을 '-(으)려니'를 사용하여 연결해 봅시다.

(1) 늘 같은 사이즈를 입으니까 ·	· (가) 다시 기회가 있다
(2) 아들이 지금은 속을 썩이고 있지만 ·	· (나) 실력이 부족해서 졌다
(3) 시합에서 아깝게 우승을 놓쳤지만 ·	· (다) 입어 보지 않아도 맞다
(4) 기한을 착각해서 오디션 신청을 못 했지만 ·	· (라) 철들면 부모 마음을 이해하다

2. 다음 보기처럼 대화해 봅시다.

가: 신입 사원들이 회사 생활에 잘 적응하지 못하는 것 같지 않아요?
(적응하려면 시간이 좀 더 필요하다)
나: 입사한 지 얼마 안 됐으니까 적응하려면 시간이 좀 더 필요하려니 싶어요.

(1) 아들이 취직해서 서울 가더니 연락이 뜸한 것 같네요. (바빠서 자주 못 하다)
(2) 하는 일에 비해 연봉이 너무 적은 것 아니에요? (중소기업이어서 그렇다)
(3) 요즘은 한 동네에서 10년을 살아도 이웃에 누가 사는지도 모르고 지낸대요.
(4) 취업을 앞두고 성형 수술을 고려하는 사람들이 늘고 있다면서요?

3. 다음 글을 완성해 봅시다.

빨리 승진하고 높은 연봉을 받으면 ____________(으)려니 생각하는 사람들이 많다. 그러나 성취는 행복의 동의어가 아니다. 최근에는 치열한 경쟁 속에서 얻어지는 성취보다 삶의 여유와 일상의 행복이 더 중요하다고 여기는 사람들이 늘고 있는 추세이다.

4. '-(으)려니'를 사용하여 어떤 사실을 추측하는 문장을 만들어 봅시다.

✎ ____

2. -는가 하면

- 용법: 다양한 사례 중 두 가지 대표적인 것을 나란히 말하거나 상반된 것을 대조하여 말할 때 사용한다. 앞 절과 뒤 절에 사례를 하나씩 적는다.
- 비교: -는 한편, -는 반면
- 예문: 보통 사람들은 노후를 위해 매달 저축을 하<u>**는가 하면**</u> 주식을 하기도 한다.
  토론에 적극적으로 참여하는 사람이 있<u>**는가 하면**</u> 말을 거의 하지 않는 사람도 있다.

1. 다음을 '-는가 하면'을 사용하여 문장을 완성해 봅시다.

(1) 등록금 마련을 위해 주중에는 과외를 하다 / 주말에는 식당에서 일한다.

(2) 실패했을 때 포기해 버리는 사람이 있다 / 그 원인을 분석하는 사람이 있다.

(3) 실업 급여를 다시 신청할 수 있는 사람이 있다 / 할 수 없는 사람도 있다.

(4) 잘못했을 때 따끔하게 야단을 치는 부모가 있다 / 너그럽게 용서하는 부모가 있다

2. 다음 보기처럼 대화해 봅시다.

가: 재택근무를 하니까 어때요? (시간을 잘 활용할 수 있다 / 집중력이 떨어지다)

나: 시간을 잘 활용할 수 있<u>**는가 하면**</u> 집중력이 떨어지기도 해요.

(1) 다문화 가정의 자녀들이 왜 학교 생활을 힘들어 하죠?
(정확한 의사소통이 안 되다 / 학교생활에 적응하지 못하다)

(2) 이번 학교 폭력 방지 대책에 대한 의견이 참 분분하네요.
(참신하다고 지지하다 / 실효성이 없다고 반대하다)

(3) 요즘에는 제사를 지내는 방식이 집집이 다 다른 것 같아요.

(4) 논문 쓰는 게 만만치 않다고 하던데 학생들이 어떻게 준비하고 있나요?

3. 다음 글을 완성해 봅시다.

지난 10년간 여성의 경제 활동 참여율을 살펴보면 결혼을 전후로 해서 연령대별로 차이가 있는 것으로 나타났다. 20대 후반 여성의 취업률은 ________________는가 하면 30대 이상의 취업률은 감소하고 있는 것으로 드러났다. 이런 현상이 지속되고 있는 것은 출산·양육 환경이 개선되지 않아 30대 이상 여성의 재취업을 방해하고 있기 때문이다.

4. '-는가 하면'을 사용하여 다양한 사례를 제시하는 문장을 만들어 봅시다.

✎ ____

3. -는 동시에

- 용법: ① 같은 때나 같은 시기에 어떤 행동을 함께 한다는 의미로 사용한다.
  ② 어떤 사실을 겸한다는 의미로 사용한다.
- 비교: ① -(으)면서, -자마자 ② (이)자
- 예문: 올해부터 우리 회사는 근로 시간을 단축하는 동시에 복지 시설을 늘리기로 했다.
  정부는 한부모 가정에 대해 양육비 지원을 늘리는 동시에 다양한 혜택을 제공하기로 했다.
  그는 작가인 동시에 교사이다.

1. 다음을 '-는 동시에 '를 사용하여 문장을 완성해 봅시다.

(1) 영화가 시작되다 · · (가) 불이 꺼져 깜깜하다.
(2) 전공 공부를 하다 · · (나) 기분 좋게 한 골을 넣다
(3) 축구 경기가 시작되다 · · (다) 경제적으로도 독립하다
(4) 부모님으로부터 분가하다 · · (라) 취업을 위한 다양한 스펙을 쌓다.

2. 다음 보기처럼 대화해 봅시다.

가: 전통적으로 장남은 어깨가 무거웠을 것 같아요. (대를 잇다 / 부모를 부양하다)
나: 대를 이어야 하는 동시에 부모를 부양해야 했으니까요.

(1) 이번에 출시된 신제품에 대한 소개를 간단히 부탁합니다.
(기존 제품의 문제점을 보완하다 / 새로운 기능을 추가하다)
(2) 올 상반기 채용 계획이 어떻습니까? (신입 사원을 뽑다 / 경력 사원도 채용하다)
(3) 원만한 부부 관계를 유지하기 위해서는 어떻게 해야 할까요?
(4) 날로 심해지는 청소년 자살 문제를 해결하기 위한 대책이 있습니까?

3. 다음 글을 완성해 봅시다.

외환 위기 이후 '평생직장' 개념이 사라지면서 최근 직장인들은 한 직장에 오래 남아 있기보다는 이직을 통해 ______________는 동시에 자신의 몸값을 높이기 위한 자기 계발에도 힘쓰고 있다. 여러 직장을 거치면서 쌓은 다양한 경험과 꾸준한 자기 계발은 자신의 경쟁력을 높이는 밑거름이 된다.

4. '-는 동시에'를 사용하여 두 가지 계획을 제시하는 문장을 만들어 봅시다.

✎ ____

듣고 말하기 1

MP3 **7-2**

다음 사항에 대해 20대는 기성 세대와 어떤 다른 생각과 태도를 갖고 있는지 말해 봅시다.

맞벌이 부부의 역할 분담　　SNS를 통한 의견 교류　　바람직한 직장 생활

내용 이해

1. 무엇에 대한 글입니까?

① 20대의 취업 활동　　② 20대의 가치관

③ 20대의 소비생활　　④ 20대의 관심사

2. 20대의 가족관으로 맞지 않는 것을 고르십시오.

① 처가살이도 가능하다고 생각한다.

② 부부가 소득을 따로 관리하는 것에 찬성한다.

③ 남성 전업주부에 대해 긍정적인 생각을 가지고 있다.

④ 기성세대에 비해 이혼에 대하여 신중한 태도를 보인다.

3. 20대는 어떤 방식으로 자신의 의견을 표현하는지 쓰십시오.

✎ (　　　　　　　)에서 의견을 나누고 (　　　　　　　)에 참여한다.

4. 20대의 교육관에 대한 내용으로 맞으면 ○, 틀리면 × 하십시오.

① 기성세대와는 달리 사교육의 필요성을 낮게 평가했다. (　　)

② 대학 교육은 학문적 지식을 위한 것이고 취업은 그 다음이라고 생각한다. (　　)

③ 조기 유학은 대학 입시에 긍정적인 영향을 미친다고 여긴다. (　　)

④ 학벌은 사회에서 성공하는 데 중요한 요건이라고 생각한다. (　　)

말하기

⊙ 일반적인 20대의 생활 방식과 주요 관심사에 대해 이야기해 보고 여러분 자신과 비교해 봅시다.

생활 방식	소비생활	여가 생활	식생활	의생활
주요 관심사	학업	취업	이성 교제	결혼

MP3 **7-3**

고령화 현상이 지속될 때 예상되는 문제는 무엇인지 다음 단어를 참고하여 말해 봅시다.

사회적 비용	노동력	경제 성장	노인 부양

내용 이해

1. 들은 내용과 맞으면 ○, 틀리면 × 하십시오.

   ① 고령 인구 비율의 증가는 출산율 감소에서 기인한다. ( )

   ② 한국은 이미 초고령화 사회에 접어들었다. ( )

   ③ 한국의 고령화 속도가 일본의 고령화 속도보다 빠르다. ( )

   ④ 고령화 속도를 높이기 위한 적극적인 대책이 필요하다. ( )

2. 고령(65세 이상) 인구가 차지하는 비율에 따른 사회의 명칭을 쓰십시오.

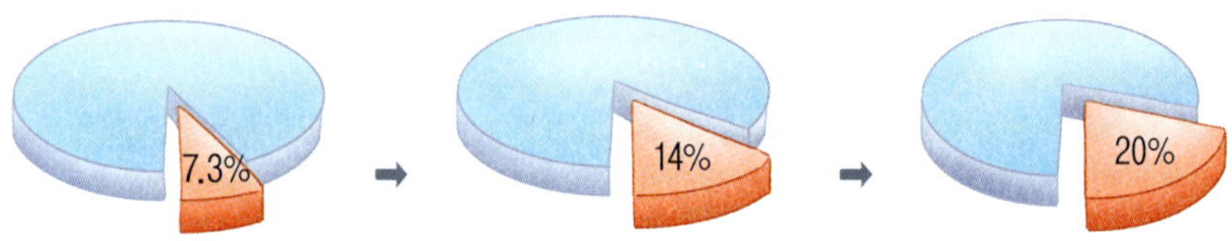

사회 명칭	( ) 사회	( ) 사회	( ) 사회
연도	2000년	2018년	2026년

3. 다음은 고령화로 나타나는 사회 문제와 그 원인을 나타낸 표입니다. 맞는 것에 ☑하십시오.

고령 인구 비중	(□증가 □감소)	➡	사회적 비용	(□증가 □감소)
노동 가능 인구	(□증가 □감소)	➡	경제 성장률	(□증가 □감소)
고령층 부양 부담률	(□증가 □감소)	➡	국민 부담률	(□증가 □감소)

말하기

⊙ 고령화 시대를 맞이하여 몇십 년 후의 여러분의 모습을 상상하여 말해 봅시다.

건강 상태	주거 환경	직업	자산	가족

듣고 말하기 3

MP3 7-4

현대의 새로운 가족 형태에 대해 알아보고 이러한 가족이 늘고 있는 이유를 말해 봅시다.

독신 가정　　한부모 가정　　조손 가정　　다문화 가정

내용 이해

1. 1인 가구 증가의 원인이 아닌 것을 고르십시오.

① 이혼율 증가　② 고령화　③ 경제적 부담　④ 부모 부양 기피

2. 결혼관의 변화를 주도한 계층에 대한 설명으로 맞는 것에 ☑ 하십시오.

자아실현 욕구	□ 크다	□ 적다
사회적·경제적 지위	□ 높다	□ 낮다
성별	□ 남성층	□ 여성층

3. 1인 가구의 증가로 예상되는 변화로 맞지 않는 것을 고르십시오.

① 소형 가전제품이 인기를 끈다.

② 독신 가구에 걸맞은 소형 주택에 대한 요구가 높아진다.

③ 조리 방법이 간단한 음식의 소비가 증가한다.

④ 우울증으로 인해 가족 간의 친밀감이 약화된다.

말하기

⊙ 다음은 1980년부터 2030년까지의 주요 가구 형태의 변화를 나타낸 표입니다. 이와 같은 가구 형태의 변화와 그 원인에 대해 이야기해 봅시다.

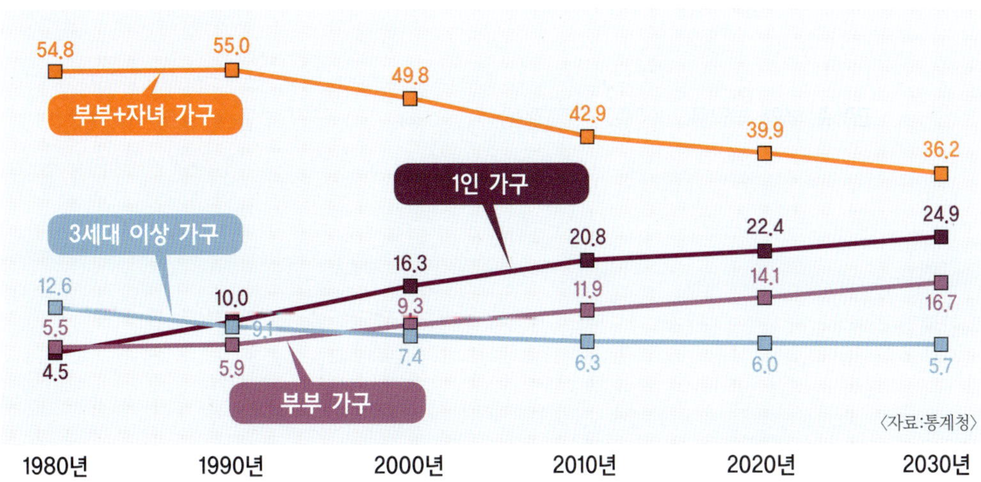

▌세대 구성별 주요 가구 형태 (단위: %)

읽고 쓰기 1

멘토란 '지혜와 신뢰로 한 사람의 인생을 이끌어 주는 지도자'라는 뜻입니다. 여러분은 인생의 가르침과 조언을 얻을 수 있는 멘토가 있습니까?

인생의 멘토

지금 대한민국은 청년층을 중심으로 멘토 열풍에 휩싸여 있다. 멘토와 관련된 내용이 TV, 인터넷, 책 등 각종 매체를 통해 봇물처럼 쏟아져 나온다. 이렇게 한국 사회에서 멘토 열풍이 부는 이유는 뭘까? 현재 청년들이 처한 현실을 들여다보면 답이 보일 것이다.

상당수의 대학생들은 고액 등록금을 마련하느라 학업은 뒷전인 채로 아르바이트를 하는가 하면 여건이 안 되는 학생들은 학자금 대출을 받기도 한다. 힘겹게 대학을 졸업한다고 해도 안정된 직장이 보장되는 것도 아니다. 많은 이들이 인턴이나 비정규직을 전전하며 끝이 보이지 않는 구직 활동을 한다. 이미 직장을 다니는 회사원들도 불안하기는 마찬가지이다. 정년 보장이 사라진 지금 언제 직장에서 해고당할지 모른다는 불안감에 시달리고 있다. 학력 인플레이션, 높은 청년 실업률, 부의 양극화 현상 등 아무리 잘 살아보려고 발버둥 쳐도 승자보다 패자가 많은 현실로 말미암아 어떻게 사는 것이 제대로 사는 건지 혼란스러워진다.

이런 사회적 분위기를 고려할 때 최근 멘토 열풍이 부는 것도 이상한 일은 아니다. 지금 이들에게는 멘토가 필요하다. 요즘같이 복잡하고 불안한 시대를 살아가는 이들에게는 따뜻한 위로와 인생의 중요한 선택의 기로에 섰을 때 올바른 방향으로 이끌어 줄 훌륭한 조언자가 절실하다.

역사 속 위인들을 살펴보더라도 그들 인생의 나침반이 되어 준 훌륭한 스승이 곁에 있었음을 알 수 있다. 조선 시대의 위대한 학자 이율곡에게는 시·서·화에 능했던 어머니 신사임당이, 명필로 이름난 한석봉에게도 엄격한 어머니가 멘토였다. 그러기에 사람은 어떤 멘토를 만나느냐에 따라 인생이 달라질 수도 있다.

그러나 자신에게 맞는 완벽한 멘토를 찾는 것은 쉬운 일이 아니다. 실생활에서 찾기가 어렵다면 책이나 영상 매체를 통해 간접적으로 멘토를 만나는 방법도 있다. 멘토로 삼은 그의 모습을 닮아 가려고 노력한다면 인생의 변화가 찾아올 것이다. 다만 무조건 멘토에만 의존하는 것은 경계해야 한다. 스스로 고민하고 자신의 삶을 개척하되 인생의 고비마다 멘토의 조언을 구하는 것이 더 바람직할 것이다.

단어						
휩싸이다	봇물	뒷전	학자금	비정규직	전전하다	시달리다
인플레이션	발버둥	기로	절실하다	명필	엄격하다	개척하다

내용 이해

1. 최근 한국 사회의 문제점으로 제기된 것은 무엇입니까?

2. 현대인들에게 멘토가 절실한 이유는 무엇 때문입니까?

3. 멘토를 찾는 방법에 대해 말해 봅시다.

4. 다음 중 글쓴이가 주장하는 바로 알맞은 것을 고르십시오.

   □ 멘토의 가르침을 따라 그를 닮아 가도록 노력하자.

   □ 멘토의 가르침을 바탕으로 자신의 삶을 만들어 나가자.

쓰기

⊙ 여러분 나라에서 젊은이들의 멘토로서 존경받고 있는 인물에 대해 소개해 봅시다.

어렸을 때, 식사 시간 분위기가 어떠했는지, 그 시간에 주로 나눴던 대화 내용은 무엇이었는지 이야기해 봅시다.

밥상머리 교육

최근 학교 폭력이 기승을 부리고 청소년 문제가 불거지면서 문제 해결을 '밥상머리 교육'에서 찾으려는 움직임이 일고 있다. 예로부터 한국의 조상들은 대가족이 큰 상에 둘러앉아 함께 식사를 해 왔다. 집안의 가장 웃어른이 수저 들기를 기다렸다가 나머지 식구가 식사를 시작하고 반찬을 아이들의 밥 위에 놓아 주며 도란도란 이야기를 나누었던 식사 시간은 단순한 식사 시간이 아닌 절제와 배려를 배우고 가족 간의 소통이 이루어지는 시간이었다. 이러한 조상들의 밥상머리 교육으로 이 시대의 청소년들의 인성을 되살릴 수 있다는 생각에서 현재 사회 각계에서는 이를 가정에서 실행할 수 있도록 힘을 쏟고 있다.

한국의 경우, 밥상머리 교육은 그 역사가 짧지 않다. 전통적인 가정교육은 밥상머리에서부터 시작됐다고 해도 과언이 아닐 것이다. 조선 시대에 지켜 오던 식사법 중에 '식시오관'이라는 것이 있었다. 식시오관이란 식사 때마다 생각해야 하는 다섯 가지 마음가짐이다. 이를 토대로 어른들은 아이들에게 기본 예법을 가르쳐 주고 먹을거리를 귀하게 여길 줄 아는 마음 또한 지도했다.

또 다른 예로는 대표적인 명문가인 류성룡가(家)의 교육 방식을 들 수 있다. 류 씨 가문의 교육관은 의외로 단순하다. 단지 가족이 함께 식사 하고 식사 예절을 배우는 것만으로도 교육이 된다고 보았다. 즉 예의를 지키고 같이 나누어 먹는 타인에 대한 배려가 몸에 밴 것이 성공의 기반이 되었던 것이다.

이러한 밥상머리 교육은 비단 한국에만 국한된 것이 아니다. 노벨상 수상자의 30%를 배출한 유대인들 역시 가족과의 식사 시간을 중요시한다. 유대인들은 밥상에서는 어떤 일이 있어도 아이를 꾸짖는 법이 없는데 이는 식사 시간에 가족과 나누는 대화를 소중히 여기기 때문이다.

미국의 35대 대통령이었던 존 F. 케네디의 집안도 식사 시간을 잘 활용한 가문으로 유명하다. 케네디 가에서는 식사 시간 중에 미리 읽었던 신문 기사에 대해 가족들이 서로 의견을 교환하곤 했는데 이는 훗날 케네디가 뛰어난 토론 능력을 갖추는 데 밑거름이 되었다.

이 밖에 세계 유명 대학의 연구에서도 가족과의 식사가 아이의 정서·인지 발달과 깊은 관계가 있음이 밝혀졌다. 밥상머리 교육을 하게 되면 가족 간의 교감을 통해 정서적으로 안정감을 얻고 자긍심이 높아지며, 이것은 학업과 인간관계에도 긍정적인 영향을 미친다는 것이다. 이런 점에서 보면 밥상머리 교육이야말로 청소년들이 건전한 인성을 갖춘 올바른 인간으로 성장하게 하는 초석이라 할 수 있을 것이다.

단어							
불거지다	밥상머리	도란도란	절제	배려	인성	토대	배다
비단	국한되다	꾸짖다	밑거름	인지	교감	자긍심	초석

내용 이해

1. 최근 밥상머리 교육이 거론되고 있는 이유를 사회적 배경을 바탕으로 설명해 봅시다.

2. 전통적인 식사 시간은 어떤 기능을 했는지 말해 봅시다.

3. 류성룡 가에서 식사 시간을 통해 가르치려고 했던 것은 무엇입니까?

4. 유대인들이 식사 시간에 아이들을 꾸짖지 않았던 이유는 무엇입니까?

5. 미국의 케네디 대통령이 토론에 능했던 것은 무엇 때문입니까?

6. 밥상머리 교육이 높은 학업 성취도와 원만한 인간관계를 가져오는 과정을 설명해 봅시다.

조선 시대 사대부 집안의 식사법 <식시 오관>

1. 음식이 어디에서 왔는가?
2. 나는 이 음식을 먹을 만한 자격이 있는가?
3. 입의 즐거움과 배의 만족에만 치우치지 마라.
4. 한 수저의 밥과 나물도 좋은 약으로 생각하며 감사하라.
5. 네 이웃을 생각하라.

쓰기

◉ 현대 사회에서 밥상머리 교육의 필요성과 시대에 맞는 효율적인 방안에 대해 써 봅시다.

제8과

함께 사는 사회

선행 학습 목록

1. 각국의 기부, 자원봉사 현황
2. 대표적인 사회적 기업
3. SNS를 통한 다양한 기부 방법
4. 사회 지도층의 자선 활동 사례

주 제	나눔과 봉사를 통해 만들어 가는 따뜻한 세상
어 휘	나눔과 봉사 관련 어휘
문 법	① -(으)ㄴ 끝에 ② -고도 남다 ③ -(으)ㄹ 판이다
활동 과제	한국의 사회 현상에 대한 UCC 제작 및 발표하기

01 여러분은 어떤 형태의 봉사 활동에 참여해 본 적이 있습니까?

02 다음은 한국인의 기부와 자원봉사 현황을 보여주는 표입니다. 여러분 나라와 비교하여 한국의 나눔 문화에 대해 이야기해 봅시다.

13세 이상 인구의 연령별 기부 경험 (단위: %)

전체 평균	36.4
13~19세	41.1
20~29세	25.5
30~39세	40.2
40~49세	45.7
50~59세	41.1
60세 이상	24.0

13세 이상 인구의 연령별 1인당 기부 금액 (단위: %)

전체 평균	36.4
13~19세	1.7
20~29세	11.8
30~39세	16.0
40~49세	21.0
50~59세	23.4
60세 이상	18.5

13세 이상 인구의 연령별 자원봉사 참여 현황 (단위: %)

전체 평균	19.8
13~19세	77.7
20~29세	13.2
30~39세	11.2
40~49세	17.0
50~59세	14.6
60세 이상	7.2

〈자료:통계청〉

대화문

MP3 8-1

제니: 한 할머니가 평생 동안 김밥 장사를 한 끝에 모은 재산을 소년·소녀 가장을 위해 장학금으로 내놓았다는 기사를 보고 깜짝 놀랐어요. 그 정도 돈이면 평생 떵떵거리며 살고도 남을 텐데.

한솔: 아무나 할 수 있는 일은 아니죠. 요즘같이 각박한 세상에 그런 뉴스를 접하면 아직은 온정이 살아 있구나 하는 생각에 가슴이 훈훈해져요.

제니: 얼마 전에도 인기 가수 몇몇이 콘서트를 열어서 그 수익금 전액을 저소득층을 위해 기부했다는 얘기를 들었어요. 한국에서는 연예인들의 기부 활동이 활발한 편인가요?

한솔: 과거와 비교한다면 점차 기부를 많이 하고 있는 추세예요. 대중들의 관심과 사랑을 먹고사는 연예인이니만큼 나눔과 기부는 의무라고 보는 쪽으로 의식이 바뀌고 있어요.

제니: 대중의 사랑을 바탕으로 얻은 수익이니까 일부나마 사회에 환원하는 게 옳은 것 같아요. 솔직히 인기 연예인들의 수입은 일반인들과는 비교도 안 될 만큼 많잖아요. 저도 돈만 있으면 기꺼이 기부하겠지만 지금은 생활비도 빠듯해서 오히려 제가 도움을 받아야 할 판이에요.

한솔: 꼭 돈으로만 기부할 수 있는 건 아니에요. 최근 들어 자신이 가지고 있는 지식이나 특기 등을 나누는 재능 기부라는 것이 새로운 기부 방식으로 각광을 받고 있어요.

제니: 그동안 기부라고 하면 물질적인 것으로만 할 수 있는 일이라고 여겨 엄두도 못 내고 있었는데 저도 어려운 사람들에게 뭔가 보탬이 되는 일을 할 수 있겠네요.

한솔: 그럼요. 누구나 자신이 잘할 수 있는 일이 있고, 이를 필요로 하는 사람과 함께 나누는 것만으로도 기부가 되니까 많은 사람들이 동참하기만 해도 한결 우리 사회가 따뜻해질 거예요.

단어						
떵떵거리다	각박하다	온정	훈훈하다	기부하다	추세	환원하다
기꺼이	빠듯하다	재능	각광	보탬	동참하다	한결

알아두기

재능 기부: 이것은 개인이나 기업이 가지고 있는 재능을 사회에 기여하는 새로운 형태의 기부를 일컫는다. 초기에는 주로 변호사, 회계사 등 전문직 종사자가 참여하는 기부 방식이었으나 지금은 누구나 각자가 가진 전문성과 지식, 특기 등의 재능을 기부하는 형식으로 확산되었다.

내용 이해

1. 제니가 읽은 기사의 내용은 무엇입니까?

2. 연예인들의 기부에 대한 인식이 어떻게 바뀌고 있는지 과거와 비교해서 설명해 봅시다.

3. 제니가 연예인들의 기부를 당연시하는 이유는 무엇입니까?

4. 최근 떠오르고 있는 새로운 형태의 기부 방식은 무엇입니까?

토의와 토론

1. 다음은 소외 계층을 지원하고 있는 한국의 대표적인 사회적 기업입니다. 각국의 사회적 기업에 대해 소개하고 그 영향에 대해 이야기해 봅시다.

아름다운가게

재활용품을 수거·판매하는 사회적 기업으로 친환경 운동에 동참하고 국내외 소외 계층 지원 활동과 공익 활동에 기여하고 있다.

2. 최근 일부 연예인들의 활발한 기부 활동이 알려지면서 기부를 많이 하지 않는 연예인들이 눈총을 받고 있습니다. 다음을 참고하여 이에 대해 어떻게 생각하는지 자신의 의견을 말해 봅시다.

주 장	단지 연예인이라고 해서 기부를 강요하면 안 된다.	연예인이라면 의무적으로 기부를 해야 한다.
논 거	기부나 봉사 활동은 개인의 의지에 따라 선택할 권리가 있기 때문에	대중의 인기를 바탕으로 많은 수입을 올리고 있기 때문에

어휘 제시와 연습

나눔과 봉사			
선행 성금 후원 사회 환원	고소득층 중산층 저소득층 취약 계층/소외 계층	노숙자 독거노인 결식아동 기초 생활 수급자	자선 단체 사회복지사 자원봉사자 사회적 기업

1. 다음에서 서로 관련 있는 것들을 찾아 짝지어 보고 그 관계를 설명해 봅시다.

성금 ·	· 재능 기부
선행 ·	· 무료 급식
결식아동 ·	· 최저 생계비
기초 생활 수급자 ·	· 불우 이웃 돕기 모금

2. 다음에 주어진 설명과 관계가 있는 것을 위 단어 목록에서 찾아 봅시다.

이것은 취약 계층에게 일자리를 제공하거나 환경 보호와 같이 사회적으로 가치 있는 활동을 통해 이윤을 창출하는 기업이다. 이러한 기업이 자선 단체와 다른 점은 수익을 냄으로써, 지속적으로 사회적 가치 실현을 추구한다는 것이다. 또한 이윤을 극대화하기보다는 사회적 목적을 우선적으로 추구하기 때문에 이윤을 취약 계층을 위해 재투자한다.

3. 위에 제시된 단어를 사용하여 글을 완성해 봅시다.

돌봐주는 가족 없이 혼자 살아가는 ① ________________들에게 사회복지 단체와 ② ________________들이 많은 도움을 주고 있지만 그 지원이 일회성에 그친다는 점이 문제로 지적되고 있다. 이들에게 가장 필요한 것은 안정적인 생활과 지속적인 관심이다. 마찬가지로 소년·소녀 가장, 결식아동, 장애인 등과 같은 ③ ________________에 대한 지원도 지속적이고 구체적인 방법으로 이루어져야 할 것이다.

길라잡이
① 가족 없이 혼자 살아가는 노인.
② 사회의 이익을 위한 일을 영리를 목적으로 하지 않고 자기 의지로 하는 사람.
③ 주위에서 혐오나 무관심 등으로 인하여 따돌림을 당하는 계층.

표현 제시와 연습

1	
각광을 받다	제대로 되다
의 원성을 사다	-어/아 마땅하다

1. 목록 [1]에서 알맞은 표현을 골라 밑줄 친 부분을 바꿔 말해 봅시다.
   (1) 휴일도 없이 무리하게 일은 시킨 사장은 직원들에게 원망을 들었다.
   (2) 얼마나 많이 버느냐보다 얼마나 올바른 방법으로 돈을 버느냐가 더 중요하다.
   (3) 저소득층에게 지급되어야 할 지원금을 가로챈 그 공무원은 당연히 벌을 받아야 한다.
   (4) 그 회사는 획기적인 제품을 내놓으면서 세계 시장에서 많은 관심과 주목을 받고 있다.

2	
-는 추세이다	웬만한 ~ 못지않다
와/과는 달리	의 눈살을 찌푸리게 하다

2. 목록 [2]에서 알맞은 표현을 골라 다음 대화를 완성하여 말해 봅시다.
   (1) 가: 여기 오는 동안 안 좋은 일이라도 있었어요?
   나: 지하철에서 한 취객이 행패를 부려서 (승객들) ______________.
   (2) 가: 요즘 이 사이트의 인터넷 강의가 괜찮다고 입소문이 났던데요?
   나: 인터넷 강의는 비용이 저렴할뿐더러 학습 효과도 (학원) ______________.
   (3) 가: 이번 달에는 휴가철이 겹쳐서 자원봉사 참여율이 높지 않을 듯해요.
   나: 참여가 저조하리라는 (예상) ______________ 많은 사람이 신청했어요.
   (4) 가: 젊은 층이 결혼을 좀 빨리하면 출산율이 높아지지 않을까요?
   나: 요즘은 결혼해도 아이를 적게 낳아서 (출산율이 낮아지다) ______________.

3. 대화 상황을 떠올리면서 여러 가지 표현으로 대화해 봅시다.

(1) 넌 웬만한 교사 못지않게 잘 설명하니까 교육 봉사를 해 봐.
(2) 보통 사람들의 생각과는 달리 봉사도 전문 지식이 있어야 해.
(3) 요즘 재능 기부가 각광을 받고 있다니까 그걸 해 보는 게 어때?

문법 제시와 연습

1. -(으)ㄴ 끝에

- 용법: 시간이나 비용, 노력이 필요한 행동을 통해 어떤 결과를 얻게 되었음을 말할 때 사용한다. 앞 절에는 이제까지 노력해 왔던 일을 적고 뒤 절에는 그 결과를 적는다.
- 비교: -(으)ㄴ 나머지
- 예문: 1년 넘게 공부**한 끝에** 사회복지사 자격증을 따게 되었다.
  시 의회는 오랜 **회의 끝에** 초중고 무료 급식을 올해부터 시행하기로 결정했다.

1. 다음을 '-(으)ㄴ 끝에'를 사용하여 연결해 봅시다.

(1) 열 시간의 대수술 · · (가) 1대1 무승부를 기록했다.
(2) 두 팀은 치열한 접전 · · (나) 원하던 대학에 들어가게 되었다.
(3) 내 동생은 삼수를 하다 · · (다) 그 범죄자가 인질들을 풀어 주었다.
(4) 경찰이 사흘에 걸쳐 설득하다 · · (라) 그 환자는 제2의 인생을 맞이하게 되었다.

2. 다음 보기처럼 대화해 봅시다.

가: 자원봉사에 남다른 열의를 보이셨는데 왜 갑자기 그만두신다는 거예요? (심사숙고)
나: 갑자기가 아니라 심사숙고 **끝에** 내린 결론이에요.

(1) 몇 년 동안 풀리지 않던 결식아동 지원 사업에 대한 약속을 어떻게 받아내셨어요? (끈질긴 설득)
(2) 정부가 추진하던 노숙자 재활 프로그램이 드디어 정착되었네요. (시행착오를 거듭하다)
(3) 복지 문제로 극심히 대립하던 여당과 야당이 드디어 합의했군요.
(4) 서류 문제로 기초 생활 수급자로 인정받기 어렵다고 하더니 결국 인정을 받으셨네요?

3. 다음 글을 완성해 봅시다.

한 지역의 주민 센터에 재능 기부를 원하는 주민들의 문의가 쇄도하고 있어 화제다. 센터 관계자에 따르면 사회 봉사 활동을 활성화하기 위한 방안을 ______________(으)ㄴ 끝에 재능 기부 신청을 받게 되었는데, 이렇게 반응이 폭발적일지는 예상하지 못했다고 한다. 특별한 재능이 없는 주민들도 교통정리나 독거노인을 위한 도시락 배달 등을 신청하여 사회 봉사 활동에 참여할 의사를 밝히기도 하였다.

4. '-(으)ㄴ 끝에'를 사용하여 길고 힘든 과정을 통해 얻은 결과를 나타내는 문장을 만들어 봅시다.

✎ ____

2. -고도 남다

- 용법: 시간이나 양, 능력이 충분해서 어떤 일을 할 수 있다거나 평소의 성품으로 미루어 어떤 행동을 할 것으로 예측할 수 있음을 말할 때 사용한다. 보통 앞 절에 그렇게 생각하는 이유를 적는다.
- 예문: 돈이 없는 어려움을 겪어 봐서 그 사람의 사정을 이해하**고도 남는다**.
  그만한 돈이면 이 지역 독거노인들의 생계비를 다 지원하**고도 남을** 것이다.

1. 다음을 '-고도 남다'를 사용하여 연결해 봅시다.

(1) 피자 두 판이면 ·	· (가) 하숙비를 내다
(2) 5년이라는 시간이면 ·	· (나) 한국어를 충분히 배우다
(3) 나도 같은 직업을 가졌기 때문에 ·	· (다) 다섯 명이 배부르게 먹다
(4) 일주일 내내 아르바이트를 계속 하면 ·	· (라) 그 사람의 고충을 이해하다

2. 다음 보기처럼 대화해 봅시다.

> 가: 김 대리가 선행상 후보에 올랐다던데 받을 만한가요? (상을 받다)
> 나: 무슨 일이든지 솔선수범하느니만큼 상을 받**고도 남죠**.

(1) 노숙인 센터에 배식 봉사를 하러 가기로 했는데 10명이면 될까? (배식하다)
(2) 그림 실력이 좋지 않은데 '벽화 그리기' 봉사를 할 수 있을까요? (벽화를 그리다)
(3) 한 달 용돈이 50만 원밖에 안 되는데 불우 이웃 돕기 성금으로 만 원이나 내래요.
(4) 연예인 이지영 씨가 결식아동들을 위해 또 1억을 기부했대요.

3. 다음 글을 완성해 봅시다.

> 푸드뱅크(food bank)는 식품의 생산, 유통, 판매, 소비의 각 단계에서 남는 식품을 기부받아 저소득 계층에 무상으로 지원해 주는 복지 서비스이다. 많은 식품 유통업체나 판매업체에서 적극적으로 참여하기만 한다면 지역 내 굶주리고 있는 어려운 사람들에게 식품을 ____________________고도 남을 것이다.

4. '-고도 남다'를 사용하여 충분함을 나타내는 문장을 만들어 봅시다.

✎ ____

3. -(으)ㄹ 판이다

- 용법: 앞으로 어떠한 상황이 벌어질 것임을 말할 때 사용한다. 보통 부정적인 상황이 예상될 때 사용하며 앞 절에는 그렇게 생각하는 이유를 적는다.
- 비교: -(으)ㄹ 지경이다
- 예문: 자선 단체 행사를 위해 준비할 것이 너무 많아 밤을 새워야 **할 판이다**.
  공익 광고 때문인지 헌혈 신청자가 크게 늘어 헌혈 시설을 늘려**야 할 판이다**.

1. 다음을 '-(으)ㄹ 판이다'를 사용하여 연결해 봅시다.

(1) 비자에 문제가 생겨서	·	· (가) 졸업을 못할 것이다.
(2) 등록금을 마련하지 못해서	·	· (나) 결혼을 미루어야 할 것이다.
(3) 그동안 과제를 전혀 제출하지 않아서	·	· (다) 학교를 그만두어야 할 것이다.
(4) 내 집 마련은커녕 결혼 자금도 없어서	·	· (라) 고향으로 돌아가야 할 것이다.

2. 다음 보기처럼 대화해 봅시다.

가: 다음 달부터 공공요금이 줄줄이 인상된다고 하네요.
나: 이러다가는 서민은 세금도 못 **낼 판이에요**. (세금도 못 낼 것이다)

(1) 방학 중에는 결식아동을 위한 무료 급식이 중단된대요. (방학 내내 굶을 것이다)
(2) 기초 생활 수급자에 대한 예산이 부족하대요. (생계비 지원도 못 받을 것이다)
(3) 사회적 기업에 대한 지원금이 매년 줄어들고 있다면서요?
(4) 환율이 천정부지로 올라서 등록금 내기도 힘들다면서요?

3. 다음 글을 완성해 봅시다.

성금이 모일 때마다 온도가 올라가는 '사랑의 온도계' 눈금이 좀처럼 올라가지 않고 있어 우리 지역의 운영 본부에서 지역 주민들에게 관심을 호소했다. 작년에도 우리 지역의 모금액이 전국에서 가장 저조했기에 운영 본부의 고민은 더욱 크다. 한 관계자는 이러다가는 작년에 이어 올해도 ______________(으)ㄹ 판이라며 걱정을 드러냈다.

4. '-(으)ㄹ 판이다'를 사용하여 상황을 따져보고 예측하는 문장을 만들어 봅시다.

✎ ____

듣고 말하기 1

MP3 **8-2**

여러분은 SNS를 어떠한 용도로 사용하고 있습니까? SNS를 통해 기부를 해 본 적이 있습니까?

내용 이해

1. 들은 내용의 제목으로 알맞은 것을 고르십시오.

① SNS의 인기 ② 소셜 기부의 특징

③ 다양한 기부의 형태 ④ 소액 기부의 장점

2. SNS를 통해 기부가 이루어지는 과정을 쓰십시오.

SNS에 올라온 기부 관련 글에 개인이 (　　　　　　).	➡	SNS에 달린 (　　　　) 수만큼 기업이 일정 금액을 기부한다.

3. 소셜 기부에 대한 설명으로 바르지 않은 것을 고르십시오.

① 참여 기업은 사람들에게 좋은 인상을 줄 수 있다.

② 기업의 입장에서 상품을 직접 판매할 수 있는 수단이 된다.

③ 참여 방법이 간단하여 손쉽게 기부 행위에 참여할 수 있다.

④ 개인적으로는 소액의 기부지만 참여율이 높아지면 사회에 큰 보탬이 될 수 있다.

말하기

⊙ 최근 SNS의 사용이 급증하면서 올바른 SNS의 사용에 대한 논의가 활발해지고 있습니다. SNS의 사용의 부정적인 측면과 긍정적인 측면에 대해 이야기해 봅시다.

듣고 말하기 2

MP3 **8-3**

다음과 같은 벽화는 누가 어떤 목적으로 그렸을지 이야기해 봅시다.

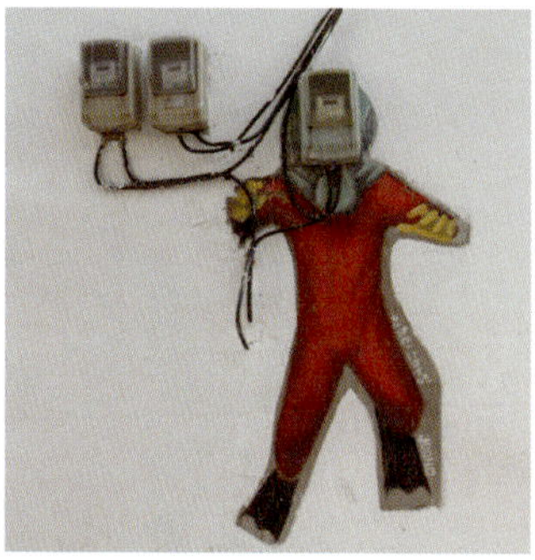

내용 이해

1. 이화동에 대한 설명으로 맞으면 ○, 틀리면 × 하십시오.

① 서울의 대학로에서 멀지 않은 곳에 있다. (　　)

② 예전에는 달동네였지만 지금은 도시의 중심지로 변화되었다. (　　)

③ 서울시에서 여러 예술가를 고용하여 벽화를 그리기 시작했다. (　　)

④ 벽화를 보호하다 보니 눈살을 찌푸리게 하는 일들이 자주 발생한다. (　　)

2. 벽화가 그려진 후 마을에 생긴 변화가 아닌 것은 무엇입니까?

① 마을 주변이 한결 청결해졌다.　　② 드라마에 자주 등장하게 되었다.

③ 서울시 환경 개선 사업에 참여하게 되었다.　　④ 마을을 찾는 관광객이 증가했다.

3. 서울시가 이화동 벽화 마을의 변화에 관심을 가지고 있는 이유는 무엇입니까?

✎ ____

말하기

⊙ 자신의 주거 지역에 벽화 그리기 사업이 추진되는 것에 대해 어떻게 생각하는지 의견을 말해 봅시다.

MP3 **8-4**

잡지를 구매해 본 경험이 있습니까? 주로 어떤 종류의 잡지를 즐겨 보는 편입니까?

내용 이해

1. 여자는 왜 사람들이 잡지를 구매하지 않을 거라고 생각합니까?

   ① 잡지가 볼품이 없어서　　② 무료로 나눠 줘서

   ③ 잡지의 내용이 부실해서　　④ 노숙인이 팔아서

2. 잡지를 만든 목적을 쓰십시오.

   ✎ ______________________________

3. 남자가 산 잡지에 대한 설명으로 맞으면 ○, 틀리면 × 하십시오.

   ① 1991년 영국에서 처음 창간되었다. (　　)

   ② 원하는 사람은 누구나 잡지를 팔 수 있다. (　　)

   ③ 같은 내용이지만 나라별로 다른 언어로 쓰여 있다. (　　)

   ④ 대중문화에 관한 내용이 많다. (　　)

노숙인에게 10부 무료 제공	판매 후 얻은 수익금으로 재구매	2,500원에 공급받아 5,000원에 판매	2주 후 정식 판매원 등록	경력에 따라 주거지 지원

말하기

⊙ 노숙자를 위한 시설들이 늘어나고 있음에도 불구하고 노숙자 문제가 개선되지 않는 이유가 무엇인지 이야기해 봅시다.

읽고 쓰기 1

사회 지도층이나 유명인 중에서 자선 활동을 활발하게 하고 있는 사람에 대해 말해 봅시다.

진정한 상류층, 최 부잣집

원래 상류층이라 하면 '도덕적 상류층'을 의미하는 것이다. 그들은 재산과 권력만 가지고 있는 것이 아니라 도덕적 수준 또한 일반 국민에 비해 월등히 높아야 한다. 하지만 현실적으로 상류층이 돈과 권력은 있어도 존경받는 경우는 드물다. '노블레스 오블리주(noblesse oblige: 사회 지도층으로서 신분에 걸맞은 도덕적 책임과 의무)'를 실천하기가 쉽지 않기 때문이다.

한국의 선조 중에서 노블레스 오블리주를 실천하며 국가와 사회와 이웃을 위해 헌신한 사람을 꼽으라면 경주 최 부잣집이 대표적일 것이다. 오랫동안 억눌려 살았던 소작인들이 한국전쟁 전후 전국적으로 부자들을 습격할 당시에도 최 부잣집은 피해를 입지 않았다. 지위 고하를 막론하고 많은 사람이 최 부잣집을 존경했기 때문인데, 그 이유를 알아보려면 최 부잣집의 집안 내력을 살펴봐야 한다.

최 부잣집의 후손들은 집안의 여섯 가지 가르침, 육훈을 대대로 지켜왔다. 이 육훈에는 어려운 이웃을 돌보고, 과욕을 경계하라는 가르침이 포함되어 있다. 내가 잘 살기 위해서는 이웃들이 잘살아야 한다는 것을 강조한 것이다. 실제로 최 부잣집은 흉년에는 주위에 굶는 사람이 없게 하고, 관청이나 향교 등에서 물품이 필요한 경우 아낌없이 지원해서 원성을 사는 일을 하지 않았다.

최 부잣집의 재산은 최 부자 12대손인 최 준(1884~1970) 때 모두 소진되었다. 그러나 그 과정은 보통 부잣집과 달랐다. 일반적으로 부자가 사업 실패나 술과 도박으로 망하는 것과는 달리 최 부잣집은 독립운동과 문화·예술 지원, 교육 사업에 모든 재산을 남김없이 쏟아 부었다. 일제 강점기 때는 독립을 위해 많은 독립운동가와 교류하며 자금을 제공했고, 해방 이후에는 대구, 경북 지역에 제대로 된 대학이 없는 것을 한탄하며 지인들과의 논의 끝에 대구대(지금의 영남대)를 설립하는 데 집과 땅을 기부했다.

마케팅을 위한 기업 기부나 정치적 목적으로 이루어지는 기부는 늘어도 순수한 목적으로 자신의 재산을 사회에 환원하는 경우는 흔치 않은 세상이다. 오히려 자신이 가진 부를 마음껏 누리고 대물림하는 것이 당연시되고 있다. 이런 점에서 어려웠던 시기에 국가와 사회를 위해 전 재산을 아낌없이 기부했던 최 부잣집이야말로 진정한 상류층으로 칭송받아 마땅하다고 할 수 있다.

단어

월등히	헌신하다	억눌리다	소작인	내력	과욕	경계하다	관청	향교
원성	소진	한탄하다	설립하다	누리다	대물림하다	당연시되다	칭송	마땅하다

내용 이해

1. 상류층으로서 갖추어야 할 가장 중요한 조건은 무엇입니까?

2. 최 부잣집의 도덕적 수준이 높았으며 실제로 주위 사람들로부터 이를 인정받고 있었다는 것을 알 수 있는 일화는 무엇입니까?

3. 다음은 최 부잣집에서 대대로 내려오는 육훈입니다. 서로 관련 있는 것끼리 연결해 봅시다.

① 높은 벼슬을 하지 마라. ·	· ㉮ 근검절약하라.
② 만 석 이상의 재산은 사회에 환원하라. ·	· ㉯ 과욕을 경계하라.
③ 흉년에는 땅을 사지 마라. ·	· ㉰ 이웃을 돌봐라.
④ 손님을 후하게 대접하라. ·	
⑤ 주변에 굶어 죽는 사람이 없게 하라. ·	
⑥ 시집온 며느리는 3년 동안 무명옷을 입어라. ·	

4. 최 부잣집의 재산 소진 과정이 다른 부잣집과 어떻게 다른지 설명해 봅시다.

5. 이 글에서 주제 단락으로 볼 수 있는 단락은 몇 번째 단락입니까?

〈최 부잣집 '마당 쓸기' 일화〉

동네에서 누군가 양식이 떨어지면 이른 새벽에 최 부잣집에 가서 마당을 쓸고 돌아갔다고 한다. 그러면 최 부잣집에서 누가 마당을 쓸었는지 몰래 알아내 먹을 양식을 보내 주곤 하였다. 먹을 음식조차 얻기가 어려웠던 가장의 체면도 살리면서 어려운 살림을 도울 수 있는 방법이었던 것이다.

쓰기

⊙ '노블레스 오블리주'를 몸소 실천한 각국의 위인들을 소개하는 글을 써 봅시다.

다음은 나눔 활동과 관계있는 물건들입니다. 여러분이 알고 있는 이러한 물건들에 대해 이야기해 봅시다.

구세군 자선냄비　　사랑의 온도계　　사랑의 열매　　크리스마스실

나눔 문화

찬바람이 부는 연말이 되면 거리 곳곳에서 모금 활동을 벌이고 있는 구세군과 빨간 냄비를 볼 수 있다. 광장에는 사람들의 기부금이 쌓일 때마다 온도가 올라가는 대형 온도계가 '사랑의 온도계'라는 이름으로 설치된다. 언론 매체나 기관 등에서도 앞다투어 '나눔'에 대한 이야기를 다루고, 익명의 기부자가 거액을 기부했다는 훈훈한 소식이 들려오기도 한다.

가진 자가 사회적 약자를 돕는 것은 어제오늘의 일이 아니다. 그런데도 유난히 요즘 나눔 문화가 강조되고 있는 이유는 우리 사회의 전반에 걸쳐 양극화 현상이 심화되고 있기 때문이다. 중산층이 저소득층으로 몰락하고 빈곤 계층이 많아지면서 사회에 좌절감과 박탈감, 불안감과 패배감이 팽배해 있다. 또 사회 구성원 간의 갈등과 불만이 고조되어 이대로 방치해 두었다가는 돌이킬 수 없는 위기 상황에 내몰릴 판이다.

나눔 문화의 확산은 양극화의 차이를 직접 줄이는 데에는 큰 도움이 되지 않더라도 계층 간에 심리적인 갈등의 폭을 줄이는 역할은 할 수 있다. 사회 통합을 위해서는 개개인의 노력만으로는 역부족이다. 그래서 기업, 공인들과 같은 사회 지도층의 책임과 역할이 절실히 요구된다.

기업의 사회적 책임을 강조하는 문화가 국내에 확산되면서 다수의 기업이 사회 공헌 활동을 기업 경영의 중요한 요소 중 하나로 받아들이고 있다. 과거 기업의 사회 공헌 활동이 일회성 지원이나 생색내기에 그쳤다면 최근에는 장기간 이어 갈 수 있는 활동이 주목을 받고 있는 것이 특징이다.

한편 연예인들의 봉사나 기부도 이미지 관리를 위한 활동에서 벗어나 날로 적극적이고 조직적으로 바뀌며 활발해지고 있다. 이들의 기부 활동은 탄탄한 경제력과 팬들의 열렬한 성원이 맞물려 웬만한 자선 단체 못지않은 힘을 발휘하고도 남는다. 청소년들이나 일반인들은 연예인들의 일거수일투족에 관심이 있어서 이들의 기부 활동은 나눔에 대해 좋은 인식을 심어주는 데에도 매우 효과적이다.

나눔과 봉사는 기분 좋은 중독성을 가진 활동이다. 아프리카 속담에 '빨리 가고 싶으면 혼자 가고, 멀리 가고 싶으면 같이 가라'는 말이 있다. 우리 사회 구성원 모두가 하나가 되어 한 사람의 낙오자도 없이 함께 멀리멀리 갔으면 하는 바람이다.

단어						
구세군	전반	몰락하다	좌절감	박탈감	팽배하다	고조되다
내몰리다	역부족	절실히	생색내다	탄탄하다	일거수일투족	낙오자

내용 이해

1. 연말에 거리에서 볼 수 있는 풍경에는 어떤 것들이 있습니까?

2. 요즘 특별히 나눔 문화가 강조되는 이유는 무엇입니까?

3. 사회 통합을 위해서 특히 책임이 요구되는 사람들은 누구입니까?

4. 기업의 사회 공헌 활동이 어떻게 달라졌는지 과거와 비교해 어떻게 달라졌습니까?

5. 연예인들의 기부 활동이 자선 단체와 같은 힘을 발휘할 수 있게 하는 원동력은 무엇입니까?

6. 청소년이나 일반인들에게 나눔에 대해 좋은 인식을 갖게 하는 데 연예인들의 기부 활동이 효과적인 까닭은 무엇입니까?

구세군 자선냄비

쓰기

⊙ 자신이 참여했던 나눔 활동의 경험을 소개하고 어떤 보람을 느꼈는지 써 봅시다. 경험이 없다면 어떤 종류의 봉사 활동에 참여하고 싶은지 쓰십시오.

활동 과제 – UCC 제작 활동

개요

제시된 대주제와 관련하여, 각 팀별로 소주제를 결정하고 시나리오를 작성한 후 시나리오를 토대로 촬영, 편집하여 UCC를 제작하고 발표한다.

1. 활동 순서

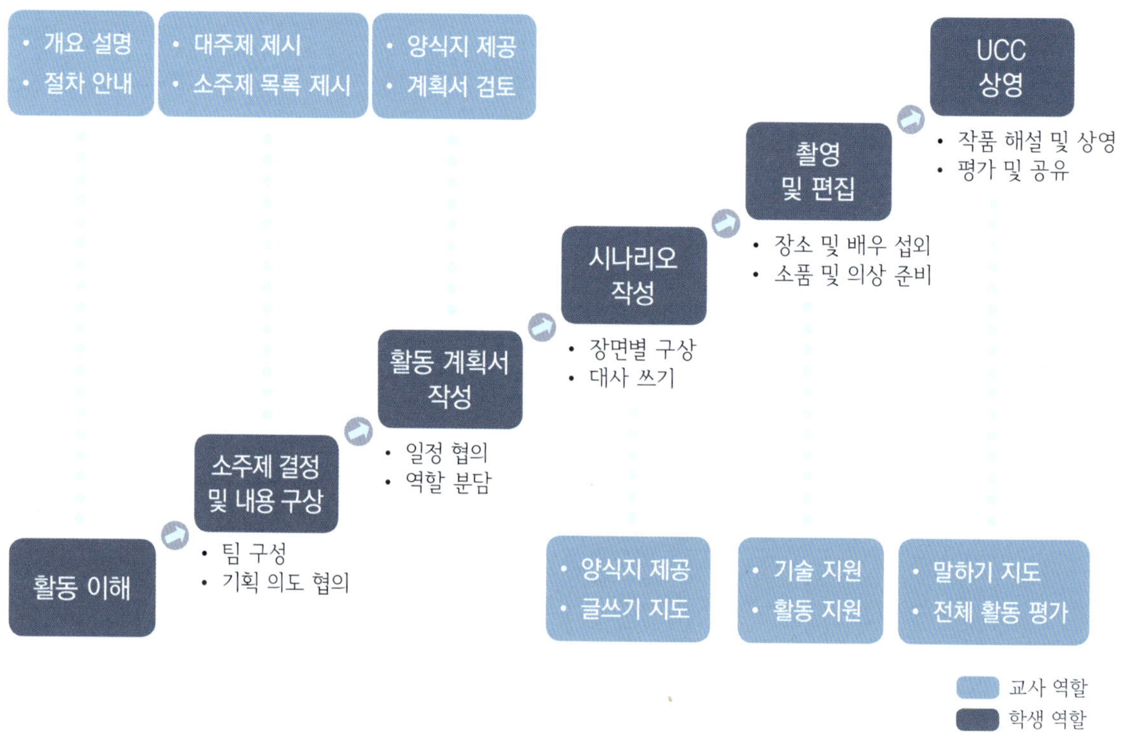

1) UCC 제작 및 발표 활동의 목표와 절차를 이해한다.

2) 제시된 대주제와 관련하여, 팀별로 소주제를 결정하고 구체적인 내용을 구상한다.

3) 활동 계획서 작성을 통해, UCC의 장르(뉴스, 드라마, 다큐멘터리 등), 기획 의도, 줄거리 등을 협의하고 팀원의 역할을 선정한다.

4) 활동 계획서를 토대로 장면별 시나리오를 작성한다. 각 장면에는 구체적인 촬영 장소와 출연 배우, 대사, 효과 음악, 소품 등이 구체적으로 제시되어야 한다.

5) 시나리오를 바탕으로 촬영을 진행하고, 기획 의도에 맞게 편집하여 UCC를 완성한다.

6) UCC를 상영한다. 이때 작품의 기획 의도와 활동의 전 과정에서의 소감을 함께 발표한다.

2. 추천 주제

	대주제	소주제
1	가치관의 변화	시대에 따른 가족 관계의 변화, 연애·결혼 신풍속도
2	사회 봉사 활동	재능 기부 체험 보고, 외국인이 할 만한 봉사 활동
3	새로운 사회 현상	다문화 사회의 갈등, 일상생활 속의 스마트폰, 사회상을 반영한 신조어

3. 활동 계획서

시나리오 구상	주제	
	장르	다큐멘터리, 뉴스, 광고, 드라마, 기타( )
	기획 의도	
	줄거리	
역할 분담	대본 쓰기	
	배우·장소 섭외	
	촬영	
	편집	
	소품·의상 준비	

제9과

경제와 소비생활

선행 학습 목록

1. 소비자를 유인하기 위한 마케팅 전략
2. 각국의 소비자물가지수 품목
3. 각국의 독과점 품목
4. 불황으로 달라진 소비 성향

주 제	합리적인 소비생활을 위한 생활의 지혜
어 휘	생활 경제 관련 어휘
문 법	① -(으)ㄹ 양으로 ② -(ㄴ/는)다 싶다 ③ 은/는 ~ 대로
활동 과제	경제 활동 체험 보고서 작성 및 발표하기

도입

01 판매업체는 소비자의 관심을 끌기 위해 다양한 방법들을 사용합니다. 다음 광고 문구들을 보고 판매업체의 소비자 유인 전략에 대해 말해 봅시다.

02 다음은 연도별로 추가되거나 제외된 소비자물가지수 품목입니다. 표를 참고하여 한국인의 생활상의 변화에 대해 말해 봅시다.

연도	추가된 소비자물가지수 품목	제외된 소비자물가지수 품목
1970	흑백 TV, 전축, 선풍기	엿, 돈가스, 벽돌
1980	컬러 TV, 세탁기	흑백 필름, 건빵
1990	햄버거, 정수기, 에어컨	성냥, 양초, 라디오
2000	자판기 커피, 택배 수수료	주전자, 무선 호출기
2010	스마트폰 이용료, 애완동물 미용료, 캠핑용품, 삼각 김밥, 전문점 커피 등 43개 품목	정수기, 한복, 유선 전화기, 공중전화 통화료, 금반지, 전자사전 등 21개 품목

〈출처: 통계청〉

대화문

MP3 9-1

왕강: 웬 비누를 이렇게 많이 가지고 왔어?

은영: 일단 너도 하나 받아. 안 쓰고 묵혀 두느니 친구들에게 인심 쓰는 셈 치고 나눠 줄 양으로 가지고 왔어. 몇 달 전에 대형 마트에서 특가 세일을 하길래 여러 개 사 두었는데, 혼자서 다 쓰기엔 너무 많아서 그래.

왕강: 아무리 특가 세일이라도 그렇지, 이렇게 많이 사 두었어? 그게 다 소비자들로 하여금 충동구매하게 만드는 마케팅 전략이야.

은영: 물가가 천정부지로 치솟는데 조금이라도 싸다 싶으면 일단 구매하고 보는 게 상책이지.

왕강: 시장에 가면 한 푼이라도 아끼려고 에누리는 에누리대로 하고 덤까지 얻어 오면서 세일이라고 하면 그렇게 사족을 못 쓰니?

은영: 하지만 물건을 싸게 사려는 게 잘못된 건 아니잖아.

왕강: 대형 마트가 노리는 게 바로 그런 소비자들의 심리야. 미끼 상품으로 소비자들을 현혹해서 충동구매를 하게 만드는 거지. 얼핏 보면 싸게 사는 것 같지만 결과적으로는 필요하지도 않은 물건을 충동적으로 사게 되는 거라고. 게다가 계획하지도 않았던 다른 물건들을 사게 되는 경우도 많지.

은영: 네 말이 틀린 건 아니지만, 견물생심이라고 값싼 물건을 보면 나도 모르게 손이 가.

왕강: 그러니까 미리 구매할 물건들을 적어 보거나 가계부를 일일이 쓰는 습관을 들여야지. 은영아, 듣고 있니?

은영: 와, 저기 봐. 오늘 여름옷 '땡처리'한다고 쓰여 있잖아. 나 저기 잠깐 보고 올 테니까 이 비누 좀 들고 있을래?

단어							
묵히다	인심	특가 세일	충동구매	천정부지	치솟다	상책	에누리
덤	사족	미끼 상품	현혹하다	얼핏	견물생심	일일이	땡처리

알아두기

▌미끼 상품: 대형 마트, 백화점과 같은 대형 소매점이 고객을 유인하기 위하여 보통 판매 가격보다 대폭 할인하여 판매하는 상품을 말한다. 일부 소매점에서는 미끼 상품으로 고객을 유인하고 수요에 비해 턱없이 적은 물량을 준비한다거나 다른 품목은 비싸게 판매하여 소비자의 불만을 사기도 한다.

내용 이해

1. 은영의 소비 습관에 대해서 말해 봅시다.

2. 대형 마트의 특가 세일 상품을 구매할 때 주의해야 하는 이유에 대해서 말해 봅시다.

3. 현명한 소비생활을 위해 실천해야 하는 것은 무엇인지 말해 봅시다.

4. 다음 속담의 의미를 은영의 행동과 연결하여 설명해 봅시다.

소 귀에 경 읽기	제 버릇 남 못 준다

토의와 토론

1. 다음은 '남녀의 쇼핑 습관의 차이'를 보여 주는 그림입니다. 그림을 참고하여 자신의 쇼핑 습관에 대해 서로 이야기해 봅시다.

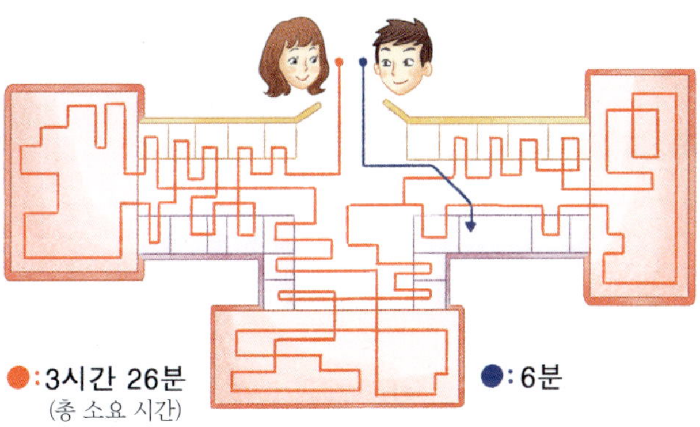

▌쇼핑 임무: 바지 한 벌 사오기

2. 가격을 대폭 할인하거나 1+1 상품을 판매하는 등 대형 마트의 상품 판매 정책이 소비 생활과 경제에 미치는 영향에 대해 상반된 주장이 있습니다. 다음을 참고하여 이에 대해 어떻게 생각하는지 자신의 의견을 말해 봅시다.

주 장	대형 마트의 상품 판매 정책은 가정 경제에 이바지하고 경제 활성화에 기여한다.	대형 마트의 상품 판매 정책은 가정 경제에 부담을 주고 경제시장을 교란시킨다.
논 거	싼값에 상품을 구매할 수 있으며, 시장에 돈이 풀리기 때문에	충동구매나 무분별한 소비를 부추기며, 대기업의 이익만을 극대화하기 때문에

어휘 제시와 연습

생활 경제			
담합 독과점 사재기 다단계 판매	덤 / 에누리 흥정 / 정찰제 대목 / 특수 틈새시장	묶음 상품 재고 상품 이월 상품 기획 상품	신용 등급 체감 물가 최저 임금 제도 소비자물가지수

1. 다음에서 서로 관련 있는 것들을 찾아 짝지어 보고 그 관계를 설명해 봅시다.

흥정 ·	· 독과점
담합 ·	· 재래시장
신용 등급 ·	· 카드 연체
최저 임금 제도 ·	· 시간당 급여

2. 다음에 주어진 설명과 관계가 있는 것을 위 단어 목록에서 찾아 봅시다.

이것은 경제 용어로서 물건 값이 오를 것을 예상하고 폭리를 얻기 위하여 물건을 한 번에 몰아서 사들이는 것을 일컫는 말이다. 그러나 반드시 폭리만을 위해서 이런 행위가 일어나는 것은 아니다. 인플레이션이나 전쟁, 자연재해 등으로 물품이 부족해질 것이 예상되면, 생필품을 미리 사 두기 위해 소비자들이 이런 행위를 하기도 한다.

3. 위에 제시된 단어를 사용하여 글을 완성해 봅시다.

꽃 판매상들에게 대학 졸업은 ① ______________(이)나 다름없다. 그래서 졸업식 당일이면 꽃다발 ② ______________을/를 노린 꽃 판매상들이 정문에서 졸업식장에 이르기까지 빽빽이 늘어서 있다. 그런데 최근 단순한 꽃다발보다는 사탕이나 비누를 꽃다발처럼 만들어 큰 수익을 내는 판매상들이 등장했다. 이들은 실속을 중요하게 생각하는 소비자들의 요구를 읽어 ③ ______________을/를 개척한 것이다.

길라잡이
① 특정한 날을 앞두고 경기가 가장 활발한 시기.
② 특별한 상황에서 발생하는 수요.
③ 수요자가 요구하는 상품이 없어서 공급이 틈새처럼 비어 있는 시장.

표현 제시와 연습

1	
마음에 와 닿다	돈이 풀리다
앉아서 당하다	에 연연하다

1. 목록 [1]에서 알맞은 표현을 골라 밑줄 친 부분을 바꿔 말해 봅시다.

1) 최선을 다해 경기했다면 등수에 집착하여 미련을 가질 필요가 없다.

2) 명절에는 사람들이 선물이나 제사 용품을 많이 사서 돈의 흐름이 활발해진다.

3) 전셋값 폭등으로 집 없는 사람들은 어쩔 수 없이 피해를 당할 수밖에 없었다.

4) 평소에는 유치하게 들렸던 사랑 노래가 실연 당했을 때 들으니 가슴 속 깊이 느껴진다.

2	
을/를 노리다	-는 것도 모자라 심지어
-는 게 상책이다	-(이)라면 사족을 못 쓰다

2. 목록 [2]에서 알맞은 표현을 골라 다음 대화를 완성하여 말해 봅시다.

1) 가: 네 동생은 며칠 전에 보니까 비싼 가방을 또 샀더라.

나: 어휴, 말도 마. 허영심이 많아서 (명품) ____________________.

2) 가: 친구가 남자 친구와 싸우길래 말렸는데, 해결도 못 하고 친구와 관계만 불편해졌어.

나: 아무리 친하더라도 연인 사이의 다툼에는 (끼어들지 않다) ____________________.

3) 가: 모 회사의 사장이 회사 수익이 늘었는데도 오히려 근로자들의 임금을 깎았다면서요?

나: 근로자들의 (임금을 삭감하다) ____________________ 제때 주지도 않았대요.

4) 가: 아버지께서 어렵게 시작한 사업이 잘 안 돼서 상심이 크시겠어요.

나: 불황으로 이번 사업에 실패하기는 했지만 (다시 일어설 기회) ____________________.

3. 대화 상황을 떠올리면서 여러 가지 표현으로 대화해 봅시다.

학교 앞 식당에서 무료 식사권을 나눠 준다고 해서 한 시간을 기다려서 받았어.

1) 넌 공짜라면 사족을 못 쓰는구나.

2) 그런 식당은 안 가는 게 상책이야. 보통 맛이 없거든.

3) 그 식당은 50% 할인 행사하는 것도 모자라 심지어 공짜 쿠폰까지 준단 말이야?

문법 제시와 연습

1. -(으)ㄹ 양으로

- 용법: 목적이나 계획을 말할 때 사용한다. 앞 절에는 화자의 의도나 계획을 적고, 뒤 절에는 그 계획을 실현하기 위한 행동을 적는다.
- 비교: -(으)려고, -기 위해서, -(으)ㄹ 생각으로
- 예문: 조금이라도 에누리를 **할 양으로** 사장님께 부탁해 보았다.
  월드컵 경기가 있을 때 판매**할 양으로** 붉은 티셔츠를 준비해 놓았다.

1. 다음을 '-(으)ㄹ 양으로'를 사용하여 연결해 봅시다.

(1) 결혼 전에 내 집을 마련하다 ·	· (가) 일찌감치 학원에 등록했다.
(2) 군대에 있는 동생 면회를 가다 ·	· (나) 고속도로 휴게소에 들렀다.
(3) 보나 마나 불합격이라 재수를 하다 ·	· (다) 주택마련적금을 들기로 했다.
(4) 운전 중에 잠이 쏟아져서 잠시 쉬다 ·	· (라) 연차 휴가를 신청하려고 한다.

2. 다음 보기처럼 대화해 봅시다.

가: 항상 시간에 쫓기면서도 아르바이트를 그만두지 않는 이유가 뭐예요? (등록금에 보태다)

나: 부모님께 죄송스런 마음도 있고 해서 등록금에 보**탤 양으로** 그래요.

(1) 귀찮을 텐데 사소한 것 하나까지 가계부에 적는 이유가 뭐예요? (씀씀이를 알아보다)

(2) 퇴직한 지 얼마 되지도 않았는데 어딜 그렇게 다니세요? (재취업 자리를 알아보다)

(3) 대형 마트들이 이윤이 많이 남지 않는 묶음 상품을 파는 이유가 뭐예요?

(4) 집 근처에도 슈퍼마켓이 있는데 왜 굳이 대형 마트를 이용하죠?

3. 다음 글을 완성해 봅시다.

소셜 커머스(Social commerce)는 페이스북, 트위터 등의 소셜 네트워크 서비스(SNS)를 활용하여 이루어지는 전자 상거래의 일종으로, 일정 수 이상의 구매자가 모일 경우 파격적인 할인가로 상품을 제공하는 판매 방식이다. 이런 높은 할인율이 제공되는 것은 판매업체가 상품 판매만을 목적으로 하지 않고 ________________(으)ㄹ 양으로 소셜 커머스를 이용하기 때문이다. 일례로 한 신생 식품업체는 소셜 커머스를 통해서 홍보 효과를 톡톡히 보았다고 한다.

4. '-(으)ㄹ 양으로'를 사용하여 의도나 계획을 나타내는 문장을 만들어 봅시다.

✎ ____

2. -(ㄴ/는)다 싶다

- 용법: 어떤 상황에 대한 화자의 느낌이나 생각 혹은 추측을 말할 때 사용한다. 보통 앞 절에 그렇게 생각하거나 추측하는 이유 혹은 상황적 조건 등을 적는다.
- 비교: -(으)ㄴ/는 것 같다
- 예문: 요즘 체감 물가로는 서민들은 살기가 더 어렵<u>다 싶다</u>.
  틈새시장만 잘 찾는다면 사업에 성공할 수 있<u>겠다 싶어서</u> 시장조사를 하고 있다.

1. 다음을 '-(ㄴ/는)다 싶다'를 사용하여 연결해 봅시다.

(1) 음식이 제맛이 안 난다 ·	· ㈎ 준비된 양념을 더 넣으세요.
(2) 하늘을 보니 소나기가 오겠다 ·	· ㈏ 고객 센터에 바로 전화를 했다.
(3) 이 회사가 앞으로 전망이 밝다 ·	· ㈐ 망설이지 않고 투자할 생각이다.
(4) 새로 산 상품의 품질에 문제가 있다 ·	· ㈑ 외출할 때 우산을 챙겨 나가려고 한다.

2. 다음 보기처럼 대화해 봅시다.

> 가: 취업이 어렵다보니 대학생들이 다단계 판매에 현혹되는 경우가 많다지요?
> (취업에 대한 스트레스가 만만치 않다)
> 나: 그런 걸 보면 젊은 세대의 취업에 대한 스트레스가 만만치 않<u>다 싶어요</u>.

(1) 담합이 적발되면 벌금을 물게 된다면서요? (중대성에 비해 벌금이 낮다)
(2) 관광객들은 재래시장에 더 흥미를 느끼는 것 같아요. (실제 생활을 생생하게 볼 수 있다)
(3) 매장은 한산하고 이월 상품 판매대에만 사람들이 북적거리네요.
(4) 올해도 경제 성장률 전망치가 높지 않던데, 언제쯤 경기가 좋아질까요?

3. 다음 글을 완성해 봅시다.

> 일반적으로 면세점에서는 순수하게 세금이 붙지 않은 가격에 판다고 생각한다. 그렇다면 면세점의 상품이 시중에 비해 가격이 훨씬 싸야 하는데 실제로는 그렇지 않다. 백화점 매장에서 판매하는 상품의 가격에 판매 수수료와 관리 비용이 포함되어 있듯이 면세점의 상품 가격에도 이러한 비용이 포함되어 있기 때문이다. 면세점의 상품이 싸긴 하지만 만족스러울 만큼 ____________________(ㄴ/는)다 싶은 이유가 바로 여기에 있다.

4. '-(ㄴ/는)다 싶다'를 사용하여 말하는 사람의 생각을 나타내는 문장을 만들어 봅시다.

✎ ____

3. 은/는 ~ 대로

- 용법: ① 따로따로 구별됨을 나타낼 때 사용한다. 앞뒤로 동일한 명사를 적는다.
  ② 동일한 두 가지 가치에 대해서 말할 때 사용한다. 앞뒤로 동일한 명사를 적는다.
- 비교: ① 따로, 별도로, 추가로, 각각 ② -(으)ㄹ 뿐만 아니라
- 예문: 남성복은 남성복대로, 여성복은 여성복대로 진열되어 있다.
  이 스마트폰은 기능은 기능대로 다양하고, 디자인은 디자인대로 훌륭하다.

1. 다음을 '은/는 ~ 대로'를 사용하여 연결해 봅시다.

(1) 비빔밥은 맛이 좋다 ·	· (가) 영양가도 높은 음식이다.
(2) 빨래할 때는 흰옷을 빨다 ·	· (나) 수하물 값을 또 내야 한다.
(3) 짐이 많으면 비행기 값을 내다 ·	· (다) 경험도 쌓을 수 있어서 좋다.
(4) 이 아르바이트는 돈을 벌 수 있다 ·	· (라) 색깔 옷을 따로 빠는 것이 좋다.

2. 다음 보기처럼 대화해 봅시다.

가: 서울 근교에 있는 아웃렛들이 장사가 잘 되나 봐요. (가격이 저렴하다 - 품질이 좋다)
나: 가격은 가격대로 저렴하고, 품질은 품질대로 좋으니까 저도 자주 이용하는 편이에요.

(1) 이 아파트는 관리비에 공공요금도 포함되어 있어요? (관리비를 내다 - 공공요금을 내다)
(2) 최근 들어서는 인터넷 쇼핑이 각광을 받고 있다는데요? (할인을 받다 - 적립금을 쌓다)
(3) 슈퍼마켓에서 물건을 구입하면 비닐봉지는 무료로 주는 거 아니에요?
(4) 회사에서 운영하는 식당은 저렴한 데다가 친환경 재료로 음식을 만든다면서요?

3. 다음 글을 완성해 봅시다.

모든 소득에는 세금이 붙기 마련이다. 대부분 사람은 일을 해서 소득을 얻는데, 이를 근로 소득이라고 하고 여기에는 근로 소득세라는 세금이 붙는다. 그런데 일을 하지 않더라도 소득이 생기는 경우가 있는데, 바로 은행에 맡긴 돈에서 얻게 되는 이자 소득이다. 이 경우 근로 소득세를 통해 세금을 걷을 수 없기 때문에 ________________은/는 ________________대로 따로 세금이 붙는다. 특히 은행이나 증권사 등 금융기관에 맡긴 돈에서 얻은 이자 소득이 연간 3천만 원이 넘으면 훨씬 비싼 세금을 내야 한다.

4. '은/는 ~ 대로'를 사용하여 따로 구별하여 처리하는 일에 대한 문장을 만들어 봅시다.

✎ ____

듣고 말하기 1

MP3 9-2

물가의 상승세와 하락세는 무엇을 보고 알 수 있는지 이야기해 봅시다.

내용 이해

1. 소비자물가지수에 대한 설명으로 맞으면 ○, 틀리면 × 하십시오.

① 물가가 어떻게 변하는지 알려주는 경제 지표이다. (　　)

② 통계청에서 1년에 한 번, 전국의 물가지수를 발표한다. (　　)

③ 소비자들이 자주 구입하는 생활필수품만을 대상으로 조사한다. (　　)

④ 모든 품목을 대상으로 하지 않고 대표적인 품목만을 뽑아 조사한다. (　　)

2. 5년마다 개편되는 물가지수 품목을 통해 알 수 있는 것은 무엇입니까?

✎ ______________________________

3. 장수하거나 단명한 물가지수 품목에 대한 설명으로 맞으면 ○, 틀리면 × 하십시오.

① 기술의 발전에도 불구하고 선풍기는 여전히 애용되고 있다. (　　)

② 최근 들어 스마트폰은 가장 중요한 생활필수품이 되었다. (　　)

③ 휴대폰이 사용되면서 무선 호출기는 품목에서 제외되었다. (　　)

④ 소비자의 취향도 물가지수 품목 선정에 영향을 미친다고 할 수 있다. (　　)

말하기

⊙ 한국의 물가를 보여줄 수 있다고 생각되는 대표적인 품목들을 종류별로 정리해서 말해 봅시다.

	대표 품목
식생활	
주생활	
의생활	
기타	

듣고 말하기 2

MP3 **9-3**

생필품은 주로 어디에서 구매하는지, 왜 그곳을 자주 이용하는지 이야기해 봅시다.

내용 이해

1. 사람들은 대형 할인 마트에서 상품을 구매하면 어떤 이점이 있다고 생각하고 있습니까?

✎ ______________________________

2. 대형 할인 마트의 상품에 대한 설명으로 맞으면 ○, 틀리면 × 하십시오.

① 묶음 상품이라고 할지라도 단품으로 살 때보다 항상 저렴하지는 않다. ( )

② 1+1 상품은 가격 면에서 소비자들이 믿고 구매할 수 있다. ( )

③ 단지 묶음 상품이기 때문에 계획에 없던 소비를 하기도 한다. ( )

④ 워낙 상품이 싸다 보니 과소비를 하는 경우는 드물다. ( )

3. 대형 할인 마트에서의 현명한 소비 습관으로 맞는 것에 ☑ 하십시오.

☐ 묶음 제품이나 특별 행사 제품을 주로 구매한다.

☐ 값이 아무리 싸 보여도 가격을 비교한 후에 구매한다.

말하기

⊙ 현명한 소비 습관이나 알뜰하게 쇼핑할 수 있는 방법을 소개해 봅시다.

경제 불황 속에서도 잘 팔리는 상품에는 어떤 것이 있는지 이야기해 봅시다.

내용 이해

1. '립스틱 효과'란 무엇인지 관계있는 단어에 각각 ☑ 하십시오.

립스틱 효과		
경기	□ 호황	□ 불황
상품	□ 저가	□ 고가
매출	□ 감소	□ 증가

2. 편의점의 원두커피 원액을 사는 것을 '립스틱 효과'로 생각한 이유는 무엇입니까?

✎ ____________________

3. 다음 중 '립스틱 효과'의 예로 볼 수 있는 것은 무엇입니까?

① 경제 불황 속에서는 명품 선호 현상으로 명품의 매출이 증가한다.
② 비싼 염색을 포기하기보다는 염색약을 사서 집에서 직접 염색한다.
③ 피자와 치킨을 하나로 묶어 고민 없이 두 가지 메뉴를 맛보게 한다.
④ 공산품과 달리 농산품의 가격은 폭등하거나 폭락하는 경우가 잦다.

말하기

⊙ 다음은 불황과 관련된 속설입니다. 왜 이러한 말이 생겨났는지 말해 봅시다.

▶ 불황에는 매운 맛이 잘 팔린다.
▶ 불황에는 소주와 라면이 잘 팔린다.
▶ 남성 정장 매출이 줄면 불황이나.
▶ 불황일수록 여성의 치마 길이가 짧아진다.

다음 상황에서 여러분은 어떤 선택이 더 합리적이라고 생각합니까?

[상황] 20만 원을 주고 영어 학원에 등록했다. 그런데 수업 내용이 기대했던 것과 다르고 효과도 없다. 학원비를 생각해서 계속 다녀야 할까, 아니면 그만두어야 할까?

매몰비용은 '엎질러진 물'

우리는 살아 가면서 선택의 기로에 놓일 때가 종종 있다. 합리적인 선택을 위해서는 비용을 잘 따져 봐야 하는데, 이때 자주 언급되는 개념이 기회비용과 매몰비용이다. 기회비용이 어떤 선택으로 인해 포기해야 하는 비용이라면, 매몰비용은 이미 지불되어 어떤 선택을 하든지 회수할 수 없는 비용을 일컫는다. 일반적으로 사람들은 기회비용은 쉽게 계산하나 매몰비용에 대해서는 본전에 연연하여 비합리적인 판단을 내릴 때가 많다.

예를 들면 비싼 뷔페 식당에 갔는데 갑자기 배탈이 났다. 그만 먹자니 입장료가 아깝고 계속 먹자니 속이 편치 않다. 이럴 경우 어떻게 해야 할까? 또 영화를 보러 갔는데 영화가 따분하기 짝이 없다. 이럴 경우 푯값을 생각해서 끝까지 참고 보는 것이 좋을까 아니면 영화를 포기하고 다시 새로운 계획을 세우는 것이 현명한 선택일까? 이 두 가지 경우, 뷔페식당 입장료와 푯값은 이미 지불된 매몰비용인 셈이다. 그러므로 이럴 때에는 매몰비용을 고려하지 않고 그 시점에서 가장 좋은 결정을 하는 것이 합리적이다. 그러나 뷔페나 영화와 같이 매몰비용이 적은 경우에는 쉽게 결정을 내릴 수 있지만, 금액이 많거나 오랜 기간에 걸쳐 지출된 비용의 경우에는 그동안 들였던 노력에 대한 보상 심리와 과도한 손실 등으로 이미 들어간 비용을 포기하기가 쉽지 않다.

그 대표적인 사례로 초음속 여객기인 '콩코드'의 상업적 운행이 거론되기도 한다. 미국, 프랑스, 영국이 초음속 여객기를 처음 개발할 당시 이 여객기는 탑승 가능 인원이 100명 내외였음에도 불구하고 연료 소비가 컸다. 게다가 소음마저 심해 상업적으로 개발하는 데 문제가 있었다. 이런 이유로 미국은 경제성이 없을 것이라고 판단하여 중도에 개발을 포기했다. 그러나 영국과 프랑스는 기존에 투자한 막대한 비용을 회수할 양으로 개발을 지속했고, 마침내 '콩코드'라는 초음속 여객기를 만들어 상업 운행을 시작했다. 그러나 앞서 언급한 경제적·기술적 문제점을 극복하지 못해 양국의 항공사들은 막대한 손실을 입었다. 결과적으로 미국은 매몰비용을 포기함으로써 합리적인 결정을 했고, 영국과 프랑스는 매몰비용을 포기하지 못해 불합리한 결정을 한 것이다. 이처럼 매몰비용 때문에 비합리적인 선택을 하여 곤란한 상황에 빠지는 것을 '매몰비용의 오류' 또는 '콩코드의 오류'라고 부른다.

모래밭에 엎질러진 물은 다시 담을 수 없다. 어차피 물을 엎질렀다면 그 물은 잊고 빨리 새로 물을 떠오는 것이 올바른 선택이다. 기회비용은 기회비용대로 고려하고 매몰비용은 매몰비용대로 적절히 무시한다면 더욱 합리적인 선택을 할 수 있을 것이다.

단어					
기로	회수	연연하다	따분하다	현명하다	보상
과도하다	손실	막대하다	중도	오류	엎질러지다

내용 이해

1. 기회비용과 매몰비용의 의미를 바르게 연결해 봅시다.

① 기회비용 · · ㉠ 선택과는 별개로 회수할 수 없는 비용

② 매몰비용 · · ㉡ 어떤 것을 선택함으로써 치러야 하는 비용

2. 일반적으로 매몰비용을 고려하게 되면 어떤 문제가 생길 수 있습니까?

3. 다음 각 상황에서 매몰비용은 무엇입니까?

	상 황	매몰비용
1	뷔페식당에 갔는데 갑자기 배탈이 남	
2	극장에 갔는데 영화가 너무 지루함	
3	초음속 여객기 개발에 문제가 있음을 알게 됨	

4. 위와 같은 상황에서 합리적인 선택은 각각 무엇입니까?

5. 글쓴이는 합리적인 선택을 위해 어떻게 해야 한다고 주장합니까?

( )은/는 고려하고 ( )은/는 적당히 무시하자.

쓰기

⊙ 매몰비용에 대한 예를 생각해 보고, 이로 인해 비합리적인 결정을 한 경험이 있다면 글로 써 봅시다.

읽고 쓰기 2

제품의 종류가 많지 않아 특정 제품을 구입할 수밖에 없었던 경험을 이야기해 봅시다.

독과점 시장의 폐해

시장 경제 체제에서 모든 경제 활동은 소비자의 자유로운 의사 결정에 따라 이루어진다고 한다. 소비자의 관점에서 과연 그런가 한번 생각해 보자. 가령 마트에서 라면을 산다고 하자. 여러분은 어떤 라면을 선택할 것인가? 그리고 맥주를 산다면? 커피를 산다면? 어떤 상품을 선택할 것인가?

각자의 기호에 따라 자유롭게 상품을 선택했다 싶겠지만 어쩌면 한두 업체의 상품을 선택할 수밖에 없었을 것이다. 그 이유는 앞서 예를 든 상품들이 대표적인 독과점 시장에서 거래되는 상품들이기 때문이다. 라면의 경우는 4개 업체가, 맥주의 경우는 2개 업체가 100%에 가까운 시장 점유율을 보이고 있다. 또 커피는 한 업체의 시장 점유율이 70%에 육박한다.

이쯤 되고 보면 독과점 시장에서 소비자의 상품 선택권을 보장받을 수 있을지 의심할 수밖에 없다. 시장을 지배하는 업체라는 지위를 남용해 가격을 올리더라도 소비자들은 앉아서 당할 수밖에 없다. 또 독과점 시장에서 업체들은 품질 개선이나 마케팅 활동에 애쓰기보다 자기들의 이익을 극대화하기 위한 판매 전략에 더 신경을 쓰기 마련이다.

이처럼 기업이나 사업자가 서로 짜고 가격, 조건, 판매 지역 등을 제한하는 행위를 담합이라고 한다. 담합은 정부의 예산을 낭비하고 기업의 공정한 시장 진입을 막을 뿐만 아니라 소비자들의 상품 선택권을 침해하는 등 시장 경제 체제에 막대한 피해를 주는 현대 경제의 대표적인 범죄이다. 즉 담합은 자유롭고 공정한 경쟁을 막아 소비자에게 돌아가야 할 혜택을 담합 참가자들이 가로채는 시장 경제의 암적인 행위인 것이다.

담합은 업체 간의 비밀스러운 합의이므로 동종 업계의 업체가 적으면 적을수록 발생할 가능성이 크다. 독과점 시장을 주의 깊게 살펴봐야 할 이유가 바로 여기에 있다. 실제로 2000년대 이후 설탕, 커피 등 다양한 독과점 산업에서 담합 행위가 지속적으로 적발되었다.

담합이 빈번히 일어나는 이유는 독과점 시장이라는 것과 담합에 대한 처벌이 솜방망이 수준에 그치고 있기 때문이라는 지적이 많다. 담합이 시장 경제 체제를 흔들 수 있는 만큼 이를 사전에 방지할 수 있도록 법적·제도적 장치가 마련되어야 할 것이다.

단어

시장 경제	기호	거래되다	점유율	육박하다	보장	남용하다	극대화하다
진입	침해하다	가로채다	암적	지속적	적발	처벌	솜방망이

내용 이해

1. 맥주나 커피를 구매할 때 소비자의 선택권이 제한될 수밖에 없는 이유는 무엇입니까?

2. 독과점 시장을 지배하는 업체들이 제품 개발과 가격 결정에 각각 어떤 태도를 보이고 있는지 설명해 봅시다.

3. 담합이 다음의 경제 주체에 미치는 부정적인 영향에 대해서 정리해 봅시다.

담합이 경제 주체에 미치는 부정적인 영향	
정부	
타 기업	
소비자	

4. 독과점 시장에서 담합이 발생할 가능성이 큰 이유를 설명해 봅시다.

5. 최근 담합이 빈번하게 일어나는 원인을 두 가지로 나누어 설명해 봅시다.

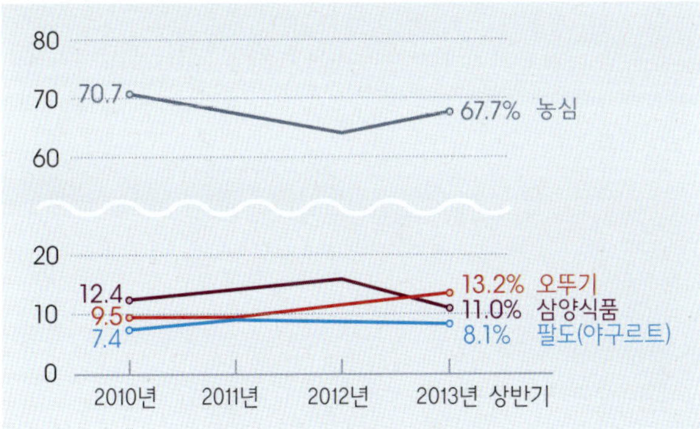

▌라면 시장 점유율 변화

쓰기

⊙ 각국에서 독과점 시장 품목에 어떤 것들이 있으며, 시상을 지배하는 업체에 대한 소비자들의 인식이 어떠한지 써 봅시다.

제10과

무역과 국제 관계

선행 학습 목록

1. 세계 경제 뉴스
2. 각국의 주요 무역 상품
3. 자유무역협정의 득과 실
4. 공정 무역 상품

주 제	세계 경제 동향
어 휘	경제 상식 관련 어휘
문 법	① -(으)면 모를까 ② -기(가) 일쑤(이)다 ③ -(ㄴ/는)다면야
활동 과제	경제 활동 체험 보고서 작성 및 발표하기

도입

01 다음 신문 기사의 제목을 참고하여 경제 문제에 대해 이야기해 봅시다.

02 다음 표를 참고하여 각국의 주요 무역 상품에 대해 이야기해 봅시다.

주요 수입품	주요 수출품
농수산물, 생필품, 식료품, 원자재(원유, 석탄, 철광석 등)	반도체, 선박, 자동차, 무선 통신 기기, 철강 제품

▌대한민국의 주요 수출품과 수입품

대화문

MP3 **10-1**

제니: 요즘 TV를 보고 있으면 경제 위기라는 게 실감이 나더라고요. 세계 경기 둔화, 기업 연쇄 부도 등 부정적인 뉴스가 봇물 터지듯이 쏟아져서 어떨 때는 TV를 꺼 버리고 싶은 심정이라니까요.

한솔: 불황일수록 경제에 더 관심을 가져야 한다고 봐요. 경제 상식은 생활의 나침반일 뿐만 아니라 재테크의 토대가 되기도 하니까요.

제니: 경제 용어라도 알고 있으면 모를까 기초적인 개념조차 몰라서 경제 공부를 어떻게 시작해야 할지 모르겠어요.

한솔: 경제에 대해서 알고 싶다면 경제 신문을 읽는 게 가장 좋죠. 하지만 너무 어려운 것부터 시작하면 포기하기 일쑤니까 일단 일반 신문의 경제면을 훑어보는 것으로 경제 공부를 시작해 보는 게 어때요?

제니: 한번 노력해 볼게요. 말이 나온 김에 물어볼 게 있는데요. 요즘 뉴스에서 자주 언급되는 FTA가 뭐예요?

한솔: 아, 자유무역협정 말이군요. 영문 머리글자를 따서 FTA라고 부르는데요. 특정 국가 간의 무역을 증진시키기 위해서 체결하는 협정이에요.

제니: 그렇다면 그 협정이 어떻게 체결되느냐에 따라 국가 산업의 향방이 결정될 수도 있겠네요.

한솔: 와, 제니 씨도 제법인데요. 이렇게 처음에는 용어도 어렵고 해서 기사를 이해하기가 쉽지 않겠지만 읽다 보면 하나하나 알아 가는 재미가 쏠쏠할 거예요. 저도 취업 때문에 경제 신문을 읽기 시작했지만 지금은 신문을 봤다 하면 경제 기사에 먼저 눈이 가요.

제니: 한솔 씨 말대로만 된다면야 경제에 관한 한 까막눈 신세는 면할 수 있을 거란 생각이 드네요.

단어						
둔화	연쇄	부도	나침반	훑어보다	언급되다	증진
체결하다	협정	향방	제법이다	까막눈	신세	면하다

알아두기

FTA (Free Trade Agreement, 자유무역협정): 특정 국가 간의 상호 무역 증진을 위해 물자나 서비스 이동을 자유화시키는 무역 협정이다. 나라와 나라 사이의 무역 장벽을 완화하거나 철폐하여 무역 자유화를 실현하기 위한 다양한 정책들을 포함하고 있다.

내용 이해

1. 최근의 경제 위기를 보여주는 뉴스에는 어떤 것들이 있습니까?

2. 불황기에 경제에 더 관심을 가져야 하는 이유는 무엇입니까?

3. FTA가 무엇인지 설명해 봅시다.

4. 국가 경제 정책과 관련하여 FTA가 중요한 이유는 무엇입니까?

토의와 토론

1. 다음은 현재까지 한국과 FTA를 체결한 국가(현재 2014년 기준)입니다. 여러분 나라의 경우는 어떤지 말해 봅시다.

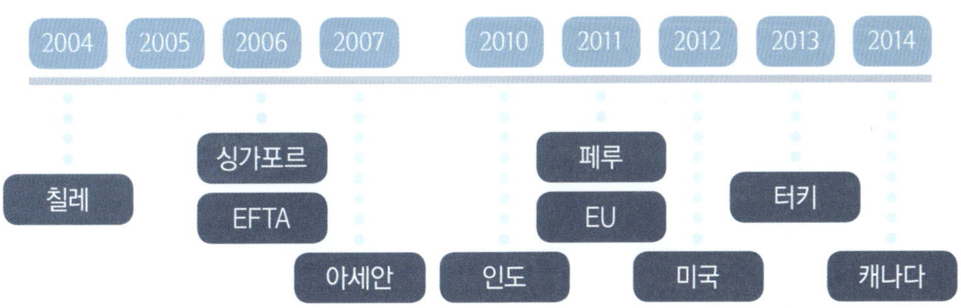

2. 최근 국가 간 자유무역협정 체결이 활발해지면서 이에 대한 찬반 논쟁이 벌어지고 있습니다. 다음을 참고하여 이에 대해 어떻게 생각하는지 자신의 의견을 말해 봅시다.

주 장	자유무역협정에 찬성한다.	자유무역협정에 반대한다.
논 거	개방화, 세계화 등 세계 경제 흐름에 동참하고 국가 경제를 발전시키기 위해서	국가 간 경제 수준의 차이로 인한 폐해를 막고 자국의 산업을 보호하기 위해서

경제 상식			
경제 활동 경제 지표 경기 부양책 경제 성장률	수요와 공급 시장 경제 계획 경제 경제 정책	자유 무역 보호 무역 경상 수지 흑자와 적자	경제 기구 G7, G20 WTO(세계무역기구) OECD(경제협력개발기구)

1. 다음에서 서로 관련 있는 것들을 찾아 짝지어 보고 그 관계를 설명해 봅시다.

경제 기구 ·	· OECD
경상 수지 ·	· 가격 결정
경제 정책 ·	· 경기 부양책
수요와 공급 ·	· 흑자와 적자

2. 다음에 주어진 설명과 관계가 있는 것을 위 단어 목록에서 찾아 봅시다.

경제에는 생산, 소비, 고용, 무역, 금융 등 무수한 영역이 포함되어 있다. 그만큼 경제 상황을 나타내는 방식이 다양할 수밖에 없다. 이것은 현재의 경제 상황을 확인하고 미래를 예측하는 근거가 된다. 그러므로 투자자라면 향후의 경기를 전망하기 위해서 이것을 먼저 따져볼 필요가 있다.

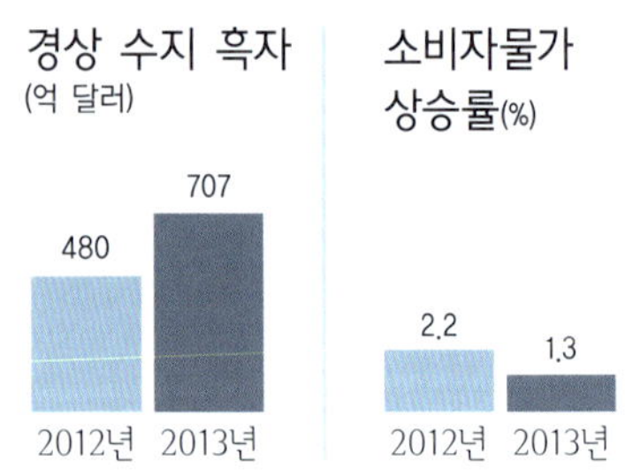

3. 위에 제시된 단어를 사용하여 글을 완성해 봅시다.

경제, 문화, 사회 등 여러 분야에서 국가 간 교류가 증대하고 상호 간에 많은 영향을 주고받을수록 나라 사이의 수입과 수출을 방해하는 장벽은 허물어지기 마련이다. 한편 ① __________와/과 같은 경제 선진국에서는 보통 ② __________을/를 선호하나 산업이 충분히 발달하지 않은 개발도상국에서는 ③ __________을/를 실시하는 경우가 많다.

길라잡이
① 7개국 재무장관 회의.
② 국가가 무역에 간섭하지 않는 무역 정책.
③ 대외 무역에 간섭하여 국내의 생산품을 보호하고자 하는 무역 정책.

표현 제시와 연습

1	-었/았다 하면	-(으)ㄴ 게 아닌가 싶다
	제자리걸음이다	-(ㄴ/는)다는 인식이 확산되다

1. 목록 1에서 알맞은 표현을 골라 밑줄 친 부분을 바꿔 말해 봅시다.

    1) 아무리 노력을 해도 성적이 전혀 올라가지 않고 있다.

    2) 웃어른이라도 아랫사람을 무시하는 것은 잘못됐다고 생각한다.

    3) 우리 이모는 돈 씀씀이가 커서 쇼핑을 할 때마다 수십만 원을 쓰곤 한다.

    4) 선거의 중요성이 부각되면서 투표를 반드시 해야 한다고 생각하는 사람들이 많아졌다.

2	에 먼저 눈이 가다	-(ㄴ/는)다는 게 실감이 나다
	큰 비중을 차지하다	에 따라 ~ 의 향방이 결정되다

2. 목록 2에서 알맞은 표현을 골라 다음 대화를 완성하여 말해 봅시다.

    1) 가: 요즘 사교육비에 대한 부담이 여간 큰 게 아니라면서요?

        나: (가계비 지출에서 가장) ________________ 자녀 교육비잖아요.

    2) 가: 왜 그렇게 제 머리를 빤히 쳐다보고 있어요?

        나: 직업이 미용사이다 보니 사람을 만나면 (머리 모양) ________________.

    3) 가: 오늘 유난히 경기장에 관중이 많다 싶은데요?

        나: (이번 경기 결과) ________________ (대회 우승) ________________.

    4) 가: 정말 오랜만에 고향을 방문하는 건데, 기분이 어때요?

        나: 별 느낌이 없었는데, 비행기 표를 사고 나니 (고향으로 돌아가다) ________________.

3. 대화 상황을 떠올리면서 여러 가지 표현으로 대화해 봅시다.

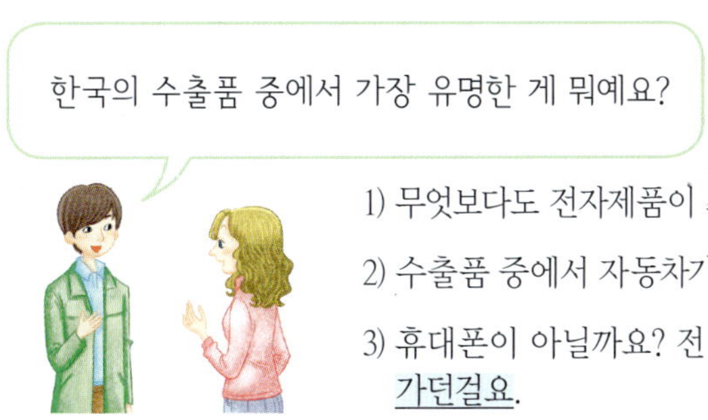

1) 무엇보다도 전자제품이 최대 수출품이 아닌가 싶어요.

2) 수출품 중에서 자동차가 가장 큰 비중을 차지하고 있을 걸요?

3) 휴대폰이 아닐까요? 전 휴대폰을 살 때마다 한국 제품에 먼저 눈이 가던걸요.

문법 제시와 연습

1. -(으)면 모를까

- 용법: 예외적인 경우에는 달라질 수 있지만 현재 상황에서는 그럴 수밖에 없음을 강조하며 말할 때 사용한다. 앞 절에는 예외적인 경우를 가정하여 적고 뒤 절에는 실제 상황을 적는다.
- 비교: -(으)면 몰라도
- 예문: 가격이 싸**면 모를까** 디자인도 평범해서 상품성이 없을 것이다.
  계획 경제**라면 모를까** 시장 경제 체제에서는 미래를 정확하게 예측하기 어렵다.

1. 다음을 '-(으)면 모를까'를 사용하여 연결해 봅시다.

(1) 사고가 나다 · · (가) 지하철은 운행 시간을 어기는 경우가 거의 없다.

(2) 복권에 당첨되다 · · (나) 지금 내 월급으로는 대출금을 갚기가 쉽지 않다.

(3) 면역력이 강하다 · · (다) 현재로써는 주식 투자에 대한 전망이 비관적이다.

(4) 경제 지표가 호전되다 · · (라) 누구든지 해마다 독감 예방 주사를 맞는 것이 좋다.

2. 다음 보기처럼 대화해 봅시다.

가: 정부 발표로는 소비자물가지수의 상승 폭이 둔화되었다던데 정말 그럴까?
(월급이 대폭 오르다)

나: 월급이 대폭 오르**면 모를까** 체감 경기는 별반 다르지 않을걸.

(1) 올해 경상 수지가 적자라고 하던데, 흑자로 전환시킬 수 없을까? (보호 무역을 시행하다)

(2) 앞으로의 경기를 어떻게 전망하십니까? (정부가 경기 부양책을 마련하다)

(3) FTA 체결로 수입 과일이 많이 들어왔는데도 국내산 과일이 여전히 인기네요.

(4) 긴 장마와 폭염으로 농산물 생산에 차질이 생겼다는데 물가가 또 오르지 않을까요?

3. 다음 글을 완성해 봅시다.

시장에서의 가격은 수요와 공급에 의해 결정되는데 이를 수요와 공급의 법칙이라고 한다. 간혹 특정 시기에 어떤 상품의 가격이 상승하는 경우가 있는데, 이 법칙에 따르면, 가격 상승은 상품을 사려는 수요가 공급보다 많기 때문이다. 이럴 경우 ____________________(으)면 모를까 바로 가격이 인하되지는 않는다.

4. '-(으)면 모를까'를 사용하여 현재 상황에서는 그럴 수밖에 없음을 나타내는 문장을 만들어 봅시다.

✎ ____

2. -기(가) 일쑤(이)다

- 용법: 바람직하지 못한 상황이 자주 반복되어 일어남을 말할 때 사용한다. 보통 앞 절에 그런 일이 반복되는 이유나 상황적 조건을 적는다.
- 비교: -곤 하다, -기 십상이다
- 예문: 유가가 오르면 물가도 오르**기 일쑤다**.
  계약직 직원들은 고용이 불안정하다 보니 해고당하**기 일쑤다**.

1. 다음을 '-기(가) 일쑤(이)다'를 사용하여 연결해 봅시다.

(1) 건망증이 심한지라 ·	· (가) 물건을 두고 나오다
(2) 기계가 노후 되어서 ·	· (나) 전기 요금 연체료를 내다
(3) 납부 기한을 잊어버려서 ·	· (다) 회사 상사에게 야단맞다
(4) 일 처리를 깔끔하게 못 해서 ·	· (라) 장시간 작동시키면 멈춰 버리다

2. 다음 보기처럼 대화해 봅시다.

가: 올해에는 수출을 많이 했는데도 경상 수지가 적자래요. (환율이 높지 않다)
나: 환율이 높지 않으면 수출량이 많더라도 적자를 보**기 일쑤예요**.

(1) 개미 투자자들만 주식 투자에 실패하는 이유가 뭘까요? (경제 정보에 밝지 않다)
(2) 수입품은 품질 면에서 국산과 큰 차이가 없는데 가격은 너무 비싸다 싶어요. (관세가 붙다)
(3) 세계적인 불황 때문인지 대부분의 경제 정책이 실패로 돌아갔다네요.
(4) 충분한 논의 없이 경기 부양책을 내놓다 보니 부작용이 한둘이 아니네요.

3. 다음 글을 완성해 봅시다.

어느 나라건 수출은 장려하고 수입은 억제하려는 경향이 있다. 특히 국내 산업이 취약할 경우에는 이를 지키기 위해 관세나 검역 등의 방법을 통해 무역 상대국으로부터의 수입량을 줄이려고 노력한다. 그러나 그 정도가 너무 지나치면 ____________________기 일쑤다. 이러한 국제적인 무역 분쟁은 WTO(세계무역기구)에서 조정하기도 한다.

4. '-기(가) 일쑤(이)다'를 사용하여 자주 일어나는 일에 대한 문장을 만들어 봅시다.

✎ ____

3. -(ㄴ/는)다면야

- 용법: 조건만 충족된다면 어떤 일이 당연히 가능함을 말할 때 사용한다. 앞 절에는 뒤에 이어지는 내용이 벌어질 수 있는 상황적 조건을 적고 뒤 절에는 충분히 예상되는 일이나 행동을 적는다.
- 비교: 만 -(ㄴ/는)다면
- 예문: 경제 지표가 좋아**진다면야** 투자가 훨씬 늘어날 것으로 전망된다.
  취약 산업을 보호할 대책만 마련**된다면야** 그 협정에 반대하지 않을 것이다.

1. 다음을 '-(ㄴ/는)다면야'를 사용하여 연결해 봅시다.

(1) 스펙이 좋다 · · ㈎ 취업하는 데 문제가 없어요.
(2) 비만 내리지 않다 · · ㈏ 상품이 단종되지 않을 거예요.
(3) 승용차 요일제를 의무화하다 · · ㈐ 지금보다 매연을 줄일 수 있겠죠.
(4) 시장에서 소비자의 반응만 좋다 · · ㈑ 행사가 차질 없이 진행되리라 봅니다.

2. 다음 보기처럼 대화해 봅시다.

가: 세계적인 경제 위기가 다시 올 수 있다는데 걱정이 이만저만이 아니에요.
(정부가 경제 정책을 잘 펴다)
나: 정부가 경제 정책을 잘 편**다면야** 경제 위기를 무사히 넘길 수 있지 않겠어요?

(1) 벌써 몇 달째 파업 중인데 언제쯤 끝날까요? (노사 간 협상만 타결되다)
(2) FTA 체결로 국내 농수산 시장이 큰 타격을 입지 않을까 걱정되네요.
(피해를 최소화할 정부의 대책이 마련되다)
(3) 해외 업무팀이 작년에는 실적이 저조했는데, 올해는 좀 나아질까?
(4) 소비자들이 브랜드 인지도가 낮은 상품을 선뜻 구매할까 모르겠네요.

3. 다음 글을 완성해 봅시다.

빅맥 지수는 '맥도날드'의 햄버거인 '빅맥'이 세계적으로 품질과 크기 및 재료가 표준화되어 있다는 점에 착안하여 개발되었다. 이것은 통화의 실질 구매력과 물가 수준을 평가하는 데 사용된다. 어떤 상품이든지 빅맥처럼 ______________________(ㄴ/는)다면야 빅맥 지수를 대신할 새로운 지수를 만들 수 있을 것이다.

4. '-(ㄴ/는)다면야'를 사용하여 일이 이루어지기 위한 조건에 대한 문장을 만들어 봅시다.

✎ ____

듣고 말하기 1

MP3 **10-2**

다음을 보고 가뭄과 물가 상승과의 관계를 말해 봅시다.

가뭄 ➡ 흉년 ➡ 콩(돼지의 사료) 값 상승 ➡ 돼지 고기값 상승 ➡ 물가 상승

내용 이해

1. '나비효과'에 대한 설명으로 맞으면 ○, 틀리면 × 하십시오.

   ① 기상 현상을 설명하는 과정에서 유래한 말이다. (　　)

   ② 인터넷의 발달로 나비효과는 더 강력한 힘을 발휘하게 되었다. (　　)

   ③ 중국 남부 지역의 폭설은 나비효과 때문에 발생하였다. (　　)

   ④ 나비효과는 국가 간 상호 협력과 의존도에 비례한다. (　　)

2. '나비효과'의 예를 순서에 맞게 빈칸에 알맞은 말을 쓰십시오.

   ① 폭설 ➡ ② 중국 석탄 생산 (　　　　) ➡ ③ 중국 석탄 수출 (　　　　)
   ➡ ④ 석탄의 국제 가격 (　　　　) ➡ ⑤ 철강, 조선, 자동차 등의 제품 가격 (　　　　)

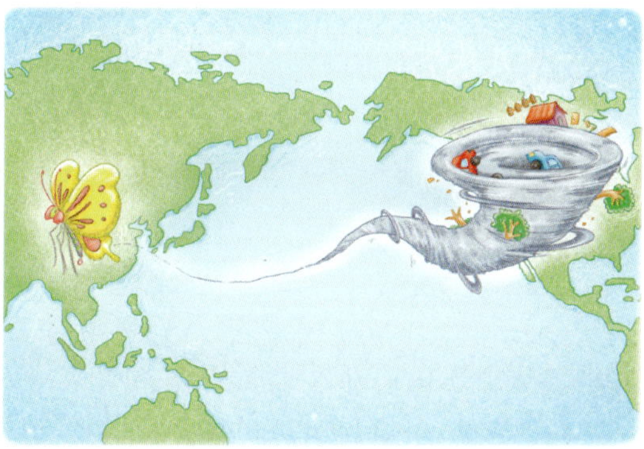

말하기

⊙ 다음은 세계 경제에 큰 영향을 미친 '나비효과'의 실례입니다. 다음과 같이 '나비효과'로 설명할 수 있는 사회 현상에 대해 말해 봅시다.

원인		과정		결과
2006년 중국 정부 우유 소비 권장	➡	중국 내 우유 소비량 급증	➡	세계 우유 가격 상승 세계 유제품 가격 상승
2007년 아르헨티나 홍수	➡	아르헨티나 옥수수 생산 차질	➡	국제 옥수수 가격 상승 국제 곡물 가격 상승

듣고 말하기 2

MP3 **10-3**

G20에 포함된 국가들을 확인해 봅시다.

내용 이해

1. G20은 어떻게 구성되어 있습니까?

(　　　) 7개국	+	(　　　) 12개국	+	유럽연합

2. G20에 속한 국가들이 세계에서 차지하는 인구 및 경제 규모는 얼마나 됩니까?

인구	
경제 규모	

3. G20에 대한 설명으로 맞는 것은 ○, 틀린 것은 × 하십시오.

① 세계 경제 문제를 논의하고 해결하기 위한 국제기구이다. (　　)

② 'G'는 'global'의 머리 글자이고, 20은 20개국을 뜻한다. (　　)

③ 아시아 외환 위기를 계기로 1999년에 G20이 구성되었다 . (　　)

④ 신흥 경제국은 G20에 가입함으로써 세계 경제에서 큰 비중을 차지하게 되었다. (　　)

말하기

⊙ WTO나 OECD와 같은 경제협력기구가 필요한 이유를 다음 제시어를 사용하여 말해 봅시다.

경제 성장 촉진	개발도상국 지원	무역 분쟁 조정

듣고 말하기 3

다음 제시어를 보고 식량 자급률이 떨어지면 발생할 수 있는 현상에 대해서 이야기해 봅시다.

식량 가격　　가정 경제　　수출입　　국제 관계

내용 이해

1. 한국의 식량 자급 현황에 대한 설명으로 틀린 것은 무엇입니까?
   ① 식량 자급률이 1970년대에 비해 절반 이상 감소하였다.
   ② 현재 밀가루는 국내에서 생산되지 않고 있는 상황이다.
   ③ 정부에서는 주식인 쌀의 생산량 중 90% 이상을 수출하고 있다.
   ④ 잡곡류는 국내산보다는 수입품이 상대적으로 많은 것으로 조사되었다

2. 최근 한국의 식량 자급률이 급락하게 된 주원인은 무엇입니까?

✎ ______________________________

3. 식량 수입에 대한 의존도가 높아질 경우, 우려되는 바는 무엇입니까?

✎ ______________________________

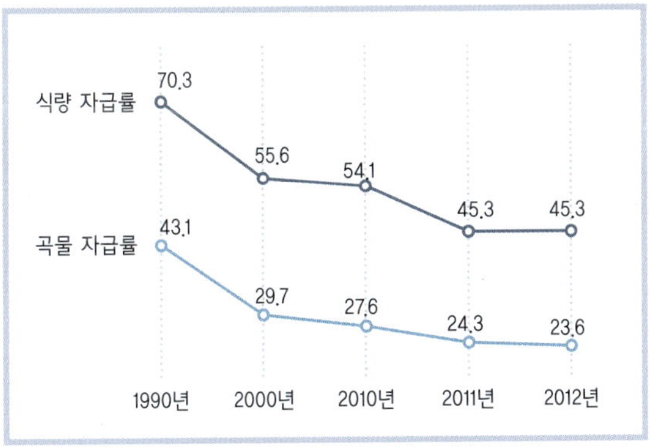

▌한국의 식량 자급률

말하기

⊙ 최근 자국의 천연자원을 무기화하여 국제 관계에 활용하는 경우가 빈번히 발생하고 있습니다. 식량도 이러한 방식으로 악용될 수 있을지에 대해서 말해 봅시다.

보통, 4000원에 팔리는 커피 한 잔의 원가가 200원을 넘지 않는 것으로 조사되었습니다. 커피 판매 수익을 커피콩 생산자와 유통업자, 판매자가 각각 어떤 비율로 나누는 것이 합리적인지 이야기해 봅시다.

공정 무역 커피

커피콩은 적도를 중심으로 남북위 25도 사이에서 주로 생산되는데, 그 이유는 기후나 강수량, 토질 등의 까다로운 생산 조건을 만족하는 곳이 바로 이 지역이기 때문이다. 이처럼 커피콩은 세계적으로 생산지가 한정되어 있어 무역을 통해 전 세계로 유통되는데, 세계 교역량이 석유에 이어 2위를 차지하고 있을 정도이다.

전 세계의 각지로 유통된 커피콩은 커피를 만드는 재료가 되는데, 현대 사회에서 커피는 기호 식품을 넘어 생활필수품으로 자리를 잡은 지 오래다. 현재 커피의 일일 소비량은 25억 잔에 이르는데, 이 수치로만 본다면 커피콩을 생산하고 있는 지역의 농가들의 소득이 엄청날 듯싶지만 실상은 그렇지가 않다. 소비자가 커피 한 잔을 마시면서 내는 돈 가운데 커피콩을 생산하는 농가의 몫으로 돌아가는 것은 고작 0.5%에 불과하다.

그렇다면 커피를 사 마시면서 소비자가 내는 그 돈은 어디로 갔을까? 커피 판매 이윤의 99%는 대부분 다국적 기업인 가공업자와 판매업자, 중간상인이 차지한다. 이러한 이유로 전 세계적으로 커피가 대량 생산되고 많이 팔리고 있는 것은 맞지만 커피콩을 재배하는 농민들의 삶은 제자리걸음이다.

이처럼 불합리한 이윤 분배에 반대하여 등장한 것이 공정 무역이다. 공정 무역이란 적정한 수익을 커피콩 농가에 돌려주기 위해 공정한 가격에 상품을 구입하는 거래 시스템을 말한다. 공정 무역을 통해 유통되는 커피는 제값을 치르고 거래한다는 뜻의 공정 무역 커피 혹은 선한 취지로 판매된다는 의미로 일명 착한 커피라고도 불린다.

그러나 공정 무역은 이상적인 해결책인 것처럼 보이지만 현실에서는 효력을 발휘하지 못하는 듯하다. 보통 소비자들은 커피콩 농가에 제 몫을 돌려주기 위한 공정 무역에 동감하며 공정 무역 커피를 기꺼이 사겠다고 말한다. 하지만 막상 구입할 때에는 이런 제품을 외면하기 일쑤다. 이런 현상을 '30:3 현상'이라고 하는데, 이것은 소비자의 30%가 물건을 살 때 제조, 판매업체의 사회적 책임 정책을 고려한다고 말하지만 실제로 그런 제품의 시장 점유율은 3% 미만에 그치고 있음을 뜻한다.

이 같은 현상의 원인은 소비자들의 공정 무역에 대한 인식이 부족하고 또 공정 무역을 표방한 제품이 정말 '착한' 제품인지를 확신하지 못하는 데에 있다. 따라서 공정 무역의 진정한 성공을 위해서는 이에 대한 인식을 높이고 상품에 대한 소비자의 의심을 해소해 주어야 한다는 의미이다. 이러한 노력의 결과가 공정 무역 상품에 대한 소비자들의 적극적인 구매로 이어진다면야 대기업과 다국적 기업의 행태에도 틀림없이 변화가 생길 것이다. 이들이 가장 두려워하는 것은 결국 소비자들의 반응이기 때문이다.

단어						
적도	남북위	토질	교역량	실상	고작	가공업자
제자리걸음	분배	공정	취지	효력	표방하다	행태

내용 이해

1. 커피콩의 생산지가 다음 지도에서 보는 바와 같이 일부 지역에 한정되어 있는 이유는 무엇입니까?

▮ 커피콩 생산지

2. 보통 사람들이 커피콩 생산 농가의 소득이 높을 것이라고 생각하는 이유는 무엇입니까?

3. 공정 무역 커피가 탄생하게 된 배경은 무엇입니까?

4. '착한 커피'에서 '착하다'의 의미는 무엇입니까?

5. 30:3 현상이 나타나는 원인은 무엇입니까?

공정 무역 상품

쓰기

⊙ 공정 무역의 효과에 대해 자신의 생각을 써 봅시다.

다음 제시된 단어를 보고 가장 먼저 떠오르는 브랜드는 무엇입니까?

자동차　　전자 제품　　커피　　햄버거　　휴대전화　　운동화

브랜드 가치

오래전 미국에서 코카콜라와 펩시콜라의 브랜드를 가린 채 소비자들에게 두 종류의 콜라를 마시게 한 뒤에 더 맛있는 것을 선택하도록 하는 실험이 있었다. 실험 결과 많은 참가자가 펩시콜라를 선택했다. 그런데 소비자들에게 브랜드를 보여 주며 더 맛있는 쪽을 선택하게 하자 참가자 대부분이 코카콜라를 선택했다. 이 실험은 소비자들이 콜라의 맛뿐만 아니라 회사의 이미지도 함께 소비한다는 것을 보여주는 사례다.

코카콜라가 전 세계적으로 알려진 것은 1928년 암스테르담 올림픽 때부터이다. 당시 코카콜라는 미국 대표팀에 코카콜라를 무료로 제공했는데 코카콜라는 곧 대회장에서 높은 인지도를 얻게 되었으며 이 일을 계기로 유명세를 타면서 세계적으로 알려지게 되었다.

소비자 중 절반 이상은 올림픽이나 월드컵 후원 업체를 업계 최고 기업이나 세계 인류에 공헌하는 기업으로 인식한다는 조사 결과가 있다. 이 때문에 코카콜라뿐만 아니라 맥도날드, 나이키, 아디다스와 같은 세계적인 기업들이나 한국의 삼성, 현대자동차 등도 회사 브랜드를 전 세계에 널리 알리기 위해 국제적인 스포츠 대회의 공식 후원사로 적극적으로 나서고 있다.

미국의 인터브랜드가 발표한 '베스트 글로벌 브랜드'에 따르면, 2014년을 기준으로 전 세계에서 가장 가치가 높은 브랜드는 '애플'로 그 가치만 약 1189억 달러에 달한다고 한다. 이처럼 오늘날은 브랜드가 단순 상표를 넘어 가치로 환산되는 시대이다. 상품을 선택할 때 브랜드가 고려된다는 것을 아는 많은 회사는 브랜드 가치를 높이는 데 힘을 쏟고 있다. 경쟁력 있는 브랜드를 개발하기 위해 투자를 아끼지 않고 회사 이미지가 떨어지지 않도록 품질 관리에 최선을 다한다.

공급이 수요를 넘어선 시대에서 소비자는 많은 제품 중에서 자신의 기호에 맞는 제품을 고르고 기업은 그러한 소비자를 두고 경쟁을 한다. 넘쳐 나는 상품 속에서 소비자가 일일이 품질을 따져가며 선택할 수 있으면 모를까 현실적으로 그것이 불가능하기 때문에 소비자 입장에서는 유명한 브랜드가 곧 좋은 품질을 보증한다는 인식이 있을 수밖에 없다. 현시대의 소비자는 일등 제품이 아니라 일등 브랜드를 선택한다는 관점에서 브랜드가 곧 판매로 연결되는 것이다. 브랜드가 매출 신장의 중요한 요소로 등장한 만큼 일류 기업이 되기 위해서는 좋은 제품뿐만 아니라 그에 걸맞은 최고의 브랜드를 만들기 위한 특별한 전략이 필요할 것이다.

단어

인지도	계기	유명세	후원	공헌하다	달하다
환산	넘쳐나다	보증	걸맞다	신장	전략

내용 이해

1. 코카콜라와 펩시콜라의 블라인드 테스트 결과와 브랜드를 표시한 후 실험한 결과는 어떻게 달랐습니까?

실험 상황	결과
블라인드 테스트	
브랜드 표시 후 테스트	

2. 위 실험 결과로 알 수 있는 사람들의 소비 성향은 어떻습니까?

3. 기업들이 국제적인 스포츠 대회의 공식 후원사로 적극 나서는 이유는 무엇입니까?

4. 브랜드의 가치를 높이기 위해 기업들은 어떤 노력을 하고 있습니까?

5. 소비자들이 브랜드와 품질을 동일시하는 이유는 무엇입니까?

순위	브랜드
1	Apple
2	Google
3	Coca-Cola
4	IBM
5	Microsoft
6	General Electric
7	Samsung
8	Toyota
9	McDonald's
10	Mercedes-Benz

2014년 베스트 글로벌 브랜드 〈출처: 인터브랜드〉

쓰기

⊙ 각국에서 최고의 가치를 지니고 있는 브랜드들을 소개하는 글을 써 봅시다.

활동 과제 - 경제 활동 체험

개요

서울 시내에 있는 재래시장을 선택하여 탐방하되 제한된 금액으로 가격 흥정을 하거나 덤을 얻는 등 경제 활동을 체험해 본다. 체험한 내용을 보고서로 작성하고 PPT로 제작하여 발표한다.

1. 활동 순서

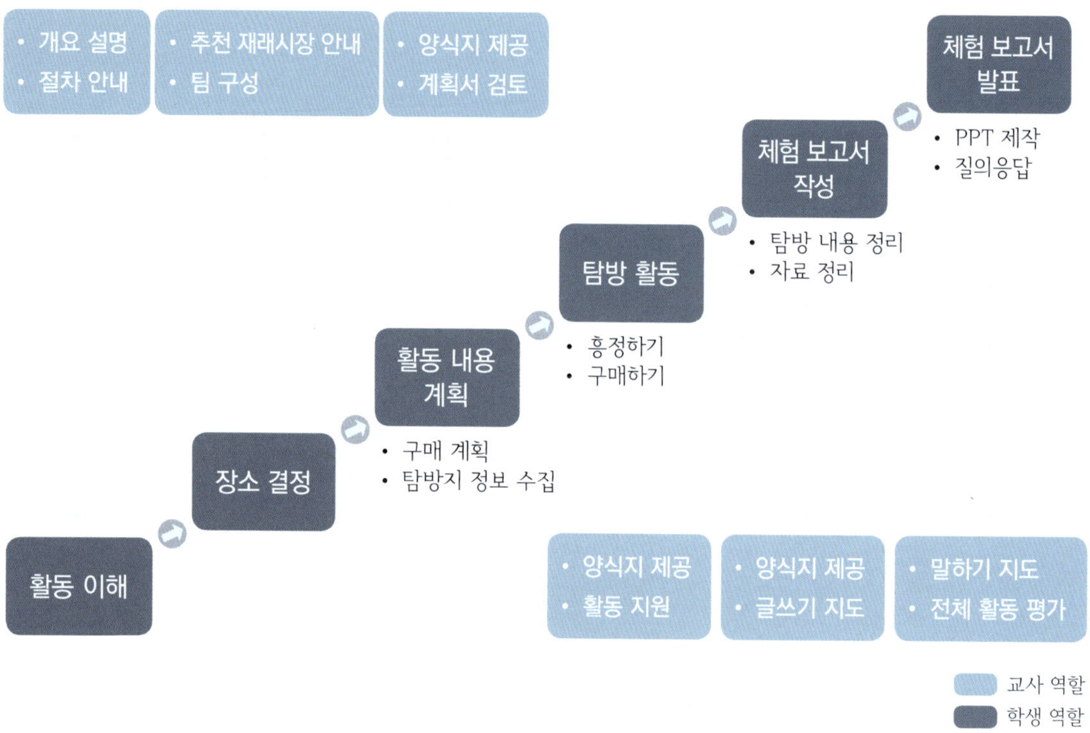

1) 경제 활동 체험의 목표와 절차를 이해한다.

2) 서울 시내에 있는 재래시장 중에서 흥미가 있는 곳을 탐방지로 선택한다.

3) 관심 있는 재래시장을 정한 후 같은 장소를 선택한 사람끼리 한 팀이 되어 체험 계획서를 작성한다.
   - 탐방할 재래시장의 특징 조사
   - 제한된 금액으로 할 수 있는 활동 조사
   - 흥정할 때 필요한 어휘와 표현 숙지

4) 체험 계획서에 맞추어 탐방을 실행한다.
   - 재래시장을 꼼꼼하게 둘러보며 조사한다.
   - 체험 보고서나 PPT에 실을 사진들을 찍는다.
   - 원하는 물건을 고른 후 흥정을 한다.
   - 에누리를 하거나 덤을 얻는다.

5) 체험한 내용을 바탕으로 보고서를 작성한다.

6) 보고서의 내용을 PPT로 작성하여 발표한다.

2. 추천 재래시장 선정 요건

1) 가 볼만한 가치가 있는 곳

2) 접근성이 좋고 특징이 있는 곳

3) 자신의 흥미와 요구에 부합되는 곳

<추천 재래시장 목록>

	장소	특징
1	동대문 제일평화시장	의류 및 각종 액세서리 점포가 밀집되어 있는 도·소매 시장
2	동묘 벼룩시장	생활용품을 비롯하여 옷, 골동품 등 온갖 물건들을 파는 벼룩시장
3	서울 풍물시장	전통적인 생활용품과 민속 먹거리, 토속 상품을 만날 수 있는 곳
4	황학동 만물시장	골동품을 비롯하여 주로 중고 물품을 취급하는 곳
5	통인시장	시장을 돌아다니면서 마음대로 반찬을 고를 수 있는 도시락 카페가 유명한 곳

3. 체험 보고서 양식

제목	______________________ 이름 ________
서론	1. 체험 동기 - 체험 동기 및 목적과 함께 체험 장소, 시간, 구매 계획 등을 밝힌다.
본론	2. 체험 및 활동 내용 - 체험지의 특징을 설명하고 구매 과정을 상세히 설명한다.
결론	3. 소감 - 체험 후 소감과 의견을 덧붙인다.

제11과

한반도의 정세

선행 학습 목록

1. 남북한의 정치 체제
2. 남북한과 이해 관계국
3. 한국의 역대 대통령
4. 각국의 병역 제도

주 제	남북 관계와 통일에 대한 전망
어 휘	남북 관계 관련 어휘
문 법	① -(ㄴ/는)다 뿐이지 ② -는 한이 있더라도 ③ -건대
활동 과제	한반도 및 지구촌 문제에 대해 토론하기

도입

01 다음 표를 참고하여 남북한의 상황을 비교해 봅시다.

비고	북한	남한	북/남 비율(%)
인구(백만)	23.3	47.9	47.9
GDP(10억 달러)	24.7	2.7	2.7
1인당 GDP(달러)	1,060.5	19,105.6	5.6
전체교역량(10억 달러)	3.8	857.3	0.4
수출	1.1	422	0.3
수입	2.7	435.3	0.6

▌남북한 경제 지표 비교

2010년 기준
〈출처: 경제협력개발기구〉

02 다음 표를 참고하여 한국 국민들의 남북통일에 대한 생각을 알아봅시다.

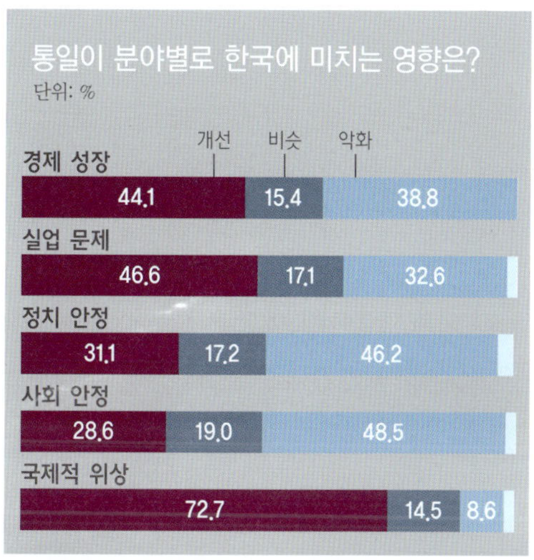

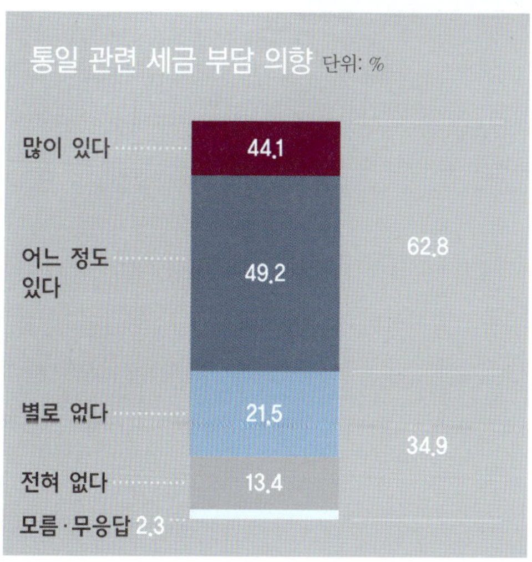

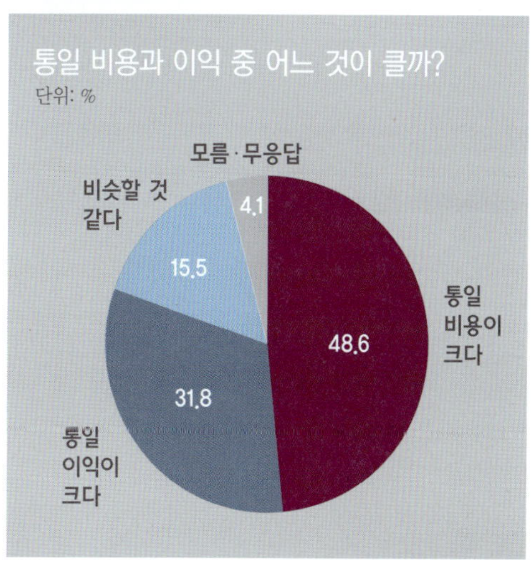

〈출처: 조선일보〉

▌2013년 통일 의식 조사 결과

대화문

MP3 **11-1**

사회자: 이제까지 한반도를 둘러싼 이해 관계국에 대한 이야기를 해 보았는데요. 다음은 최근의 남북 관계에 대한 의견을 들어보도록 하겠습니다.

대담자1: 요즘 남북 관계가 안 좋아지면서 한반도의 위기감이 높아지고 있습니다. 휴전선 인근에서 불미스러운 사건도 부쩍 늘었고요. 핵 문제만 하더라도 벌써 십수 년이 지나도록 해결될 기미조차 보이지 않고 있지요.

대담자2: 저는 생각이 좀 다른데요. 최근 여러 민감한 문제들이 꼬이면서 정부 차원에서의 남북 대화가 잠정적으로 중단되었다 뿐이지 인도주의적 차원에서의 민간 교류는 여전히 활발히 이루어지고 있지요. 그리고 남북 당국 간 대화는 머지않아 재개될 거라고 봅니다.

사회자: 남북 관계에 대해서는 두 분의 시각이 다소 다른 것 같은데요. 통일에 대해서는 어떻게 전망하십니까?

대담자1: 통일 문제와 남북 관계는 불가분의 관계라고 볼 수 있는데요. 남북 관계가 단순하지 않듯이 통일에 대한 국민들의 의견이 분분한 것이 사실이고 그만큼 신중하게 접근해야 한다고 봅니다.

대담자2: 저도 그 점에 대해서는 같은 생각입니다. 전쟁과 분단으로 인해 생이별한 이산가족들의 입장을 생각하면 하루라도 빨리 통일이 돼야겠지만 통일 후 일어날 수 있는 현실적인 문제들에 대해 미리 대비할 필요가 있습니다.

대담자1: 그런 점에서 독일 통일이 시사하는 점은 크다고 생각됩니다. 특히 통일 과정에서 발생한 통일 비용이나 사회적 통합 문제는 우리에게 좋은 전례가 될 것 같습니다.

대담자2: 그렇죠. 실제로 독일의 통일 과정에 대한 연구가 한국에서도 활발히 이루어지고 있지 않습니까? 독일의 경우를 거울삼아 통일이 좀 늦어지는 한이 있더라도 그로 인해 야기될 수 있는 혼란을 최소화해야 한다고 봅니다.

사회자: 남북 관계나 통일 문제에 대해서는 어느 것 하나 쉬운 것이 없는 것 같습니다. 바라건대 남북 UN 동시 가입이나 6·15 남북 정상 회담처럼 남북 교류의 물꼬를 트는 계기가 하루빨리 마련됐으면 합니다.

단어

휴전선	불미스럽다	기미	꼬이다	잠정적	인도주의	민간 교류	당국	재개되다
생이별	이산가족	시사하다	통합	전례	거울삼다	야기되다	물꼬	트다

알아두기

6·15 남북 정상 회담: 대한민국의 김대중 전 대통령과 북한의 김정일 전 국방위원장이 평양에서 2000년 6월 13일부터 15일까지 가진 정상 회담이다. 남북한의 정상이 직접 만나는 것은 1945년 한반도가 분단된 이후 55년 만에 처음 있는 일이었다. 이 회담으로 냉전 종식과 화해 및 협력의 역사적인 계기가 마련되었다.

내용 이해

1. 이 대담이 벌어지기 이전에 두 대담자는 어떤 주제로 이야기를 나눴습니까?

2. 남북 관계에 대한 두 대담자의 의견이 어떻게 다릅니까?

3. 통일 문제에 대해서 두 대담자는 어떤 점에서 의견 일치를 보이고 있습니까?

4. 독일 통일의 사례에서 한국이 참고해야 할 사항은 어떤 것들이 있습니까?

5. 남북 관계가 개선되는 계기가 되었던 사건에는 어떤 것들이 있습니까?

토의와 토론

1. 한반도의 안정은 남북한뿐만 아니라 주변 이해 관계국, 세계의 정세에도 영향을 미칩니다. 남북통일이 된다면 어떤 변화가 있을지 이야기해 봅시다.

2. 남북통일 문제를 다루는 방식에 대해 상반된 주장이 있습니다. 다음을 참고하여 이에 대해 어떻게 생각하는지 자신의 의견을 말해 봅시다.

주 장	남북통일을 적극 추진해야 한다.	남북통일은 신중하게 추진해야 한다.
논 거	통일로 인해 얻을 수 있는 이익(국가 경쟁력 상승, 민족의 재결합, 이산가족 고통 해소)이 크기 때문에	통일로 인해 야기될 수 있는 문제(막대한 통일 비용, 사회적 혼란 가중, 국가 발전 저해)를 고려해야 하기 때문에

남북 관계			
판문점 비무장지대(DMZ) 한국전쟁(6·25전쟁) 군사분계선(휴전선)	대북 정책 남북 경협 개성공단사업 금강산관광사업	냉전 탈북자 이산가족 병역 제도	통일부 한민족 정상 회담 통일 비용

1. 다음에서 서로 관련 있는 것들을 찾아 짝지어 보고 그 관계를 설명해 봅시다.

병역 제도 ·	· 상봉
이산가족 ·	· 햇볕정책
남북 경협 ·	· 군사분계선
한국전쟁 ·	· 국방의 의무

2. 다음에 주어진 설명과 관계가 있는 것을 위 단어 목록에서 찾아 봅시다.

이것은 휴전선이나 제3국을 통해 북한에서 남한으로 귀국해 오는 주민을 말한다. 분단 이후 이들에 대한 최초의 호칭은 '귀순자'였고, 1997년부터는 '북한 이탈자'로 부르다가 2005년부터는 '새터민'으로, 2008년 이후로는 '북한 이탈 주민'이라고 부르고 있다. 최근에는 '자유 이주민'이라는 용어를 사용하기도 한다.

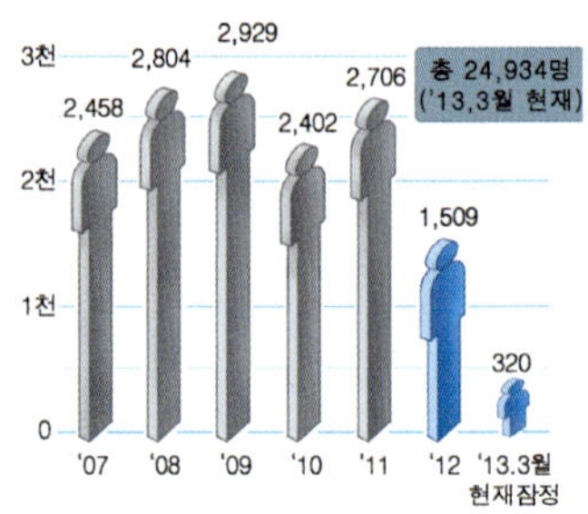

3. 위에 제시된 단어를 사용하여 글을 완성해 봅시다.

① ____________이/가 1953년 휴전 상태에 들어가면서 한반도는 남북한으로 나뉘게 되었다. 휴전 협정에 따라 당시의 전선을 기준으로 남북한을 가르는 ② ____________이/가 정해졌다. 이곳을 기점으로 남쪽으로 2km, 북쪽으로 2km 사이는 군대의 주둔이나 군사시설의 설치가 금지되는 ③ ____________이/가 설정되었다. 이 주변은 완충 지대이기는 하나 군사적 충돌의 가능성이 항상 존재하고 있어 민간인의 출입이 통제되고 있다.

길라잡이
① 1950년 북한이 남침하여 일어난 전쟁.
② 두 교전국 사이에 휴전으로 그어지는 경계선.
③ 국가 사이의 무력 충돌을 막기 위해 설치하는 중립 지대.

1	의 물꼬를 트다	활기를 띠다
	-(으)ㄹ 기미조차 보이지 않다	불가분의 관계이다

1. 목록 [1]에서 알맞은 표현을 골라 밑줄 친 부분을 바꿔 말해 봅시다.

1) 침체되었던 경기가 다시 좋아지면서 서민들의 생활도 나아지는 듯하다.

2) 대학 입시와 고교 교육은 동전의 양면처럼 떼어 놓고 생각할 수 없는 문제이다.

3) 현재 경제 상황으로 보면 경제 침체에서 벗어날 것 같은 근거를 전혀 찾을 수가 없다.

4) 이산가족 상봉 행사는 얼어붙은 남북 관계 개선의 첫걸음이 될 것으로 기대하고 있다.

2	을/를 무릅쓰고	등을 돌리다
	-어/아야 직성이 풀리다	을/를 거울삼아

2. 목록 [2]에서 알맞은 표현을 골라 다음 대화를 완성하여 말해 봅시다.

1) 가: 탈북자들은 목숨을 걸고 북한을 탈출하는 거겠죠?

나: 그럼요. 아주 위험하지만 (죽음) ________________ 자유를 찾아 탈북하는 거예요.

2) 가: 독일은 통일 된 후에 동독과 서독의 경제적인 차이 때문에 문제가 심각했다죠?

나: 한국은 (독일의 경우) ________________ 통일 후의 사회 통합 문제를 잘 논의해야 할 것 같아요.

3) 가: 팀장님은 다른 중요한 업무도 많으실 텐데 사소한 일까지도 다 신경을 쓰시네요.

나: 어떤 일을 하더라도 (직접 마무리하다) ________________ 성격이어서 그래요.

4) 가: 최근 남북 관계가 경색되면서 북한에 대한 지원이 거의 끊기다시피 했다면서요?

나: 아무리 노력을 해도 북한의 태도에는 변함이 없어서 이제는 (국민들) ________________.

3. 대화 상황을 떠올리면서 여러 가지 표현으로 대화해 봅시다.

남북 관계가 앞으로 나아질까요?

1) 글쎄요, 현재로서는 남북 관계가 좋아질 기미가 보이지 않네요.

2) 이번 남북 회담이 남북 교류의 물꼬를 트는 계기가 되었으면 좋겠어요.

3) 최근 이산가족 상봉 행사가 활기를 띠는 것을 보면 그럴 가능성이 높아요.

문법 제시와 연습

1. -(ㄴ/는)다 뿐이지

- 용법: 어떤 사실을 인정할 수는 있지만 그것과 대립되는 내용을 말하고자 할 때 사용한다. 앞 절에는 인정하는 사실을 적고 뒤 절에는 앞 절과는 대립되는 화자가 말하고자 하는 내용을 적는다.
- 비교: -기는 하지만
- 예문: 냉전이란 무기만 안 들**었다 뿐이지** 전쟁 중이나 다름없는 상태를 말한다.
  반대편 토론자도 신중하게 말하고 있**다 뿐이**지 결국 통일은 이루어져야 한다고 보고 있다.

1. 다음을 '-(ㄴ/는)다 뿐이지'를 사용하여 연결해 봅시다.

(1) 나이가 어리다 ·		· (가) 기획서는 완성 단계이다.
(2) 걱정만 하고 있다 ·		· (나) 평소의 행동은 어른 못지않다.
(3) 마무리를 못 했다 ·		· (다) 곧 원래대로 제자리로 되돌아올 것이다.
(4) 잠시 방황하고 있다 ·		· (라) 문제를 해결하려는 노력은 하지 않는다.

2. 다음 보기처럼 대화해 봅시다.

가: 통일을 주제로 토론하던 두 사람이 토론 후반에는 거의 싸우다시피 하더라. (의견이 다르다)
나: 의견이 다르**다 뿐이지** 통일을 바라는 마음은 같을 거야.

(1) 오랫동안 지속되어 오던 남북 대화가 중단되었다면서요? (잠정적으로 중단되었다)
(2) 금강산 관광을 다녀오는 길에 교통사고가 났다면서요? 괜찮으세요? (차만 부서졌다)
(3) 최근의 평온한 분위기로 봐서는 무력 충돌이 일어날 것 같지는 않습니다.
(4) 이번 남북 경협을 계기로 남북한의 관계가 우호적으로 바뀔 가능성도 있겠죠?

3. 다음 글을 완성해 봅시다.

남한과 북한은 같은 민족으로서 오랜 역사와 전통문화, 언어 등의 민족적 정체성을 공유해 왔다. 그러나 분단 체제가 지속됨에 따라 삶의 방식과 가치 체계가 점차 달라지고 있다. 이런 상황이 지속된다면 ______________(ㄴ/는)다 뿐이지 삶의 모습과 신념은 완전히 달라져 버리지 않을까 염려스럽다. 겉모습만 같다고 해서 한민족이라고 할 수는 없기 때문이다.

4. '-(ㄴ/는)다 뿐이지'를 사용하여 단지 그렇기만 하다는 의미의 문장을 만들어 봅시다.

✎ ____

2. -는 한이 있더라도

- 용법: 화자의 강한 의지를 나타내고자 할 때 사용한다. 앞 절에는 부정적이거나 극단적인 상황을 예상하여 적고 뒤 절에는 그럼에도 불구하고 화자가 하고자 하는 일을 적는다.
- 비교: -게 되더라도
- 예문: 설령 우리 측이 양보하**는 한이 있더라도** 이번 정상 회담은 성사시켜야 한다.
  설사 우방국과의 관계가 멀어지**는 한이 있더라도** 그 문제는 결단코 양보할 수 없다.

1. 다음을 '-는 한이 있더라도'를 사용하여 연결해 봅시다.

(1) 도중에 돌아오다 ·	· (가) 결승점까지 완주하고 말겠다.
(2) 설령 사표를 쓰다 ·	· (나) 사장님의 지시를 따를 수 없습니다.
(3) 가진 돈을 모두 다 쓰다 ·	· (다) 이것저것 따지지 말고 일단 출발하자.
(4) 설사 뛰다가 지쳐 쓰러지다 ·	· (라) 마음에 드는 물건을 사야 직성이 풀린다.

2. 다음 보기처럼 대화해 봅시다.

가: 북한 측에서 한미군사훈련 취소를 회담의 조건으로 내세웠습니다. (회담이 결렬되다)
나: 회담이 결렬되**는 한이 있더라도** 그 조건은 수용할 수 없습니다.

(1) 이산가족 상봉을 신청하려는 사람들의 줄이 끝이 안 보일 만큼 길어요. (밤을 새우다)
(2) 개성공단사업을 유지하려면 많은 예산이 투입되어야 한대요. (적자를 보다)
(3) 비무장지대 관광 상품이 있기는 하지만 비용이 만만치 않대요.
(4) 죽음을 무릅쓰고 탈북을 하는 사람들은 어떤 꿈을 가지고 있을까요?

3. 다음 글을 완성해 봅시다.

통일 비용 때문에 통일을 부정적으로 바라보는 시각이 적지 않다. 그러나 통일에만 비용이 드는 것이 아니라 분단에도 비용이 든다. 분단으로 인한 경제·사회·문화적 손실은 통일이 되면 해결될 수 있다. 즉 통일에 드는 비용을 소비적인 관점에서만 볼 것이 아니라 미래 지향적인 투자로 봐야 한다는 것이다. 따라서 ______________는 한이 있더라도 한반도의 미래를 위해 통일을 위한 노력을 지속해 나가야 할 것이다.

4. '-는 한이 있더라도'를 사용하여 화자의 의지를 나타내는 문장을 만들어 봅시다.

✎ ____

3. -건대

- 용법: 화자가 바라거나 생각하는 따위의 내용을 말할 때 사용한다. '보다', '듣다', '생각하다', '추측하다', '바라다', '부탁하다', '기대하다' 등의 동사와 함께 적고 뒤 절에는 그 내용을 적는다.
- 비교: -기에는
- 예문: 내가 <u>생각건대</u> 남북 경협은 앞으로 더욱 활성화될 것이다.
  <u>바라건대</u> 정상 회담이 성공적으로 이루어져서 핵 문제가 해결됐으면 한다.

1. 다음을 '-건대'를 사용하여 연결해 봅시다.

(1) 부탁하다 · · ㈎ 실내에서는 잡담을 삼가 주시기 바랍니다.

(2) 기대하다 · · ㈏ 내일 세계 정상 회담 때문에 교통이 통제된다고 한다.

(3) 추측하다 · · ㈐ 현 정부의 최우선 과제는 양극화 문제 해소일 것이다.

(4) 내가 듣다 · · ㈑ 동북아 평화를 위해서 북핵 문제가 해결되기를 바란다.

2. 다음 보기처럼 대화해 봅시다.

가: 이번 남북 고위급 회담에서는 이산가족 문제를 다룬다는데요? (바라다)

나: <u>바라건대</u> 이산가족 상봉이 빠른 시일 내에 이루어졌으면 좋겠네요.

(1) 군사분계선에서 남북 간의 긴장이 고조되고 있다던데요? (듣다)

(2) 앞으로 대북 정책이 어떻게 수립되어야 한다고 생각하십니까? (생각하다)

(3) 요즘에는 병역을 피하기 위해 불법적인 행동도 마다하지 않는 젊은이들도 있다네요?

(4) 남북 분단이 장기화되면서 민족의 동질성이 점점 변질되고 있는 게 문제예요.

3. 다음 글을 완성해 봅시다.

1998년부터 시작된 금강산관광사업은 남북한의 평화적 협력 관계의 방향을 제시하고 이산가족의 아픔을 달래 주어 많은 이들의 지지 속에 운영되었다. 사업의 주체였던 현대그룹의 자금난으로 한때 중단 위기를 맞았으나 2003년부터는 육로를 통한 관광이 시작되면서 다시 한 번 활기를 띠기도 하였다. 2008년에는 불미스러운 사건으로 사업이 잠정적으로 중단되었는데, ______________건대 ________________________________.

4. '-건대'를 사용하여 자신의 생각을 나타내는 문장을 만들어 봅시다.

✎ ____

듣고 말하기 1

MP3 **11-2**

한국의 역대 대통령에 대해서 이야기해 봅시다.

내용 이해

1. 남북 관계에서 김대중 전 대통령이 이룬 업적은 무엇입니까?

✎ ______________________________

2. 햇볕정책에 대한 설명으로 맞으면 ○, 틀리면 × 하십시오.

① 김대중 대통령의 통일에 대한 연구의 성과물이다. ( )

② 남북 관계 개선에 중요한 역할을 하였다. ( )

③ 주로 정치와 군사 분야와 관련된 정책이다. ( )

④ 한국의 민주주의를 실현시키기 위해 추진되었다. ( )

3. 이 이야기에서 알 수 없는 것은 무엇입니까?

① 김대중 전 대통령의 일대기

② 김대중 전 대통령의 통일 철학

③ 김대중 전 대통령의 햇볕정책의 성과

④ 김대중 전 대통령의 노벨 평화상 수상 이유

김대중 노벨 평화상 기념관

말하기

⊙ 각국의 존경받는 정치인을 소개하고 그들의 업적에 대해서 말해 봅시다.

듣고 말하기 2

MP3 11-3

이산가족 상봉 방식에 대해 알아봅시다.

생사 확인　　서신 교환　　방북 상봉　　제3국 상봉　　화상 상봉

내용 이해

1. 들은 내용과 같으면 ○, 다르면 × 하십시오.

① 이산가족은 한국전쟁으로 인한 남북 분단으로 생겨났다. ( )

② 이산가족은 서로의 생사만 확인할 수 있을 뿐 만나지는 못하고 있다. ( )

③ 이산가족 상봉은 정부의 지원 없이 비공식적으로만 이루어지고 있다. ( )

④ 이산가족 상봉에 참여하는 대상자는 통일부의 설문 조사를 통해 선정된다. ( )

2. 이산가족 상봉 문제를 시급히 해결해야 하는 이유는 무엇입니까?

✎ ____________________

3. 이 이야기에서 주장하는 것은 무엇입니까?

① 이산가족 상봉은 정치 문제와 연계해서 해결해야 한다.

② 이산가족 상봉 행사는 남북한 지역에서 번갈아가며 개최하여야 한다.

③ 현재의 이산가족 면회소를 더욱 확충해야 한다.

④ 이산가족 상봉 행사가 상시적으로 이루어지도록 해야 한다.

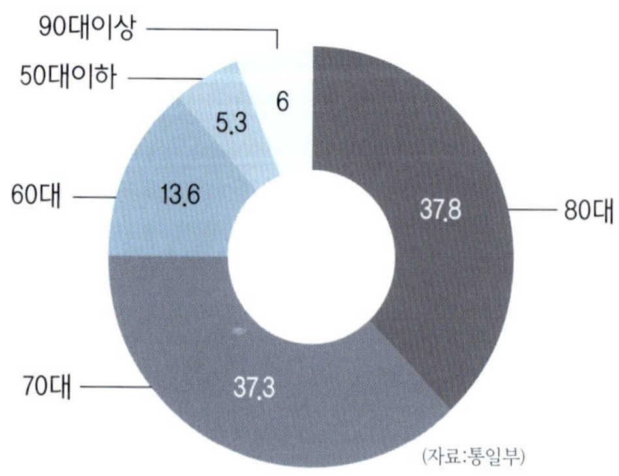

▌이산가족 연령대별 비중 (단위:%)

말하기

⊙ 이산가족 상봉의 활성화가 남북 관계에 어떤 영향을 미칠지 말해 봅시다.

듣고 말하기 3

MP3 **11-4**

다음 표를 참고하여 각국의 병역 제도를 소개해 봅시다.

1	모병제인가, 징병제인가?
2	군의 역할과 군에 대한 국민의 인식은 어떠한가?

내용 이해

1. 두 사람의 대화 주제로 가장 알맞은 것을 고르십시오.

① 병역 비리의 심각성
② 남북 대치 상황의 심각성
③ 대체복무제 도입의 필요성과 과제
④ 사회봉사에 대한 국민 여론의 변화

2. 남자가 대체복무제를 도입하기 어렵다고 보는 이유를 두 가지 고르십시오.

□ 비용이 많이 든다.
□ 형평성에 문제가 있다.
□ 법적으로 문제가 될 수 있다.
□ 병역을 피하기 위한 수단으로 악용될 수 있다.

3. 여자가 대체복무제를 도입할 수 있는 방법으로 제안한 것은 무엇입니까?

1	
2	

4. 남자는 대체복무제가 도입되기 위해 어떤 점이 가장 먼저 해결되어야 한다고 보았습니까?

① 한반도의 평화 정착
② 구체적인 대체복무제 실행 방식 연구
③ 세계의 다양한 대체복무제의 실태 조사
④ 대체복무제에 대한 국민들의 인식 변화

말하기

⊙ 최근 병역에 대한 보상으로 각종 시험에서 점수를 높여주는 군 복무 가산점 제도에 대해 찬반이 엇갈리고 있습니다. 이에 대해 각자의 생각을 말해 봅시다.

생환을 보장할 수 없는 전투를 앞두고 있는 군인들의 감정이 어떠할지 말해 봅시다.

어머니께 보내는 편지

한국전쟁 당시 중학생의 신분으로 참전한 한 학도 의용군의 주머니 속에서 피로 얼룩진 편지가 발견되었다. 이 편지에는 전쟁과 죽음에 대한 공포와 어머니에 대한 그리움이 담겨 있었다. 바라건대 이 편지를 통해 평화의 의미를 되새겨 보았으면 한다.

어머니! 저는 사람을 죽였습니다. 저는 수류탄이라는 무서운 폭발 무기를 던져 일순간에 죽이고 말았습니다. 수류탄의 폭음은 저의 고막을 찢어 놓고 말았습니다. 지금 이 글을 쓰고 있는 순간에도 제 귓속은 무서운 굉음으로 가득 차 있습니다.

어머니! 적의 다리가 떨어져 나가고, 팔이 떨어져 나갔습니다. 아무리 적이지만 그들도 사람이라고 생각하니, 더욱이 같은 언어를 사용하고 같은 피를 나눈 동족이라고 생각하니 가슴이 답답하고 무겁습니다.

어머니! 전쟁은 왜 해야 하나요? 저는 무서운 생각이 듭니다. 지금 제 옆에는 수많은 학우가 죽음을 기다리고 있는 듯 뜨거운 햇볕 아래 엎드려 있습니다. 적은 지금 침묵을 지키고 있지만 언제 다시 덤벼들지 모릅니다. 적들의 수는 너무나 많지만 저희는 겨우 71명뿐입니다. 이제 어떻게 될까를 생각하면 무섭습니다.

어머니! 어서 전쟁이 끝나고 "어머니!" 하고 부르며 어머니 품에 안기고 싶습니다. 어제 저는 내복을 제 손으로 빨아 입었습니다. 그런데 어머니, 저는 그 내복을 갈아입으면서 왜 수의를 문득 생각했는지 모릅니다.

어머니! 어쩌면 제가 오늘 죽을지도 모릅니다. 저 많은 적이 저희를 살려 두고 그냥은 물러갈 것 같지가 않으니까 말입니다. 어머니, 죽음이 무서운 것은 결코 아닙니다. 어머니와 형제들을 다시 못 만나고 죽을 거라고 생각하니 무서워진다는 말입니다. 하지만 저는 살아 돌아가겠습니다. 꼭 살아서 돌아가겠습니다.

어머니, 이제 겨우 마음이 안정 되는군요. 어머니, 저는 꼭 살아서 다시 어머니 곁으로 달려가겠습니다. 문득 상추쌈을 먹고 싶습니다. 그리고 옹달샘의 이가 시리도록 차가운 냉수를 마음껏 마시고 싶습니다.

어머니! 놈들이 다시 다가오는 것 같습니다. 다시 또 쓰겠습니다. 어머니, 안녕! 안녕! 아뿔싸, 안녕이 아닙니다. 다시 쓸 테니까요. 그럼, 이따가 또…….

전쟁 희생자의 유해를 발굴하는 과정에서 반세기 만에 발견된 이 편지글은 전쟁의 참혹함을 고발하고 평화의 소중함을 되새기기 위해 2009년 그의 고향 포항시의 기념비에 새겨졌으며, 2010년에는 〈포화 속으로〉라는 영화의 모티브가 되기도 하였다.

단어

학도 의용군	얼룩지다	되새기다	수류탄	폭음	고막	굉음	동족
덤벼들다	수의	물러가다	옹달샘	아뿔싸	유해	참혹하다	모티브

내용 이해

1. 이 편지가 쓰인 때와 편지를 쓰게 된 동기는 무엇입니까?

2. 편지의 작성자가 적에 대해 연민의 정을 느끼는 이유는 무엇입니까?

3. 편지의 작성자가 내복을 보고 수의를 연상한 이유는 무엇입니까?

4. 편지의 작성자가 죽음을 두려워하는 근본적인 이유는 무엇입니까?

5. 어머니와 고향에 대한 그리움을 복합적으로 나타내는 두 가지 사물은 무엇입니까?

6. 이 편지글을 기념비로 만들어 세운 것은 후대에 무엇을 전하기 위해서입니까?

어머니께 보내는 편지비

쓰기

⦿ 다음은 한국전쟁과 분단 상황을 소재로 한 영화 목록입니다. 전쟁의 참혹함과 평화의 소중함을 다루고 있는 영화나 문학 작품을 소개하는 글을 써 봅시다.

쉬리(1998)	공동경비구역 JSA(2000)	태극기 휘날리며(2003)
웰컴투 동막골(2005)	고지전(2011)	코리아(2012)

'한국'에 대해 이야기할 때 연상되는 사물이나 이미지에 대해 이야기해 봅시다.

남북 분단과 한국의 국가 브랜드

브랜드란 단어는 '태우다'란 의미의 노르웨이어인 'brandr'에서 유래하였는데, 가축 소유주들이 자신의 가축을 알아보기 위해 낙인을 찍었던 일에서 연유한 것이다. 자신의 것을 다른 사람의 것과 구별하기 위해 시작된 것이 브랜드인 것이다. 사전적으로 브랜드는 '판매자가 자신의 상품을 특징짓고 경쟁자의 것과 차별화시킬 목적으로 만들어진 이름, 표시, 디자인'을 의미한다.

최근 세계 각국 간의 교류가 빈번해지면서 국가도 다른 국가와 차별되는 일종의 브랜드를 필요로 하게 되었다. '국가 브랜드'라 불리는 이것은 브랜드의 개념을 국가에 적용했다 뿐이지 기업의 경우와 마찬가지로 국가의 인식도, 호감도, 신뢰도를 의미한다. 국가 브랜드의 가치가 높을수록 대내적으로는 국민들의 나라에 대한 긍지, 미래에 대한 기대감이 높아지고, 대외적으로는 관광객 유치, 투자 활성화, 수출 증대를 가져와 경제적 가치를 창출하게 된다.

그렇다면 한국의 국가 브랜드라고 할 만한 것들에는 무엇이 있을까? 대부분의 한국인은 아마도 김치, 한글, 태권도, K-Pop과 같은 전통적이고 문화적인 특색들이 한국을 떠올리게 하는 것들이라고 생각할 것이다. 그러나 실제 외국인들은 한국하면 남북 분단을 먼저 떠올리고 전쟁의 위기가 상존하는 국가로 인식하고 있다. 2011년 KOTRA(대한무역투자진흥공사)가 유럽 5개국의 젊은이 1,208명을 대상으로 한류와 국가 브랜드에 대한 설문조사를 실시하였는데, '한국에 관해 연상되는 이미지'를 묻는 질문에 '북한'이라는 응답이 전체의 9.1%로 가장 많았다. 고도성장, IT, 한류 등 긍정적인 이미지에도 불구하고 한국은 여전히 세계인들의 머릿속에 부정적인 이미지로 남아 있는 것이다.

이렇듯 한국의 국가 브랜드는 한국만의 위험 요소를 가리키는 '코리아 리스크(Korea risk)'라는 한계를 갖고 있다. 코리아 리스크의 핵심은 세계 유일의 분단국가에서 벌어질 수 있는 불안정성과 전쟁 가능성이다.

그렇다면 한국의 국가 브랜드의 가치에서 부정적인 요소를 어떻게 해결해야 할까? 남북 분단 상황을 바꿀 수 없으니 이에 대한 한국의 대처 방안에 대해 긍정적인 평가를 받을 수 있도록 하는 것이 가장 효과적일 것이다. 즉 한국이 군사적 대치 상황에 놓여 있기는 하지만 평화와 통일을 이루기 위해서 노력하고 있다는 것을 보여주는 것이다. 실제로 1988년 올림픽, 2002년 월드컵 당시 한국은 '평화와 통일'을 내세워 세계적인 행사를 유치한 경험이 있다. 그러나 남북 문제를 근시안적으로 접근하는 것은 경계해야 할 것이다. 오히려 시간이 다소 걸리는 한이 있더라도 장기적이고 전략적으로 다루어야 한국의 국가 브랜드를 긍정적으로, 미래 지향적으로 전환시킬 수 있을 것이다.

단어					
낙인	특징짓다	빈번하다	긍지	유치	창출하다
상존하다	고도성장	대치	근시안적	미래 지향적	전환시키다

내용 이해

1. '브랜드'의 의미는 어디에서 유래하였습니까?

2. 국가 브랜드와 관련하여 다음 표를 완성해 봅시다.

등장 배경	
대내적 영향	
대외적 영향	

3. 한국인이 예상하는 '외국인들이 생각하는 한국의 이미지'와 그 실제는 어떻게 다릅니까?

4. '코리아 리스크'란 무엇을 의미합니까?

5. 빈칸에 알맞은 표현을 넣어 표를 완성해 봅시다.

부정적인 것	⬅	분단과 관련된 한국의 이미지	➡	긍정적인 것

쓰기

⊙ 각국의 국가 브랜드 혹은 국가를 상징하는 이미지에 대해 소개하는 글을 써 봅시다.

제12과

지구촌 문제와 국제기구

선행 학습 목록

1. 지구촌의 의미
2. 대표적인 지구촌 문제
3. 국제기구의 역할
4. NGO의 주요 활동

주 제	지구촌 문제를 해결하기 위한 인류의 노력
어 휘	국제 관계와 지구촌 문제 관련 어휘
문 법	① -어/아서라도 ② -지는 못할망정 ③ -(ㄴ/는)다든지 -(ㄴ/는)다든지
활동 과제	한반도 및 지구촌 문제에 대해 토론하기

도입

01 지구촌이라는 용어가 등장할 정도로 세계의 여러 나라가 가까워진 이후에 변화된 생활상에 대해 이야기해 봅시다.

02 지구촌이 함께 힘을 합해야 해결할 수 있는 문제들에 대해서 이야기해 봅시다.

대화문

MP3 **12-1**

왕강: 예전에는 국제기구라는 게 생소하게만 느껴졌는데 요즘에는 글로벌 인재를 꿈꾸는 젊은이라면 누구나 한 번쯤 일하고 싶어하는 곳이 국제기구라면서?

은영: 그만큼 국제기구의 위상이 높아진 것은 물론 그 역할도 갈수록 중요해지고 있다는 것을 방증하는 것이겠지.

왕강: 국제기구의 역할이 중요하다는 것에는 이견이 없을 텐데, 경제나 정치 현안과 관련된 국제기구의 회의가 있을 때마다 대규모 시위대가 빠지지 않고 등장하는 이유는 뭘까?

은영: 주로 NGO나 시민 단체들이 벌이는 시위인데, 그 국제기구의 정책에 동의하지 않는 거지. 시위를 해서라도 잘못된 정책을 바로 잡겠다는 거야.

왕강: 국제기구의 설립 취지나 목적을 생각해 봐. 세계적 경제 위기나 국제적 분쟁과 같은 세계인의 공통 관심사를 함께 고민하고 해결해 나가자는 건데, 이런 대의명분에 찬성하지는 못할망정 시위를 하면서까지 반대한다고?

은영: 그것보다는 세계적인 위기나 현안을 다루는 방식에 대해 반대하는 게 아닐까? 예를 들면 강대국 중심으로 세계 질서를 재편하려 한다든지, 세계화를 명분 삼아 특정 국가의 주권이나 약자의 권리를 침해하려 한다든지 말이야.

왕강: 그러니까, 문제를 바라보는 관점이 다르다는 말이구나. 국제 정세라는 게 보통 복잡한 게 아니네.

은영: 자국의 이익을 최우선시하는 국가들이 모여서 초국가적인 문제를 다뤄야 하니만큼 서로 머리를 맞대고 지혜를 짜내는 일이 쉽지 않을 거야. 그리고 NGO나 시민 단체의 경우는 세계적인 문제를 다룰 때에 건전한 비판자와 동반자로서의 역할을 하려고 하는 거지.

단어						
생소하다	방증하다	이견	현안	시위대	시민 단체	벌이다
설립	대의명분	재편하다	주권	정세	짜내다	동반자

알아두기

NGO (Non-Governmental Organization): 정부에 소속되지 않은 기구로서 공공의 목적을 실현하기 위해 지역, 국가, 국제적으로 조직된 자발적인 비영리 시민 단체이다. 정부 정책을 감시하고, 시민의 정치 참여를 장려하며 인권, 환경, 빈곤, 성차별 등의 인도주의적 문제를 다루는 경우가 많다.

내용 이해

1. 최근 들어 국제기구의 위상이 높아졌다는 것을 무엇으로 알 수 있습니까?

2. NGO나 시민 단체들이 국제기구에 반대하는 이유는 무엇입니까?

3. 국제기구가 이상적인 역할을 해 내기가 어려운 이유는 무엇입니까?

4. NGO나 시민 단체는 어떤 역할을 수행하고 있습니까?

토의와 토론

1. 자신이 알고 있는 국제기구나 NGO에 대해 서로 이야기해 봅시다.

2. 국제기구의 역할에 대한 긍정적 시각과 비판적 시각이 있습니다. 다음을 참고하여 이에 대해 어떻게 생각하는지 자신의 의견을 말해 봅시다.

주 장	국제기구의 역할을 긍정적으로 평가해야 한다.	국제기구의 역할을 비판적으로 평가해야 한다.
논 거	국제 협력과 평화 유지를 위해 중요한 역할을 수행하고 있기 때문에	힘의 논리에 의해 강대국 위주로 국제 정책을 결정하기 때문에

어휘 제시와 연습

국제 관계		지구촌 문제	
부국, 빈국 강대국, 약소국 선진국, 개발도상국 우방국, 적대국	대립하다 타협하다 원조하다 중재하다	비핵화 군비 축소 문맹 퇴치 세계화, 반세계화	기아 빈곤 부정부패 민족·종교 분쟁

1. 다음에서 서로 관련 있는 것들을 찾아 짝지어 보고 그 관계를 설명해 봅시다.

빈국 ·	· 부정부패
적대국 ·	· 대립과 타협
국제기구 ·	· 빈곤과 기아
정치 후진국 ·	· 중재와 원조

2. 다음에 주어진 설명과 관계가 있는 것을 위 단어 목록에서 찾아 봅시다.

유네스코에서는 매년 이 사업에 가장 큰 역할을 한 개인이나 단체를 뽑아 '세종대왕상'이라는 이름으로 시상하고 있다. 이 사업이 중요한 이유는 빈곤에 시달리는 아이들에게 교육의 기회를 제공함으로써 가난에서 벗어날 수 있다는 희망을 주기 때문이다.

3. 위에 제시된 단어를 사용하여 글을 완성해 봅시다.

①__________ 운동에는 자유 무역으로 인해 불이익을 당하게 된 개인이나 집단이 주로 참여한다. 이들은 세계화를 주장하는 국제기구 회담장에 나타나 항의한다는 점에서는 공통점이 있지만 구체적인 참여 이유는 다양하다. 예를 들어, ②__________의 근로자들의 경우는 ③__________에서 생산된 값싼 상품들이 수입되면 자신들의 일자리를 위협하게 된다는 이유를 들어 세계화에 반대한다.

길라잡이
① 기업이나 금융 등이 세계적인 규모로 통일되는 것을 반대하는 것.
② 다른 나라보다 문물의 발전이 앞선 나라.
③ 경제 발전이 진행 중인 나라.

표현 제시와 연습

1	오지랖이 넓다	첫 단추를 끼우다
	골머리를 앓다	보통 -(으)ㄴ/는 게 아니다

1. 목록 [1]에서 알맞은 표현을 골라 밑줄 친 부분을 바꿔 말해 봅시다.

1) 산길이 험해서 정상까지 오르는 것은 여간 어렵지 않다.

2) 우리 형은 여기저기 상관 안 하는 데가 없어서 가끔 걱정되기도 한다.

3) 사업이 계획대로 되지 않아 경영자들이 고민이지만 해결하기가 쉽지 않다.

4) 정부의 서민 아파트 건설 계획은 새로운 부동산 정책의 첫 단계를 실행하는 것이다.

2	머리를 맞대다	의 기반을 다지다
	발 벗고 나서다	은/는 안중에도 없다

2. 목록 [2]에서 알맞은 표현을 골라 다음 대화를 완성하여 말해 봅시다.

1) 가: 정부가 남북 경제 협력을 적극적으로 추진하는 이유가 뭐죠?

나: 경제 협력을 통해 (남북통일) ____________________.

2) 가: 서아시아 지역에서 종교 분쟁으로 많은 난민이 발생했다는데요?

나: 소식을 접한 국제 구호 단체에서 (난민을 돕다) ____________________.

3) 가: 어제 뉴스에서 보니까 동북아 평화를 위한 방안이 발표되었더라고요?

나: 이해 관계국들이 (함께) ____________________ 논의한 끝에 그 방안을 마련했대요.

4) 가: 정치권에서 경제 불황을 극복하기 위한 정책을 마련해야 하지 않을까요?

나: 정치인들은 (불황에 허덕이는 국민) ____________________ 논쟁만 일삼고 있어요.

3. 대화 상황을 떠올리면서 여러 가지 표현으로 대화해 봅시다.

지구촌 문제를 해결하기 위해
우리가 할 수 있는 일이 없을까?

1) 넌 참 오지랖도 넓다. 네 일이나 잘 하지 그래?

2) 당연하지. 지구촌 문제에 우리 모두가 발 벗고 나서야지.

3) 국제 구호 단체에서 일손이 부족해서 골머리를 앓고 있다던데, 거기에 자원봉사를 신청하면 어떨까?

1. -어/아서라도

- 용법: 수단과 방법을 가리지 않고 목적을 이루겠다고 말할 때 사용한다. 앞 절에는 화자가 자기 의지대로 선택할 수 있는 방법 중 가장 정도가 심한 방법을 적고 뒤 절에는 화자가 이루려고 하는 목적을 적는다.
- 비교: -는 한이 있더라도, -(으)면서까지
- 예문: 무슨 수를 써**서라도** 부정부패를 뿌리 뽑아야 한다.
  그는 평생을 바**쳐서라도** 지구촌의 기아 문제 해결에 이바지하겠다고 밝혔다.

1. 다음을 '-어/아서라도'를 사용하여 연결해 봅시다.

(1) 이번 기회에 사채를 쓰다 ·	· (가) 사업을 확장할 계획이다.
(2) 영어 교육을 위해 무리를 하다 ·	· (나) 분쟁의 가능성을 줄여야만 한다.
(3) 정부에서는 공적 자금을 투입하다 ·	· (다) 국가적인 경제 위기를 막아야 한다.
(4) 이번 회담에서는 적대국과 타협하다 ·	· (라) 조기 유학을 보내려는 부모들이 많다.

2. 다음 보기처럼 대화해 봅시다.

가: 그 지역은 종교적 갈등 때문에 전쟁이 일어날 판이라면서요? (군대를 파견하다)
나: 군대를 파견해**서라도** 비극적인 일이 발생하지 않도록 사전에 막아야죠.

(1) 협상 상대국이 무리한 조건을 제시해서 타협하기가 어렵습니다. (대폭 양보하다)
(2) 이해 관계가 복잡한 여러 나라가 함께 공존하기가 쉽지 않아요. (자국의 이익을 포기하다)
(3) 지금 추진 중인 빈곤 퇴치 프로젝트를 잘 마무리할 수 있을까요?
(4) 개발도상국 원조 사업을 추진하기 위한 자금이 부족하다던데 뾰족한 수라도 있나요?

3. 다음 글을 완성해 봅시다.

모든 국가는 자국의 이익을 무엇보다도 우선하기 마련이다. 지금은 우방국일지라도 언제라도 자국의 이익에 도움이 안 된다고 여겨질 때는 냉정하게 돌아설 수 있다. 또 같은 논리로 적대국과 ____________어/아서라도 자국의 이익을 극대화하려 한다. 그렇기 때문에 현대의 국제 외교 무대에서는 영원한 친구도 적도 없다는 것이다.

4. '-어/아서라도'를 사용하여 강한 의지를 나타내는 문장을 만들어 봅시다.

✎ ____

2. -지는 못할망정

- 용법: 당연히 해야 할 행동을 하지 않고 오히려 반대되는 태도를 보이거나 엉뚱한 행동을 하는 것을 비난할 때 사용한다. 앞 절에는 바람직한 행동을 적고 뒤 절에는 비난받을 만한 행동을 적는다.
- 비교: -기는커녕
- 예문: 우방국으로서 도와주지**는 못할망정** 다른 나라와의 관계를 악화시키다니…….
  지구촌 문제를 해결하려는 그들을 격려하**지는 못할망정** 비난을 해서는 안 된다.

1. 다음을 '-지는 못할망정'를 사용하여 연결해 봅시다.

(1) 친구에게 도움을 주다 ·	· (가) 뒤통수를 치다니…….
(2) 공인으로서 모범을 보이다 ·	· (나) 방해를 해서야 되겠어?
(3) 생명의 은인에게 은혜를 갚다 ·	· (다) 비리를 저질렀단 말입니까?
(4) 노력 끝에 성공한 사람에게 축하하다 ·	· (라) 시기와 질투를 해서는 안 된다고 본다.

2. 다음 보기처럼 대화해 봅시다.

가: 제국주의 시대에는 선진국들이 자유무역이라는 미명 아래 개발도상국의 노동력을 착취하기 일쑤였죠. (지원하다)

나: 선진국으로서 개발도상국을 지원하**지는 못할망정** 노동력을 착취했단 말이에요?

(1) 그 독재 국가는 정권 유지를 위해서 군비를 확대하고 있습니다. (군비를 축소하다)

(2) 일부 국가들은 자국의 이익을 위해서 종교 간의 분쟁을 부추기기도 한대요. (중재하다)

(3) 그 나라는 고위 공무원들이 부정부패를 저질러서 큰 문제가 되고 있대요.

(4) 최근 몇몇 외교관들이 곤란에 처한 자국민을 나 몰라라 내버려 둬서 논란이 되었어요.

3. 다음 글을 완성해 봅시다.

최근 세계화의 흐름 속에 서로 다른 문화 간의 만남이 잦아지고 있다. 따라서 서로 다른 문화에 대한 이해와 존중은 한 사회가 건강하게 발전하기 위해 갖추어야 할 필수적인 가치가 되었다. 상대방의 문화를 ________________지는 못할망정 배타적인 태도로 우리의 것만을 강요한다면 세계화의 흐름에 뒤처지는 것은 물론 지구촌의 일원으로서 제 역할을 다 할 수도 없게 될 것이다.

4. '-지는 못할망정'을 사용하여 잘못된 행동을 꾸짖는 문장을 만들어 봅시다.

✎ ____

3. -(ㄴ/는)다든지 -(ㄴ/는)다든지

- 용법: 뒤 절에 이어지는 행위나 물건, 방법 등에 대한 몇몇 예들을 제시할 때 사용한다. 앞 절에는 구체적인 사례들을 적고 뒤 절에는 그 사례들을 포괄하는 행위, 물건 등을 적는다.
- 비교: -거나 -는 등, -든지 -든지
- 예문: 빈국의 아이들에게 후원금을 보**낸다든지** 공정 무역 상품을 구입**한다든지** 세계의 빈곤 문제를 해결하는 데에 동참하는 방법은 다양하다.

1. 다음을 '-(ㄴ/는)다든지'를 사용하여 연결해 봅시다.

(1) 음악을 듣다, 운동을 하다	·	· (가) 주말에도 할 일이 태산이다.
(2) 관광을 하다, 휴양지에서 휴식을 취하다	·	· (나) 선호하는 공부 방식이 제각각이다.
(3) 남은 일을 처리하다, 밀린 집안일을 하다	·	· (다) 다양한 여행 상품이 구비되어 있다.
(4) 혼자 공부하다, 친구와 함께 공부하다	·	· (라) 사람마다 스트레스 해소 방식은 다르다.

2. 다음 보기처럼 대화해 봅시다.

가: 국제연합의 역할에 대해서 설명해 주시겠어요? (평화 유지 활동을 하다, 국제 사회의 협력을 강화하다)

나: 평화 유지 활동을 **한다든지** 국제 사회의 협력을 강화**한다든지** 지구촌 문제를 해결하기 위해 여러 가지 활동을 하고 있습니다.

(1) 기아 문제를 해결하기 위해서 유엔에서 다양한 활동을 하고 있다면서요?
(식량 지원을 하다, 모금 활동을 하다)

(2) 세계화 시대에 우방국들은 서로 어떤 도움을 주게 되나요?
(경제적인 지원을 아끼지 않다, 환경 문제 해결을 위해 협력하다)

(3) 빈국을 지원하기 위한 방법에는 어떤 것들이 있을까요?

(4) NGO는 정부가 해결하지 못하는 문제도 다룬다고 하던데 주로 어떤 활동을 하고 있나요?

3. 다음 글을 완성해 봅시다.

유니세프(UNICEF)는 어린이를 위해 일하는 유엔 기구로서 인종과 국적, 이념, 성별의 벽을 넘어 어린이에게 도움의 손길을 내밀고 있다. 유니세프는 세계 각국의 정부나 기업, 개인으로부터 ________________(ㄴ/는)다든지 직접 제작한 상품을 ________________(ㄴ/는)다든지 다양한 활동을 통해 후원금을 모으고, 이렇게 모은 후원금으로 어린이 구호 사업을 펼친다.

4. '-(ㄴ/는)다든지'를 사용하여 예를 들어 설명하는 문장을 만들어 봅시다.

✎ ____

듣고 말하기 1

MP3 **12-2**

다음은 국제연합(UN)이 효율적인 원조를 위해 선정한 '새천년 개발 목표'의 일부입니다. 원조 수혜국에 가장 중요한 것이 무엇인지 의견을 이야기해 봅시다.

절대 빈곤, 기아 퇴치	아동 사망률 감소
양성평등, 여성 능력 고양	보편적 초등 교육 달성

내용 이해

1. '코이카'에 대한 설명으로 맞는 것은 ○, 틀린 것은 × 하십시오.

① 개발도상국의 발전을 돕기 위해 만들어진 단체이다. ( )

② 아시아를 무대로 해외 무상 원조 사업에 힘을 쏟고 있다. ( )

③ 무조건적인 지원으로 원조 대상국의 지지를 얻고 있다. ( )

④ 원조 대상국이 자립할 수 있도록 돕는 것이 사업의 목적이다. ( )

2. 코이카의 '맞춤형 지원'의 예로 가장 알맞은 것을 고르십시오.

① 국가 간의 정치적 문제를 해결하기 위한 회담 주선

② 기본적인 인권을 보호하기 위한 전 세계적인 캠페인

③ 세계적인 환경 위기를 경고하기 위한 환경 보호 운동

④ 해당 지역의 의료 빈부 격차를 해소하기 위한 의료 시설 건립

3. 코이카의 원조 사업이 성공할 수 있었던 요인으로 맞는 것에 ☑ 하십시오.

□ 선진국의 NGO로부터 사업 운영 방식을 배워서 적용했다.

□ 과거에 어려웠던 시절의 경험을 바탕으로 사업을 진행했다.

말하기

⊙ 국가 간의 원조가 오히려 원조 수혜국에 해악을 끼치는 경우도 있다고 합니다. 다음을 참고하여 효과적인 원조가 이루어지기 위한 기본 조건에 대해서 말해 봅시다.

지도층의 부정부패	원조 수혜국에 대한 몰이해	원조 공여국의 고압적 태도

듣고 말하기 2

MP3 **12-3**

이민을 가고 싶은 나라와 그 이유에 대해 이야기해 봅시다.

내용 이해

1. 이민에 대한 설명으로 맞는 것은 ○, 틀린 것은 × 하십시오.

① 이민에 대한 관심이 최근 급격히 높아졌다. ( )

② 이민은 경제적인 이유로 이루어지는 경우가 많다. ( )

③ 이민을 하면 임금이 올라가는 경우가 많다. ( )

④ 이민은 대부분 법적인 절차에 따라 이루어진다. ( )

2. 이민이 선진국과 개발도상국에 각각 어떻게 이익이 되는지 연결해 보십시오.

선진국 •	• 무역을 통하지 않고서도 외화를 벌어들일 수 있다.
개발도상국 •	• 낮은 급여로 전문 기술자를 고용할 수 있다.

3. 이민으로 인해 야기되는 부정적인 효과란 어떤 것을 말합니까?

✎ ______________________________

말하기

⊙ 다음 표를 참고하여 각국의 이민 정책에 대해 말해 봅시다.

국가	외국인 비율	주요 정책
영국	10.2%	이민자의 전통을 인정하는 다문화 정책 추진 전문 기술 인력 유치 노력
프랑스	8.5%	적극적인 동화 정책 추진 결혼 이민자에게 무료 500시간 프랑스어 교육 제공
독일	12.9%	이민자 2세 대상 교육 강조 정보 기술(IT) 분야 전문 기술 인력 유치 노력
스웨덴	13.4%	망명 위주의 이민 정책에서 숙련 노동자 유치로 변화 추진 자국이 필요로 하는 고급 인력 유치 노력
덴마크	6.9%	체계적인 이민자 통합 프로그램 시스템 구축 전문 인력 유치 노력

▌세계 각국의 이민 정책 (2009년 기준)

듣고 말하기 3

MP3 **12-4**

국제기구에 취업하기 위해서 어떤 준비를 해야 할지 이야기해 봅시다.

내용 이해

1. 여자에 대한 설명으로 맞는 것은 ○, 틀린 것은 × 하십시오.

① 시대적인 상황이 개인의 삶에 큰 영향을 미친다고 믿고 있다. (　　)

② 대학에서의 전공을 바꾸어 결국 유엔(UN)에서 근무하게 되었다. (　　)

③ 국제 정치, 국제 경제 문제와 관련된 일을 하고 있다. (　　)

④ 자신이 하는 일에 뜨거운 열정을 가지고 있다. (　　)

2. 다음은 누구의 생각입니까? 알맞게 연결하십시오.

여자 •	• 국제기구에서 일할 때 고도의 전문 지식이 필요하다.
	• 국제기구라고 해서 여느 직장과 특별히 다르지는 않다.
남자 •	• 국제기구에 취업하기 위해서는 화려한 스펙이 필요하다.

3. 다음 중 여자가 추천한 국제기구 취업 준비 방법에 가장 가까운 것을 고르십시오.

① 관심 있는 분야의 전문 지식을 두루 쌓는다.

② 다양한 직장에서 최대한 많은 경험을 쌓는다.

③ 세계적으로 인정받을 수 있는 자격증들을 딴다.

④ 인간관계를 유지하고 교류할 수 있는 역량을 기른다.

말하기

⊙ 다음 그림을 참고하여 자신이 일하고 싶은 국제기구에 대해 이야기해 봅시다.

유엔(UN)

국제노동기구(ILO)	국제통화기금(IMF)	세계보건기구(WHO)	세계무역기구(WTO)
노동자 지위 향상	외환 시세 안정	보건·위생 개선	국제 무역 질서 구축

지구촌 곳곳에서 발생하는 문제를 해결하기 어려운 이유에 대해서 이야기해 봅시다.

세계가 100명의 마을이라면

이 세상은 생각만큼 평등하지 않다. 지구의 한편에서는 마실 물이 없어 흙탕물을 마셔야 하는 상황에 놓여 있는 반면 또 다른 한편에서는 손을 씻는 내내 물을 틀어 놓고 있는 경우가 허다하다. 또 굶주림과 영양실조로 하루를 버티기가 힘든 이들이 있는가 하면 버려지는 음식물 쓰레기 처리로 골머리를 앓는 이들도 있다.

그런데 대부분의 사람은 이러한 불평등에 대해 인식조차 못 하고 있다. 알고 있다 할지라도 직접 문제를 해결하기 위해 발 벗고 나서는 사람은 흔치 않다. 심지어 누군가 나섰을 때 응원해 주지는 못할망정 오지랖이 넓다며 핀잔을 주기도 한다.

이러한 현상에 대해 혹자는 주변인 효과를 들어 설명하기도 한다. 주변인 효과는 문제 상황에 대해 여러 사람에게 책임이 분산될 경우에 아무도 책임지지 않으려고 하는 현상을 일컫는다. 나 말고도 다른 누군가가 문제를 해결하리라는 생각이 그 상황에 적극적으로 개입하는 것을 막는 것이다. 지구촌 어디에선가 벌어지고 있는 불편한 상황에 대해 굳이 나까지 신경을 쓸 필요가 없다고 생각하는 것이다.

이러한 심리적인 문제를 해결하기 위한 흥미로운 시도가 있다. 세계가 100명의 사람으로 구성된 마을이라고 가정함으로써 자칫 잊고 살기 쉬운 지구촌의 문제를 바로 우리 이웃의 문제임을 보여주는 것이다. 우선 68억 명이 넘는 사람들이 사는 지구를 100명이 사는 마을로 상상해 보자. 이와 같은 설정은 통계적인 수치로밖에 보이지 않던 숫자들을 실감 나게 바꾸어준다.

이를테면, 깨끗하고 안전한 물을 마실 수 없는 사람이 전 세계에 12억 명이나 된다고 하는 것보다 지구라는 마을에 살고 있는 사람 100명 가운데 17명이 오염된 물에 노출되어 있다고 하는 게 이해가 더 쉬운 것이다. 이러한 비유는 지구촌의 문제가 우리와 동떨어진 세계의 문제가 아니라 바로 우리 이웃의 문제이고 그것이 우리의 삶에 얼마나 직접 연결되어 있는가를 인식하도록 해 준다.

이 비유는 한 세계적인 환경 학자의 신문 칼럼에서 시작되었고 많은 이들이 지구촌의 문제를 이야기할 때 그의 칼럼을 인용하고 있다. 그는 오늘날 지구가 직면한 문맹 문제, 식량 문제, 환경 문제, 부의 편중 문제 등을 해결하기 위해서 우리 모두의 관심이 필요하고 그 관심으로 지구를 살릴 수 있다고 이야기한다. 또 세계는 나 혼자가 아닌 모두가 함께 살아가는 공간이라는 점을 일깨우면서 우리가 지금 당장 취할 수 있는 행동이 무엇인지 분명하게 제시한다.

이 글을 읽는 독자에게도 그의 비유가 지구촌의 현실을 바르게 인식하고 우리의 이웃을 돕기 위해, 우리의 지구를 살리기 위해 스스로 할 수 있는 일이 무엇인지 생각해 보는 계기가 되기를 바란다.

단어

흙탕물	영양실조	버티다	골머리	오지랖	혹자	분산
개입하다	굳이	수치	동떨어지다	인용하다	직면하다	편중

내용 이해

1. 지구촌에서 벌어지고 있는 불평등한 상황을 정리해 봅시다.

상황1	( ) vs. 손을 씻는 내내 물을 틀어 놓고 있다.
상황2	굶주림과 영양실조로 힘들다. vs. ( )

2. 다음은 한 사회 심리학자의 실험 상황입니다. '주변인 효과'로 다음 실험의 결과를 설명해 봅시다.

〈엘리베이터 실험〉

연구 보조자들은 엘리베이터를 타고 동승객 앞에서 실수로 동전이나 연필을 떨어뜨렸다. 실험결과 다른 사람들이 함께 타고 있을 때에는 특정 사람이 동전이나 연필을 주워 준 경우가 더 적었다. 도움이 필요한 사람과 단둘이만 있을 때는 40%가 도움을 준 반면, 다른 사람들이 함께 있을 때에는 20%만이 도움을 주었던 것이다.

3. '세계가 100명의 마을이라면' 비유가 지구촌의 문제를 인식하는 데 어떤 영향을 미칩니까? 숫자의 크기와 관련해서 설명해 봅시다.

4. '세계가 100명의 마을이라면' 비유는 지구촌의 어떤 문제들을 다루고 있습니까?

5. '세계가 100명의 마을이라면' 비유를 처음 사용한 환경 학자가 자신의 칼럼을 통해 전하고자 한 메세지는 무엇입니까?

쓰기

⊙ 지구촌 문제와 관련된 통계를 조사해 보고, 이를 '세계가 100명의 마을이라면'과 같이 각색해서 지구촌 문제에 대한 칼럼을 써 봅시다.

국제 구호 단체의 원조에도 불구하고 세계의 기아 문제가 해결되지 않는 이유에 대해서 말해 봅시다.

세계의 기아를 없애려면

유엔식량농업기구(FAO)에 따르면 1999년 한 해 3,000만 명 이상이 심각한 기아 상태에 있으며, 만성적인 영양실조에 허덕이는 사람들의 숫자까지 합치면 기아 인구는 8억 2,800만 명 정도가 된다고 한다. 또 2013년을 기준으로 기아 인구가 10억 명을 상회한다고 하니 해가 갈수록 상황은 개선되지 않고 나날이 심각해지고 있는 셈이다.

인원수로 따지면 아시아가 5억 5,000만 명으로 제일 많지만 대륙별로 기아 인구의 비율을 따지면 아프리카가 35%로 제일 높다. 그러나 비교적 부국이 많다고 생각되는 유럽이라고 해서 예외는 아니다. 동유럽 국가들과 옛 소비에트 연방에서 독립한 나라들도 기아 문제를 안고 있다.

1984년 FAO의 평가에 따르면, 당시에도 지구는 120억 명을 거뜬히 먹여 살릴 수 있다고 보았다. 지금의 전 세계 인구보다 두 배가 많아져도 모두가 충분히 먹고살 만한 식량을 생산할 수 있다고 본 것이다. 이처럼 식량은 충분한데 왜 많은 사람이 기아에 허덕일까? 게다가 세계에 많은 구호 단체가 존재하고 많은 사람이 기부를 하는데 왜 이 문제는 해결되지 않는 것일까? 기아 문제의 원인을 좀 더 자세히 살펴본다면 그에 대한 해결책을 찾을 수 있을 것이다.

충분한 식량 생산 능력에도 불구하고 기아 문제가 해결되지 않는 것은 우선 식량의 불평등한 분배 구조나 비효율적인 유통 과정에서 기인한 것일 수 있다. 소수가 부를 독점하고 있다든지 흉년, 전쟁, 전염병 등으로 인해 물자의 유통이 원활하지 않다든지 구조적인 문제로 기아가 발생한다는 것이다. 농산물 수출 국가임에도 불구하고 자국의 기아 문제를 해결하지 못하고 있는 나라들이 있다는 것이 이를 방증한다.

다음으로 그 나라의 정치적 상황도 기아 문제의 해결을 어렵게 할 수 있다. 예를 들어 독재 국가에서는 세계의 수많은 구호 단체의 활약도 무용지물이다. 독재자들은 보통 자신들의 치부를 숨기기 위해 피해를 축소하거나 은폐하려고 한다. 그래서 구호 단체의 지원을 쉽게 받아들이지 않는다. 또 지원을 받는다 해도 국민들은 안중에도 없고 자신들의 잇속을 챙기기에 바쁘다. 최근 구호 단체의 지원 활동을 회의적으로 바라보는 이들이 많아지고 있는 것도 이러한 사실 때문이다. 구호 단체의 지원이 오히려 독재 정권을 강화할 수도 있다고 보는 것이다.

어떤 문제든지 첫 단추를 잘 끼워야 일이 술술 풀리는 법이다. 기아 문제를 해결하기 위한 첫 단계는 그 나라의 정치적, 사회적 안정을 꾀하는 것이다. 그 안정된 토대 위에서 식량 생산 증가나 식량 지원 같은 방책들이 효과를 발휘할 수 있을 것이다. 따라서 국제기구와 구호 단체는 우선적으로 원조 수혜국의 정치적·사회적 문제에 관심을 가지고 구호 활동의 기반을 다져야 할 것이다.

단어						
만성적	허덕이다	상회하다	연방	거뜬히	구호 단체	분배
원활하다	치부	은폐	잇속	회의적	꾀하다	다지다

내용 이해

1. 세계의 기아 상황을 표로 정리해 봅시다.

연도별 기아 인구		대륙별 기아 상황	
1999년 기아 인구		최고 비율 대륙	
2013년 기아 인구		최다 인구 대륙	

2. 기아 문제가 식량 생산 능력에서 기인하지 않는다고 보는 근거는 무엇입니까?

3. 농산물을 수출하고 있음에도 불구하고 기아 문제로 고민하는 국가들이 해결해야 하는 문제는 무엇입니까?

4. 독재자나 독재 국가들이 구호 단체의 활동을 제한하는 이유는 무엇입니까?

5. 사람들이 독재 국가에서 구호 단체의 활동을 우려하는 이유는 무엇입니까?

6. 세계의 기아 문제를 해결하기 위해 글쓴이가 제안하는 해결책은 무엇입니까?

국제 구호 단체 '기아대책' 포스터

쓰기

⊙ 기아 문제의 심각성과 구호 활동의 필요성에 대한 글을 써 봅시다.

활동 과제 - 토론 활동

개요

제시된 주제와 관련하여 소그룹으로 구성된 팀별로 토의를 거쳐 각각 주장과 논거를 정리한다. 팀별 토의 후 사회자의 진행에 따라 찬반 토론을 하고, 사회자는 전체 토론 내용을 요약·정리하여 마무리한다.

1. 활동 순서

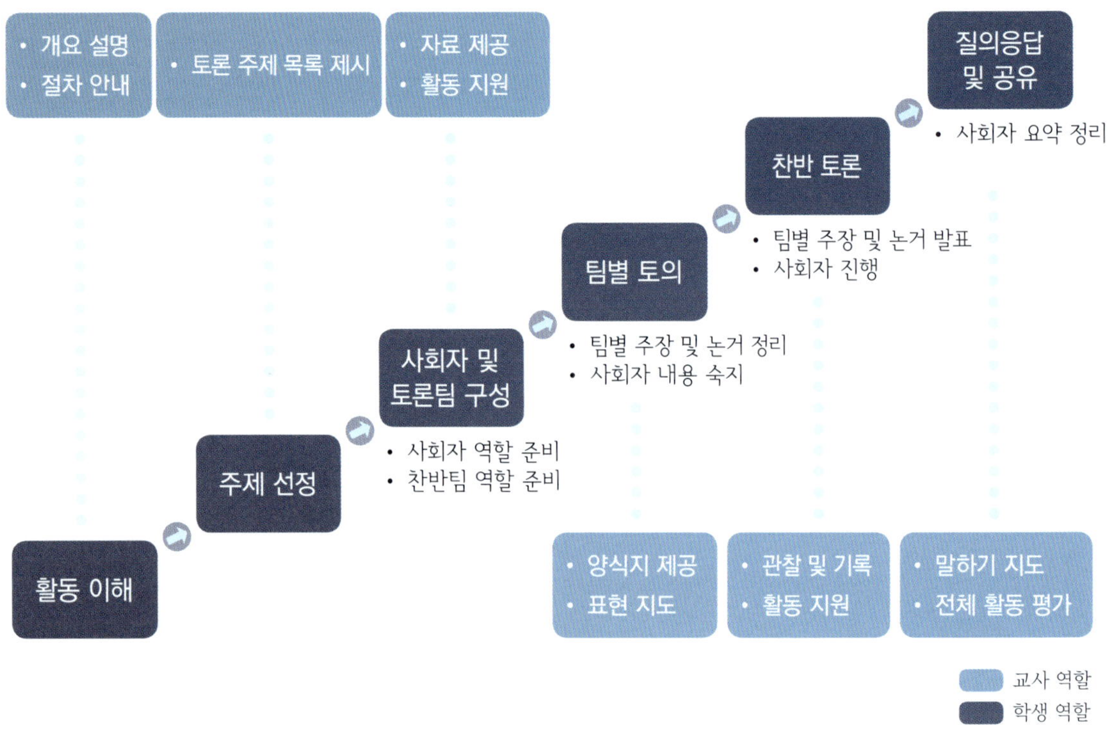

1) 토론 활동의 목표와 절차를 이해한다.

2) 추천 토론 주제 목록 중에서 토론 주제를 선정한다.

3) 사회자를 선정하고 소그룹으로 팀을 구성한다. 사회자와 각 팀은 자신들의 역할에 대해 이해하고 준비한다.

4) 각 팀은 팀별 토의를 통해 자신들의 주장과 그에 따른 논거를 정리하고 그 내용을 모든 구성원이 공유한다. 사회자는 양 팀의 토의 내용을 숙지한다.

5) 사회자의 진행에 따라 팀별로 주장과 논거를 밝히며 토론한다.

6) 찬반 토론이 끝나면 각 팀은 자신들과 의견이 다른 팀에게 질의한다. 모든 질의응답이 끝나면 사회자는 전체 토론 내용을 요약·정리하고 토론을 마무리한다.

2. 추천 토론 주제 목록

	분야	토론 주제
1	지구촌	선진국의 환경 보호론과 개발도상국의 경제 개발론 중 어느 쪽을 지지하는가?
2	지구촌	국제기구의 역할 강화는 지구촌 문제 해결의 대안이 될 수 있는가?
3	한반도	남북통일의 가능성과 효과에 대해 어떻게 전망하는가?
4	한반도	군 복무 가산점 제도에 대해 찬성하는가?

3. 팀별 토론 준비 양식지

토론 주제	
주장	
논거	
예상되는 질의	
질의에 대한 응답	

부록

부록

문법 목록

어휘 목록

듣기 지문

023-025p **제1과 서울의 역사**

듣고 말하기 1

MP3 **1-2**

요즘 도시의 직장인들을 중심으로 걷기 운동 열풍이 불고 있다. 도시인들에게 걷기 운동이 큰 인기를 얻는 데는 그럴 만한 이유가 있다. 우선 굳이 먼 외곽이나 산, 들, 강으로 떠나지 않아도 될 뿐만 아니라 시간에 구애받지 않고 즐길 수 있기 때문에 시간에 쫓기는 도시인들에게는 안성맞춤이다. 걷기 운동은 특별한 기술이 필요하지 않아서 남녀노소 누구나 쉽게 할 수 있다. 또 걷는 것이 성인병을 예방하는 데에 효과가 있다는 것도 빼놓을 수 없다.

걷기 운동에 대한 관심이 높아지면서, 운동과 함께 문화생활을 즐길 수 있는 프로그램들이 개발되고 있다. 최근에는 '도심 속 박물관 길 걷기 코스'가 큰 인기를 끌고 있다. 이 코스는 도시 속에 자리 잡고 있는 다양한 박물관, 관광 명소, 유적지 등을 걸으며 삶의 여유도 찾고 그동안 잘 몰랐던 새로운 역사도 알아갈 수 있도록 걷기 코스를 지역별로 나누어 개발한 것이다.

이제까지 걷기 코스가 개발된 적이 없는 것은 아니다. 제주도의 올레길이나 지리산의 둘레길이 그 예인데, 기존의 걷기 코스는 자연환경 속에서 자유로이 산책을 즐긴다는 데 그 특징이 있다. 하지만 이번에 개발된 '도심 속 박물관 길 걷기 코스'는 다양한 지식을 가진 전문 해설사와 함께 운동을 즐길 수 있다는 점에서 기존 코스와 큰 차이가 있다. 건강도 챙기고 지식도 챙기는 일석이조의 효과를 도심 속 걷기 운동을 통해 누려 보도록 하자.

듣고 말하기 2

MP3 **1-3**

북촌한옥마을은 전통 한옥이 밀집되어 있는 서울의 대표적인 전통 주거 지역입니다. 이곳은 현재까지도 많은 문화재가 거리 곳곳에 남아 있어 도심 속의 거리 박물관이라 불리는 곳이기도 합니다. '북촌'이라는 이름은 청계천과 종로의 위쪽에, 즉 조선 시대 당시 한양의 북쪽에 있는 동네라는 뜻에서 유래되었습니다. 북촌한옥마을은 1930년대에 본격적으로 조성되었는데, 보통의 한옥 마을과는 달리 좁은 공간에 많은 집들이 자리 잡고 있습니다. 그 이유는 당시 서울로 밀려드는 사람들을 수용하기 위해 이곳에 한옥을 많이 지어 공급했기 때문입니다. 그래서 이곳의 한옥은 형태와 구조에서 조선 시대의 한옥과는 큰 차이가 있습니다.

북촌한옥마을은 내국인은 물론 외국인들에게도 인기가 높은 서울 도심의 대표적인 여행지로서 이곳에는 한옥의 아름다움과 실제 주민들의 생활 모습이 그대로 살아 있습니다. 또 하나 더 매력 포인트를 추가하자면 전통문화를 눈으로만 관람하는 것이 아니라 주변의 박물관과 공방에서 직접 체험해 볼 수 있다는 점입니다.

북촌한옥마을을 돌아볼 때에는 북촌문화센터를 먼저 들러보는 것이 여행의 순서입니다. 이곳에서는 북촌한옥마을의 유래와 한옥의 특징에 대해서 자세히 알아볼 수 있습니다. 이곳의 홍보관에는 한옥 짓는 과정, 온돌의 구조, 마루의 종류 등이 잘 전시되어 있습니다. 한편 북촌문화센터의 사랑방과 뒷마당에서는 여러 가지 체험 행사가 진행됩니다. 계절마다 체험거리는 조금씩 달라지는데 민화 그리기, 매듭 만들기, 서예 등이 주요 체험거리로 꼽힙니다.

듣고 말하기 3

MP3 **1-4**

여자: 오늘 식사는 정말 맛있게 잘 먹었어요. 커피는 제가 살까 하는데, 어떤 커피로 드시겠어요?

남자: 제 입맛에는 다방 커피가 딱인데, 다방 커피라는 말 들어봤어요?

여자: 아뇨. 처음 들어봤는데, 새로 나온 커피 이름인가요?

남자: 예전에 커피숍을 다방이라고 불렀거든요. 다방에서는 커피 가루와 크림, 설탕을 적당한 비율로 모두 넣어서 달콤한 커피를 만들었는데, 이걸 다방 커피라고 불렀어요. 그래서 원래는 다방에서 파는 커피라는 뜻이었는데, 지금은 커피를 만드는 방법이나 커피의 맛을 일컫는 말이 됐어요. 우리가 보통 먹는 인스턴트 커피 믹스의 맛이 다방 커피에 가깝죠.

여자: 아, 그럼 커피 자판기에서 뽑아 먹는 커피도 다방 커피겠네요?

남자: 맞아요. 1970년대에 한국의 커피 회사에서 세계 최초로 커피 믹스를 만들었는데 그게 자판기를 통해 널리 퍼지게 됐어요. 그런 점에서 커피 자판기가 다방 커피를 유행하게 만든 일등공신이라고 할 수 있죠.

여자: 자판기 커피에 그런 내력이 숨어 있었다니 정말 재미있네요.

남자: 혹시 서울 덕수궁에 커피와 관련된 역사적인 유적지가 있다는 것도 알고 있어요?

여자: 네? 덕수궁이라면 조선 시대 5대 궁궐 중의 하나로 알고 있는데, 그곳에 현대 기호 식품인 커피와 관련된 유적지가 있단 말이에요?

남자: 우리나라에서 커피를 처음으로 맛본 사람이 바로 조선의 왕이었던 고종이거든요. 고종은 커피 애호가로 널리 알려져 있어요. 그래서 궁궐 안에다가 커피를 마실 수 있는 연회장을 만들었는데 정관헌이라는 이름으로 지금도 보존되어 있어요.

여자: 저는 외국을 왕래하는 사신이나 유학생들이 커피를 처음 맛보았을 거라고 생각했는데……. 어쨌든 서울이라는 도시에는 정말 많은 이야기들이 숨어 있네요.

039-041p

제2과 한국의 문화유산

듣고 말하기 1

MP3 **2-2**

강화도는 한국에서 네 번째로 큰 섬으로 인천 국제공항 위쪽에 위치하고 있다. 섬이기는 하지만 다리로 연결되어 있어 육지나 다름없다. 계절마다 먹을거리가 풍부하고 해가 지는 모습이 아름답기로 유명하다.

강화도에는 강화도에서만 나는 특산품이 많다. 일명 호박 고구마라고 불리는 속이 노란 고구마, 보랏빛이 나는 순무, 사자의 발처럼 생겼다고 하여 사자 발 약쑥이라고 불리는 쑥 등이 있다. 이러한 강화도 특산품은 5일에 한 번 열리는 강화 오일장에 가면 볼 수 있다.

또 강화도에는 고인돌 공원이 있는데 이곳에는 세계문화유산으로 지정된 강화 지석묘가 있다. 선사 시대 무덤인 지석묘는 고인돌이라는 이름으로 더 잘 알려져 있으며 탁자식 형태를 띠고 있다. 고인돌 공원 바로 옆에는 강화도 역사 박물관이 자리 잡고 있는데, 이곳에서는 선사 시대부터 근대에 이르기까지 강화도의 역사를 살펴볼 수 있다.

이처럼 강화도는 곳곳에 역사 유적과 유물이 남아 있어 '지붕 없는 박물관'이라고 불린다. 또 이곳은 '한반도 역사의 축소판'이라고도 불리는데 그 이유는 수많은 역사적 사건들이 벌어졌던 곳이기 때문이다.

듣고 말하기 2

MP3 **2-3**

동의보감은 임진왜란 직후 전쟁으로 고통받는 백성들을 안타깝게 여긴 선조 임금의 명령으로 허준이 편찬한 의학 백과 서적이다. 의학서 중에서는 세계 최초로 유네스코 세계기록유산으로 등재되었다. 처음 동의보감은 허준을 중심으로 여러 유학자들이 함께 연구하기 시작했지만, 편찬 작업이 시작된 지 1년 만에 중단되었다. 그 이후에는 허준이 단독으로 집필하여 완성하였는데, 25권이 모두 나오기까지 총 15년이 걸렸다. 동의보감은 중국과 일본에도 소개되어 널리 읽혔고 동아시아의 전통 의학 발전에 크게 기여하였으며 현재까지도 한국 최고의 한방 의학서로 인정받고 있다.

동의보감이 기존의 의학서와 다른 점은 전문가를 위한 이론적인 책이라기보다는 일반 백성들도 실생활에서 활용할 수 있도록 쓴 백과사전이라는 점이다. 약의 재료를 한자로 표기한 후 그 아래에 한글로 덧붙여 놓은 것도 일반 백성들이 쉽게 읽을 수 있도록 하기 위해서였다. 당시 일반 백성들을 배려하여 편찬된 의학서가 전혀 없었다는 점에서 동의보감의 가치는 더 높다고 할 수 있다.

듣고 말하기 3

MP3 **2-4**

여자: 최근 한국의 대표적인 역사서인 조선왕조실록이 만화로 출간되고 있어 화제인데요. 오늘은 이 책의 저자를 모시고 말씀 나눠 보겠습니다. 안녕하세요. 박수동 화백님.

남자: 네, 반갑습니다.

여자: 먼저 조선왕조실록에 대해서 소개를 좀 해 주시겠습니까?

남자: 조선왕조실록은 조선 시대의 역사적 사실을 기록한 책입니다. 정치뿐만 아니라 경제, 사회, 문화 등 다방면에 걸쳐 수록하고 있기 때문에 조선 시대를 이해하는 데 있어 가장 기본적인 역사 자료지요. 또 유네스코 세계기록유산으로 지정되어서 세계적으로도 귀중한 문화유산임이 증명되기도 했고요.

여자: 조선왕조실록을 특별히 만화로 출간하게 된 이유가 있는지요?

남자: 만화라고 하면 남녀노소를 불문하고 누구나 좋아하는 매체죠. 또 이해하기가 쉽다는 장점이 있습니다. 그리고 역사적인 사실을 생생하게 표현해 낼 수도 있고요.

여자: 그러고 보면 역사서를 만화로 풀어쓴 책들은 기존에도 적지 않았는데요, 만화 조선왕조실록이 기존의 역사 만화물과 다른 점은 무엇인가요?

남자: 역사서를 만화로 구성하다 보면 과장되거나 구전되는 이야기까지 포함시키는 경우가 허다합니다. 하지만 저는 확실히 증명된 사실만을 가지고 작업을 했습니다. 또 독자의 이해를 돕고 흥미를 높이기 위해 쉬운 문장과 구체적인 사건으로 구성하려고 했고요.

여자: 만화 조선왕조실록이 시리즈로 출판된다고 들었습니다. 어떤 계획을 갖고 계신지요?

남자: 현재 12권이 출간이 되었는데요, 가까운 시일 내에 8권을 더 출간할 예정입니다. 조선에는 27명의 왕이 있었는데, 이들을 모두 다뤄볼 생각이죠.

여자: 만화 조선왕조실록이 남녀노소 모두에게 사랑을 받았으면 합니다. 오늘 나와 주셔서 감사합니다.

57-059p

제3과 환경의 위기

듣고 말하기 1

MP3 **3-2**

바다 위에 떠 있는 해양 쓰레기들은 바다의 흐름과 바람의 방향에 따라 움직이게 되는데, 이것들이 한곳에 모이게 되면 쓰레기 섬을 형성하게 된다. 일례로 북태평양 한복판에는 남한 면적의 14배나 되는 거대한 쓰레기 섬이 존재하고 있다. 이러한 쓰레기 섬은 북태평양뿐만 아니라 대서양과 인도양 등 전 세계 바다에 다섯 개나 된다.

쓰레기 섬에는 온갖 것들이 뒤섞여 있다. 플라스틱과 같은 작은 조각부터 파손된 배와 같은 대형 물체에 이르기까지 크기와 종류도 다양하다. 일반적으로 생각하는 것과 달리 쓰레기 중에서도 플라스틱 조각이 가장 큰 문제를 일으키고 있다. 해양 생물이 이 플라스틱 조각을 먹이로 잘못 알고 삼킬 수 있는데, 오염된 플라스틱은 생물 농축 현상을 일으킬 수도 있기 때문이다.

생물 농축 현상이란 중금속 같은 유해 물질이 생물의 먹이 사슬을 따라 이동하여 다른 생물의 몸속에 점점 더 많이 쌓이게 되는 것을 의미한다. 이때 유해 물질은 먹이 피라미드의 가장 위에 위치한 생물에게 가장 많이 축적되므로, 먹이 사슬의 상위 단계에 있는 생물일수록 피해가 심각하다고 할 수 있다.

이처럼 해양 쓰레기는 해양 생태계뿐만 아니라 지구 상의 모든 생태계를 위협하고 있다. 그러나 해양 쓰레기를 처리하는 데 막대한 비용이 드는 데다가 특정 국가의 문제도 아닌 까닭에 해결하기는 쉽지 않아 보인다.

듣고 말하기 2

MP3 **3-3**

최근의 세계 식량 위기는 앞으로 더욱 악화될 것으로 예측되고 있어 문제가 심각하다. 식량 위기를 초래하는 주요 원인은 주로 세 가지로 요약된다. 우선 지구 온난화로 인해서 세계의 식량 생산이 점차 감소될 것으로 예측된다. 지구의 평균 온도가 1도 오르면 해수면 높이가 10~15m 상승하게 되는데 그렇게 되면 바닷가 근처에서 식량을 재배하는 많은 경작지들이 물에 잠기게 될 것이다. 앞으로 인구는 계속 늘어나는데 반해 식량 생산은 오히려 점차 감소할 것으로 예상되므로 세계 식량 대란이 우려된다.

둘째로 중국, 인도 등 신흥 국가들의 경제가 좋아지면서 동물성 식품의 소비가 급증하고 있기 때문이다. 1kg의 고기를 생산하기 위해서는 6~8kg의 곡물이 필요하다. 다시 말해 한 명이 먹을 고기나 우유를 얻기 위해 열 명이 먹을 곡물을 소비하고 있는 셈이다.

셋째로 석윳값이 오르면서 이를 대체할 바이오 에너지의 생산이 증가하고 있는데, 바이오 에너지 생산이 증가할수록 인간이 먹을 수 있는 곡물은 그만큼 줄어든다. 바이오 에너지는 옥수수와 같은 곡물로 에너지를 만드는 것이기 때문이다. 실제로 2000년 후반 세계 곡물 가격이 급등한 적이 있는데 미국이 자국에서 생산하는 옥수수의 3분의 1을 바이오 에너지 생산에 사용한 것이 주원인이었다.

듣고 말하기 3

MP3 **3-4**

여자: 토요일에 여의도 벚꽃 축제에 갔더니 시민들한테 무료로 물을 나눠 주더라. 생수인가 했는데 서울시에서 공급되는 수돗물을 병에 담아 준 거였어. 안전하다고 안심하고 먹으라는데, 수돗물이라니까 꺼림칙했어.

남자: 보통 수돗물이라고 하면 왠지 걱정되고 생수는 깨끗한 물이라고 생각하지만 사실 그렇지만도 않아. 오히려 일부 생수는 생산 과정이나 유통 기간이 불확실해서 오염될 가능성이 더 높다던데?

여자: 그러니까 비싸더라도 믿을 수 있는 회사의 생수를 선호하는 거 아니겠어? 비싼 만큼 더 깨끗한 것 같아서 난 수입 생수 같은 비싼 걸 즐겨 찾게 돼.

남자: 생수 때문에 생기는 환경 파괴를 생각해서라도 이 문제는 좀 생각해 봐야 해.

여자: 단지 물을 마시는 건데 환경 파괴라니, 무슨 소리야?

남자: 일단 생수 공장이 지어지게 되면 그 지역의 지하수가 오염되거나 고갈되기 쉽대. 또 생산 과정이나 운반, 유통, 보관하는 과정에서 환경을 오염시키는 이산화탄소를 배출하게 되거든.

여자: 그러면 수입 생수는 탄소 배출량이 훨씬 크겠네. 생산지와 소비지의 거리 차가 있으니까 말이야.

남자: 당연하지. 앞으로 수입 생수는 자제하고 가능하면 생수 소비량도 줄여보는 게 어때? 환경 보호는 작은 생활 습관을 고치는 것에서부터 시작하는 거야.

073 - 075p

제4과 환경 보호 운동 및 실천

듣고 말하기 1

MP3 **4-2**

그린피스는 대표적인 환경 보호 단체로서 이름이 높다. 이 단체는 1971년에 단 12명의 환경 보호 운동가들이 모여 설립하였지만 현재 전 세계 350만 명의 회원을 두고 있을 만큼 세계적인 단체로 성장하였다. 그린피스라는 이름이 처음부터 사용되었던 것은 아니다. 세계 각지에서 환경 운동을 벌이며 배를 타고 이동하는 경우가 종종 있었는데, 이때 배 중앙에 그린피스라고 쓴 녹색 깃발을 걸었던 것에서 단체의 이름이 유래되었다.

그린피스는 본래 핵 실험을 반대하기 위하여 만들어졌으나 세계적으로 고래 보호 단체로도 유명하다. 이뿐만 아니라 원자력 발전 반대, 산림 보호 등 환경 보호와 관련하여 폭넓은 분야에서 적극적으로 활동하고 있다. 최근에는 이러한 활동을 인정받아 노벨 평화상 후보로 두 번이나 지명되기도 했다.

그러나 일각에서는 그린피스의 환경 운동 방식을 비판하기도 한다. 환경 보호를 위해 필요하다면 극단적인 방법으로 자신의 주장을 드러내기 때문이다. 그럼에도 불구하고 그린피스는 여전히 영향력 있는 국제 환경 단체로서 활동을 지속해 나가고 있다.

듣고 말하기 2

MP3 **4-3**

생태 관광은 제2차 세계 대전 직후 프랑스에서 처음 시작된 후 1990년대 들어 환경과 자연에 대한 관심이 커지면서 본격화되었다. 일반적으로 생태 관광은 환경을 보호하고 지역 사회에 환경적으로나 경제적으로 도움을 주는 여행을 일컫는다. 관광을 통해 환경 보호에 대한 의식을 높이고 관광으로 인한 수익을 지역 주민들에게 돌아가게 하여 지역 경제를 활성화시키는 것을 목적으로 한다. 그러나 현재까지 생태 관광의 정확한 정의에 대해서는 의견이 분분하다.

한국의 생태 관광지 중 대표적인 곳으로 DMZ가 있는데 DMZ는 한국전쟁이 휴전되면서 군사적 충돌을 막기 위해 만든 비무장지대를 의미한다. DMZ는 60여 년간 일반인의 출입이 통제되고 있는데 이것은 자연스럽게 이 지역의 생태계가 다시 회복되는 계기가 되었다. 그 이후 DMZ는 국내뿐만 아니라 세계적으로 생태적 가치가 높은 지역으로 평가받고 있다.

DMZ는 다양한 생물들이 전쟁 이후 폐허 속에서도 다시 살아나 독특한 생태를 형성하고 있기 때문에 최근 생태 관광지로서 주목을 받고 있다. 현재 경기도와 경기 관광 공사가 운영하고 있는 DMZ 생태 체험은 DMZ 인근의 생태를 관찰하고 역사 유적지도 함께 즐길 수 있는 한국의 대표적인 생태 관광 코스로 자리매김해 가고 있다.

듣고 말하기 3

MP3 **4-4**

여자: 한솔 씨, 에코 마일리지가 뭐예요? '마일리지' 하면 비행기를 타거나 주유할 때 쌓이는 포인트가 생각나는데 비슷한 개념인가요?

남자: 네, 맞아요. 좀 생소하게 들릴지 모르겠지만 에코 마일리지란 친환경이라는 뜻의 에코와 사용량이라는 뜻의 마일리지(mileage)의 합성어예요.

여자: 그럼, 에너지 절약을 하면 마일리지가 쌓이는 건가요? 어떤 건지 자세히 설명 좀 해 주세요.

남자: 에코 마일리지는 전기, 수도, 도시가스를 절약한 만큼 마일리지 형태로 돌려받는 시민 참여 프로그램이에요. 자발적인 에너지 절약을 통해 온실 가스를 줄이기 위한 제도로 서울시에서는 지난 2009년부터 시행해서 가정이나 기업, 학교에서 에너지의 사용량을 줄이면 다양한 혜택을 주고 있어요.

여자: 취지가 좋네요. 어떻게 이용하는 건데요?

남자: 우선 에코 마일리지 홈페이지에 들어가 회원 가입을 한 후에 매달 사용하는 전기, 수도, 도시가스 사용량을 점검해요. 에너지 사용량을 6개월 주기로 체크해서 에너지 절감을 실천한 회원에게 혜택을 주는 거예요.

여자: 얼마나 줄여야 혜택을 받을 수 있나요? 또 그 혜택은 뭐죠?

남자: 가정 회원의 경우 6개월 간 월평균 전기, 수도, 도시가스 사용량이 전에 비해 10%가 줄면 1년에 두 번, 총 십만 원 상당의 혜택이 주어지죠.

여자: 와, 그렇게 많이 받을 수 있어요? 에너지 사용량도 줄이고 돈도 받고, 해 볼 만한데요.

남자: 돈으로 직접 받는 건 아니고요, 친환경 제품으로 받거나 친환경 제품 구입 시 할인 받을 수 있어요. 또 앞으로 재래시장 상품권으로 받을 수 있는 방법도 추진 중이래요.

091 - 093p

제5과 한국의 민속

듣고 말하기 1

MP3 **5-2**

강릉에서는 해마다 음력 5월이 되면 전국에서 가장 큰 규모의 단오제가 열린다. 오랜 역사와 전통을 가지고 있는 강릉단오제는 향토 신에 대한 기원제이면서 지역 주민들의 축제이기도 하다. 다른 지역에서도 그 지역의 특색을 살린 축제가 열리고 있음에도 불구하고 특별히 강릉단오제가 사람들의 눈길을 끄는 것은 다음의 두 가지 특징 때문이다.

첫째는 전통문화의 가치를 단순히 보존하는 데에 그치지 않고 현재까지 잘 계승해 나가고 있다는 것이다. 둘째는 정부나 기관 주도로 행사가 진행되는 것이 아니라 지역 주민이 자발적으로 참여함으로써 주민들의 생활 속 문화가 그대로 전승되고 있다는 것이다.

강릉단오제는 음력 4월 5일에 신에게 바칠 술을 빚는 일부터 시작하여 한 달에 걸쳐 계속되는데 이 기간 동안 향토 신에 대한 제사, 무당굿, 가면극, 농악 등의 다채로운 행사가 펼쳐진다. 강릉단오제는 일제 강점기와 서구화 물결 속에서도 사라지지 않고 강원도 영동 지역 주민들을 하나로 묶는 역할을 해 왔다. 그리고 그 역사적 가치와 의의를 인정받아 2005년 유네스코 세계무형유산에 등재되었다.

듣고 말하기 2

MP3 **5-3**

한국의 세시 풍속 중 가장 큰 행사라 할 수 있는 설날에는 무병장수와 부를 염원하는 음식을 가족, 친지, 가까운 이웃과 함께 나누어 먹었는데 이를 세찬이라고 한다. 세찬 중에서도 가장 보편적인 것이 떡국이다.

한 해를 시작하는 설날에 먹는 떡국은 그 색과 모양이 각각 의미를 담고 있어서 눈길을 끈다. 떡국은 화려하지 않은 하얀 색의 가래떡으로 만드는데 이것은 묵은 때를 씻고 한 해를 깨끗하게 시작하라는 의미를 담고 있다. 또 가래떡의 긴 모양은 재산이 늘어나라는 의미이고, 이것을 동전 모양처럼 둥글게 썬 것은 그해에 재물이 쌓이기를 기원하는 것이다.

떡국은 대표적인 설날 음식답게 지역별로 모양도 다르고 담긴 의미도 다양하다. 개성 지방에서는 조롱박 모양의 조롱이떡을 넣어 만든 떡국을 즐겨 먹었는데, 조롱박이 잡귀를 물리치고 액운을 막을 수 있다는 믿음에서 비롯되었다. 벼농사를 많이 짓지 않는 북쪽 지방에서는 쌀로 만든 가래떡 대신에 만두를 떡국의 재료로 사용했다. 만두는 복을 싸서 먹는다는 의미를 담고 있기도 해서 궁중에서도 떡국 대신에 즐겨 먹었다고 한다.

세찬은 덕담을 나누며 어려운 이웃과 음식을 나눠 먹는 공존의 의미도 담고 있다. 어려운 이웃에게 닭과 밤, 과일 등 차례를 지낼 수 있는 용품을 싸서 보냈던 옛 풍습에서 어려움을 함께 나누는 따뜻한 인정을 느낄 수 있다.

듣고 말하기 3

MP3 **5-4**

남자: 할머니, 오늘 날씨가 참 화창한 것 같아요. 어디 꽃구경이라도 가면 딱 좋겠어요.

여자: 동지 팥죽 끓여 먹었던 게 엊그제 같은데 벌써 삼짇날이구나.

남자: 삼짇날이요? 그게 뭐예요? 처음 듣는 말인데요.

여자: 쯧쯧, 요즘 사람들은 우리 것을 몰라도 너무 몰라. 음력 3월 3일을 삼짇날이라고 하는데 한마디로 봄이 왔다는 것을 알리는 날이지. 이날은 봄의 기운이 충만해서 장을 담그면 맛이 좋다고들 믿었고 또 봄을 맞아 집안 수리를 하기도 했단다.

남자: 아! 그럼, 혹시 봄에 꽃으로 전을 부쳐 먹는다는 날이 오늘이에요?

여자: 화전을 말하는 모양이구나. 삼짇날이 되면 맛있는 음식을 싸 가지고 나들이 가곤 했지. 화전도 그런 음식 중의 하나란다. 특히 바깥출입이 자유롭지 않았던 여자들도 이날만큼은 모처럼의 나들이를 즐길 수 있어서 삼짇날을 손꼽아 기다렸단다.

남자: 삼짇날도 다른 명절처럼 특별한 풍속이 있나요?

여자: 아무렴, 있고말고. 삼짇날에는 그 날 보는 동물로 한 해의 운수를 점치곤 했단다.

남자: 어떤 동물을 봐야 운이 좋다고 생각했나요?

여자: 뱀이나 개구리를 봐야 좋지. 개구리 울음소리가 크면 그 해 풍년이 든다고 믿었고 뱀은 좋은 운을 가져다 준다고 믿었거든. 또 노랑나비나 호랑나비도 소원을 들어준다고 해서 보면 좋아했지. 아! 그런데 흰나비는 예외야.

남자: 왜요? 안 좋은가요?

여자: 흰 나비를 보면 그 해에 흰색의 상복을 입게 된다고 생각했지. 즉 부모님이 돌아가실지도 모르는 나쁜 징조라고 해서 불길하게 여겼던 거야.

남자: 그렇군요. 그런데 할머니, 삼짇날에 하는 특별한 놀이도 있나요?

여자: 보통 남자들은 편을 나눠 활쏘기를 했단다. 또 아이들은 풀로 인형도 만들고 버드나무 가지로 피리도 만들어 불며 놀았지.

남자: 할머니 얘기를 듣고 보니 삼짇날에도 즐길 만한 것들이 참 많았던 것 같네요.

07-109p

제6과 한국인의 정서

듣고 말하기 1

MP3 6-2

2002년 한·일 월드컵은 세계에서 유례를 찾을 수 없는 응원 문화를 보여 주었다. 그 대표적인 것이 거리 응원이다. 2002년 한·일 월드컵 때 수백만 명이 광장으로 몰려나와 붉은 티셔츠를 입고 태극기를 두르고 목이 터져라 응원했다. 열정적이면서도 질서 정연한 한국 특유의 공동체 문화가 축구 응원에 녹아들어 가 다른 나라에서는 볼 수 없는 한국만의 응원 문화가 형성되었다. 그 이후 월드컵 경기가 열릴 때마다 전국의 광장이 열정적인 응원으로 들썩이고 있다.

거리 응원에서 특히 흥미로운 볼거리는 생전 처음 만난 사람들이 다 함께 어울려 응원 구호를 외치는 모습이다. "대~한민국 짝짝 짝 짝짝!"이라는 단순하고 쉬운 리듬의 이 구호는 남녀노소 누구나 쉽게 따라 할 수 있어 응원으로 온 국민이 하나가 되는 데 큰 역할을 하였다. 그 후 이 구호는 야구나 올림픽 경기에서도 쓰일 정도로 대한민국의 대표적인 응원 구호가 되었다.

한편 대한민국 축구 국가대표팀 응원단인 '붉은 악마'는 월드컵을 통해 온 국민이 축구를 즐기며 응원하는 문화를 형성하는 데에 기틀을 마련했다. 또한 '붉은 악마' 응원단은 한·일 월드컵 이후 국제적인 브랜드로 떠올라 한국 축구의 또 다른 상징이 됐다.

한·일 월드컵이 열린 지 10년이 지났지만 그 당시 거리 응원에 참여했던 젊은이들은 이제 어린 자녀들과 함께 국내 축구팀을 응원하기 위해 경기장을 찾고 있다. 이들은 자신들이 응원하는 팀의 유니폼을 입고 열정적으로 응원 구호를 외치며 계속해서 축구 응원 문화를 이어 나가고 있다.

듣고 말하기 2

MP3 **6-3**

노동과 관련된 한국의 전통적인 풍습 중 역사적으로 가장 오래된 품앗이는 일을 한다는 의미의 '품'과 교환한다는 의미의 '앗이'가 결합된 말이다. 품앗이는 베푸는 쪽과 그것을 보답하는 쪽 두 당사자를 항상 포함하게 된다. 품에 대해 보답하는 것을 전제로 하지만 반드시 갚지 않아도 되는 경우도 많다. 품앗이는 주로 농사를 짓는 데 집중적으로 쓰여 왔으나 근대에 들어 대가를 받고 노동력을 제공하는 임금 노동이 발달하면서 점차 사라지게 되었다.

현재까지 남아 있는 품앗이의 형태는 결혼식이나 장례식과 같은 경조사에 참석하는 것이다. 옛날에는 큰일을 치르기 위한 노동력을 제공했지만 지금은 경조사를 치르는 데 필요한 비용을 일부 부담하는 것으로 바뀐 것이 그 차이라고 할 수 있다.

또 현대에는 이웃에 사는 사람들끼리 자녀의 양육과 교육을 분담하는 데에서도 전통 품앗이의 모습을 찾을 수 있다. 예를 들면 특별한 체험 활동을 돌아가면서 준비하기도 하고 자녀의 교육과 관련된 정보를 공유하거나 친목 도모를 위한 모임을 가지기도 한다.

듣고 말하기 3

MP3 **6-4**

여자: 처음 한국에 유학 왔을 때 한국 사람들이 쉬지 않고 바쁘게 움직이는 것을 보고 참 여유가 없다고 느꼈는데, 여기에서 오래 살다 보니 이제 저도 무슨 일을 하든지 빨리빨리 하게 돼요.

남자: 외국인들이 보기에 한국인들이 유별나게 급해 보이긴 하죠. 중요한 일이든지 사소한 일이든지 간에 말이에요.

여자: 한국인의 빨리빨리 기질은 부정적으로 보면 조급성을 의미하기도 하지만 긍정적으로 보면 역동적인 에너지를 상징하기도 하는 것 같아요.

남자: 맞아요. 빨리빨리 기질이 그동안 다소 부정적으로만 비추어졌었는데 요즘같이 속도가 중요한 디지털 시대에는 오히려 빛을 발하고 있죠.

여자: 한국의 IT분야가 크게 발전한 데에도 이러한 기질이 한몫하지 않았나 싶어요.

남자: 그렇다고 볼 수 있죠. IT분야는 하루가 다르게 발전하는 기술을 얼마나 빠르게 적용하느냐가 중요하거든요. 그런데 한국인들은 그동안 빨리빨리 일을 처리해 온 덕분에 그런 흐름에 익숙하잖아요.

125-127p 제7과 가치관과 사회의 변화

듣고 말하기 1

MP3 **7-2**

지금 이 시대를 살아가고 있는 대한민국 20대의 가치관은 이전 세대와 어떻게 다를까? 한 경제 연구소의 조사 결과에 따르면 20대의 가치관과 생활 방식은 그 이전 세대와 다소 차이를 보이고 있는 것으로 나타났다.

첫째, 20대는 경제적인 풍요로움 속에서 남녀 차별을 받지 않고 자란 세대이기 때문에 가족관에도 이러한 가치관이 그대로 드러났다. 결혼을 하고 나서도 남녀의 역할을 따로 구분하지 않고 실질적으로 이득이 된다면 남성이 전업주부를 하거나 처가살이를 하는 것에 대해 거부감이 없었다. 또 맞벌이 부부의 경우 자기 소득을 자기가 관리하는 것을 선호했으며 부부 사이의 갈등을 해결할 수 없다면 이혼할 수도 있다는 의견이 많았다. 출산과 결혼의 중요성에 대해서도 기성세대에 비해 낮게 평가하였다.

둘째, 20대는 응집력이 강하고 공동의 가치를 실현하고자 하는 욕구가 높은 것으로 나타났다. 이들은 자신들이 사회의 변화를 주도하는 세대라는 자긍심을 가지고 있었으며 SNS에서 의견을 나누고 촛불 집회에 참여하는 등 다양한 방식으로 자신의 의견을 적극적으로 드러낸다.

끝으로 20대는 사교육의 필요성에 대해서 기성세대보다 더 공감하는 경향을 보였다. 현재 취업난에 시달리고 있는 20대는 대학에서의 교육은 학문적 지식을 쌓기보다 취업 준비가 우선시 되어야 한다고 응답하였다. 조기 유학에 대해서도 긍정적인 태도를 보였는데 이것은 실제로 대학 입시나 취업 등에서 조기 유학으로 인한 차이를 경험했기 때문인 것으로 보인다. 또 이들은 사회에서 성공하기 위해서는 학벌이 중요하다는 데 한 목소리를 내기도 했다.

듣고 말하기 2

MP3 **7-3**

대한민국은 빠른 속도로 늙어 가고 있다. 지난 30년 동안 14세 이하의 유소년 인구는 절반으로 줄어든 반면에, 65세 고령 인구는 세 배 가까이 증가했다. 이처럼 출산율이 떨어지면서 전체 인구에서 고령 인구가 차지하는 비율이 점차 증가하고 있는데, 그 속도가 세계에서 가장 빠르다.

국제연합의 보고서에 따르면 한 나라의 총인구에서 65세 이상 인구가 차지하는 비율이 7%를 넘으면 '고령화 사회', 14%를 넘으면 '고령 사회', 20%를 넘으면 '초고령 사회'라고 한다. 한국의 경우 2000년에 고령 인구 비율이 7.3%를 기록해 고령화 사회로 접어들었고 2018년에는 고령 사회, 2026년에는 초고령 사회에 진입할 것이라는 전망이 나오고 있다. 이미 초고령 사회에 진입한 일본의 경우, 고령화 사회에서 고령 사회로, 고령 사회에서 초고령 사회로 가는 데 각각 24년, 12년이 걸렸지만, 한국은 18년, 8년밖에 걸리지 않게 되는 셈이다.

전체 인구에서 고령 인구가 차지하는 비율이 늘면 노동이 가능한 인구가 줄어들면서 경제 성장은 급격히 둔화된다. 또 노인들을 부양하기 위한 사회적 비용이 막대하게 늘어나 국민 부담이 가중될 것이다. 전문가들은 고령화의 심각성을 인식하고 출산율을 높이기 위한 적극적인 대책이 필요하다고 입을 모으고 있다.

듣고 말하기 3

MP3 **7-4**

남자: 최근 지속적으로 늘고 있는 1인 가구에 대해 오늘은 사회학자이신 이정윤 박사님을 모시고 이야기 나눠 보도록 하겠습니다. 안녕하세요, 박사님. 1인 가구가 증가하는 원인이 뭐라고 생각하시나요?

여자: 이혼율 증가와 고령화가 1인 가구 증가의 주원인이라고 볼 수 있습니다. 또 가족에 대한 가치관의 변화로 부모를 모시지 않으려는 경향이 보편화되면서 노인 1인 가구가 늘고 있는 것 또한 그 원인이라고 볼 수 있겠죠.

남자: 일부 전문가들은 결혼관의 변화를 1인 가구 증가의 주요인으로 지적하기도 하던데요. 박사님 생각은 어떠신가요?

여자: 결혼이 필수가 아닌 선택이 되면서 혼자 사는 사람들이 많아졌죠. 특히 자아실현 욕구가 크며 사회적, 경제적으로 높은 지위에 있는 젊은 여성들이 중심이 되어 이런 변화를 이끌어 왔다는 분석이 지배적입니다.

남자: 역시 가치관의 변화가 큰 영향을 미쳤다고 볼 수 있는 거네요. 그럼 1인 가구가 증가함에 따라 사회적으로 어떤 변화가 예상되는지요?

여자: 우선 혼자 사는 사람들이 늘면 소형 가전제품이나 소형 주택 등이 인기를 끌게 될 것입니다. 또 패스트푸드나 간편 조리 음식의 소비도 증가할 거고요. 정신적으로는 가족 관계가 가져다주는 친밀함의 부족으로 우울증 등이 늘어날 가능성도 있습니다.

남자: 앞으로 1인 가구의 증가가 가속화될 텐데 이에 대한 대책도 함께 논의되어야 할 듯싶네요.

141 - 143p 제8과 함께 사는 사회

듣고 말하기 1

MP3 **8-2**

최근 트위터, 페이스북과 같은 SNS가 확산되면서 SNS를 통한 기부가 활발히 이루어지고 있다. 이를 소셜 기부라고도 하는데 개인이나 단체, 기업들이 SNS를 통해 기부 활동을 하는 것이다.

소셜 기부의 한 가지 예로 '댓글 기부'라는 것이 있다. SNS에 올라온 기부와 관련된 글에 사람들이 댓글을 달면 달린 댓글의 개수대로 일정 금액을 기업에서 기부를 한다. 보통 댓글을 하나 달 때마다 100원에서 1000원 정도의 금액을 기업에서 대신 내는 식이다.

기업의 입장에서 보면 소셜 기부는 기업의 이미지를 높일 수 있고 상품을 홍보하는 수단이 되기도 한다. 이런 이유로 요즘은 직접 기부금을 내기보다는 SNS 이용자들의 참여를 통해 기부 활동을 하는 기업이 점차 늘고 있는 추세다.

한편 소셜 기부는 컴퓨터나 스마트 폰으로 간단한 댓글이나 클릭 한 번으로 기부 활동에 참여할 수 있어서 많은 사람들의 기부를 기대할 수 있다. 이제 SNS를 통해 누구나 마음만 먹으면 쉽게 후원자나 기부자가 될 수 있다. 소셜 기부는 '백지장도 맞들면 낫다.'라는 속담처럼 적은 돈이기는 하지만 다수의 기부자가 모이면 커다란 힘이 될 수 있음을 보여 주고 있다.

듣고 말하기 2

MP3 **8-3**

서울의 대학로 인근에 위치한 이화동은 서울 도심의 마지막 남은 달동네 중 하나다. 그러나 2006년 많은 예술가가 자원봉사로 참여하여 동네 곳곳에 벽화를 그리기 시작한 이후 낙후된 달동네보다는 아름다운 벽화 마을로 알려지기 시작했다.

벽화가 그려진 후 마을의 위상은 크게 높아졌고 겉모습뿐만 아니라 생활 환경 모두가 변화되었다. 일단 쓰레기를 함부로 버리는 일이 사라졌고 마을이 눈에 띄게 깨끗해졌다. 그리고 달라진 분위기 덕분인지 취객들의 다툼이나 눈살을 찌푸리게 하는 일들도 줄어들었다.

최근에는 각종 드라마와 영화의 배경으로 이곳이 등장하면서 국내는 물론 외국인 관광객들이 평일에도 몰려드는 명소가 됐다. 관광객이 급증하면서 지역 경제도 더불어 활성화되었다.

이화동 벽화 마을의 변화에 서울시가 큰 관심을 보이고 있다. 벽화 그리기를 통해 적은 비용으로 도시 환경을 개선시킬 수 있다는 평가 때문이다. 실제로 이화동 벽화 마을처럼 벽화 그리기를 통해 생활 환경을 개선하는가 하면 지역 경제도 활성화시킨 마을들이 하나 둘 늘고 있다.

듣고 말하기 3

MP3 **8-4**

여자: 저 아저씨는 누군데 지하철역 앞에서 잡지를 팔고 있는 거예요? 공짜로 나눠 줘도 안 받을 판인데 누가 저런 얇고 내용도 없어 보이는 잡지를 돈 주고 살까 몰라요.

남자: 저도 처음엔 그런 생각을 했었는데 나중엔 도대체 어떤 잡지인지 궁금해지는 거예요. 그래서 호기심에 한 권 사서 읽었는데 잡지 한 권에 깊은 의미가 담겨져 있더라고요.

여자: 네? 그게 뭔데요?

남자: 그 잡지는 영국의 한 기업인이 노숙인 문제를 해결하기 위해 1991년에 창간했다고 해요.

여자: 잡지로 어떻게 노숙인 문제를 해결한다는 거죠? 이해가 잘 안 가는데요.

남자: 잡지의 판권을 노숙인들에게만 제공해서 자립의 계기를 마련해 주는 거예요. 다시 말하면 노숙인들만 잡지를 팔 수 있는데 잡지를 2,500원에 공급받아 5,000원에 팔면 나머지는 고스란히 그들의 수입이 되는 거죠.

여자: 기발한 생각인데요? 그런데 이 잡지가 전 세계적으로 판매되고 있나요?

남자: 네, 나라별로 다른 내용으로 편집되는데 주로 대중문화에 관한 내용이라서 부담 없이 읽을 수 있어요. 전 흥미로운 기사들을 읽을 수 있을 뿐만 아니라 노숙인들에게 조금이나마 도움을 줄 수 있다는 생각에 자주 사요.

여자: 한솔 씨 덕분에 오늘 새로운 정보를 알았어요. 저도 지금 당장 한 권 구입해야겠네요.

159 - 161p 제9과 경제와 소비생활

듣고 말하기 1

MP3 **9-2**

소비자물가지수는 물가의 변동을 알려 주는 중요한 경제 지표이다. 이 지수는 통계청에서 주요 도시별로 매월 조사하여 발표하는데 그 대상은 소비자들이 자주 구입하거나 이용하는 상품과 서비스이다. 물론 모든 상품과 서비스의 가격을 조사할 수 없어 많이 사용하는 대표적인 품목을 선정하는데 이것을 물가지수 품목이라고 부른다.

지난 1975년 처음 선정된 이래로 5년마다 개편되는 물가지수 품목들은 시대에 따라 변화를 거듭해 왔다. 그러나 오랫동안 장수한 품목도 적지 않아 30년 간 물가지수 산정에 매번 포함된 품목들이 총 202개였다. 이 품목들의 변화 양상을 살펴보면 지난 30년 간의 생활상을 짐작할 수 있다.

예를 들어 선풍기, 냉장고, 프라이팬 등이 세월의 변화에도 30년 동안 장수하고 있는 게 눈에 띈다. 일반 사람들의 입장에서 이들 상품은 인터넷이나 컴퓨터, 스마트폰 등 최신 제품보다 우선하는 생활필수품인 셈이다.

반면 기술 변화가 심한 품목들은 단명하고 말았다. 대표적인 게 무선 호출기로 지난 95년 포함됐으나 휴대폰의 등장으로 불과 5년 만에 제외됐다. 전문가들은 정보 기술 제품의 수명이 짧은 이유는 최근 들어 기술 변화의 속도가 빨라지면서 신제품이 계속해서 출시되는 데다가 소비자들의 취향이 비교적 빠르게 변하기 때문이라고 분석한다.

듣고 말하기 2

MP3 **9-3**

일반적으로 사람들은 대형 할인 마트에서 생필품을 구매하는 것이 더 싸다고 생각하고 알뜰하게 살림을 꾸려 나가는 데에 도움이 된다고 생각한다. 그런 선입견을 갖게 하는 이유 중의 하나는 여러 개를 묶어서 판매하는 묶음 상품이나 상품을 하나 사면 동일한 상품을 공짜로 증정하는 1+1 상품이 많다는 것이다.

그러나 조사 결과, 대형 할인 마트에서 판매하는 묶음 상품 10개 중 4개 상품이 오히려 단품으로 살 때보다 비싼 것으로 나타났다. 한 소비자 단체가 전국 170여 개 대형 할인 마트를 대상으로 조사한 것에 따르면, 단품보다 비싼 묶음 상품이 185개 가운데 39% 수준인 72개인 것으로 나타났다. 또 1+1 상품도 단품보다 가격이 비싼 경우가 7.4%나 됐다. 겉으로는 공짜로 하나를 더 준다고 하지만 실제로는 두 상품의 가격을 모두 받는 것도 모자라 심지어는 더 비싸게 받는 경우도 있는 셈이다.

한편 묶음 상품이나 1+1 상품이 충동구매나 과소비를 유발한다는 응답자가 82%를 넘었고 실제 충동구매나 과소비 경험에 대해서도 조사 응답자의 74%가 경험이 있다고 응답하여 이에 대한 소비자들의 현명한 판단이 요구된다. 즉 대형 할인 마트에서 판매하고 있는 묶음 상품이나 1+1 상품 가격이 반드시 단품보다 저렴하다는 선입견을 버리고 가격을 비교한 후 구매하는 습관이 필요하다.

듣고 말하기 3

MP3 **9-4**

남자: 오늘 편의점에 들렀다가 이런 걸 발견했어. 인기 상품이라는데.

여자: 이게 뭐야? 원두커피 원액이잖아? 그냥 물에 타서 마시는 건가 봐.

남자: 응, 가격은 싼데 맛은 커피 전문점에서 파는 제품과 별로 차이가 없어. 요즘 이렇게 저렴하면서도 괜찮은 제품이 많이 나오는 것 같아.

여자: 경기가 나쁘니까 커피도 '립스틱 효과' 전략을 활용하는구나.

남자: 립스틱 효과? 그게 무슨 말이야?

여자: 불경기에 립스틱 같은 저가 화장품의 매출이 증가하는 현상을 가리키는 말이야. 여성들은 립스틱만 발라도 분위기가 바뀌는 효과에 만족을 느끼잖아. 경기가 나쁘면 돈을 아끼려고 소비를 줄이게 되는데, '립스틱'처럼 비교적 저렴한 상품을 사서 심리적인 만족을 얻는 거지.

남자: 경기가 나쁘면 여자들이 빨간 립스틱을 선호한다는 속설이 아주 틀린 말은 아니었네. 그런데 이 커피도 '립스틱 효과'라고?

여자: 단지 립스틱뿐만 아니라 저가임에도 불구하고 소비자를 만족시켜 줄 수 있는 상품이 많이 판매되는 현상을 '립스틱 효과'라고 설명할 수 있어. 기업에서는 불경기에 '립스틱 효과'를 노린 판매 전략을 세우기도 해.

남자: 그러면 립스틱 효과로 설명할 수 있는 소비 행동이 꽤 많네. 예를 들면 식당에 가지 않고 집에서 삼겹살을 구워 먹거나 큰 비용을 들이지 않고 거실 커튼만으로 집안 분위기를 바꾸려는 것도 립스틱 효과로 볼 수 있지 않을까?

175 - 177p

제10과 무역과 국제 관계

듣고 말하기 1

MP3 **10-2**

경제학에서 자주 등장하는 용어로 '나비효과'라는 것이 있다. 사소한 사건 하나가 나중에 커다란 변화를 가져올 수도 있다는 이론이다. 미국의 한 기상학자는 기상 현상을 분석하는 과정에서 지구 상 어디에선가 일어난 조그만 변화로 예측할 수 없는 날씨 현상이 나타날 수 있다는 것을 발견했다. 예를 들면 베이징에 사는 나비의 날갯짓이 결과적으로 미국의 기후에 엄청난 영향을 미칠 수 있다는 것이다.

오늘날 세계화 시대에서 나비효과는 더욱 강한 힘을 갖는다. 인터넷과 언론 매체의 발달로 정보의 흐름이 매우 빨라지면서 지구촌 한구석의 미미한 변화가 순식간에 전 세계로 확산되는 것이다. 대표적인 예로, 2007년 1월 중국 남부 지역을 강타한 폭설로 석탄 생산이 중단되어 극심한 석탄 부족 현상이 나타났다. 중국 정부는 석탄 수출을 중단했고, 이 때문에 석탄의 국제 가격이 폭등하면서 철강, 조선, 자동차 등 석탄을 원료로 하는 제품의 가격 또한 인상되는 현상이 발생했다. 이러한 나비효과는 국가 간 상호 협력과 의존도가 커져감에 따라 앞으로 더욱 거세질 전망이다.

듣고 말하기 2

MP3 **10-3**

G20은 세계적인 경제 문제를 논의하고 해결책을 찾기 위해 세계 경제의 중심이 되는 국가들이 갖는 모임을 말한다. G20의 'G'는 영어 '그룹(group)'의 머리글자이고, 뒤의 숫자 20은 참가국 수를 가리킨다. G20은 미국, 프랑스, 영국 등 7개의 선진국과 중국, 브라질, 한국 등 12개의 신흥 경제국, 그리고 유럽연합을 더해 20개국을 회원으로 하는 국제기구이다. G20 참여국의 인구수는 세계 인구의 2/3를 차지하며 경제 규모는 전 세계의 90%에 이를 정도로 세계 경제에서 큰 비중을 차지한다.

G20은 아시아 외환 위기 직후인 1999년에 탄생했다. 이전에는 선진국으로만 구성된 G7이 1년에 한 번 정상회의를 열어 세계의 경제 문제를 논의하였으나, 국제 금융 시장의 안정을 위해서는 더 많은 국가가 참여하는 경제협력기구가 필요하다는 인식이 확산됐다. 한편 신흥 경제국들의 비중이 커진 것도 G20을 만들게 된 이유 중 하나다. 이들 신흥 경제국들을 빼놓고서 세계 경제를 논의한다는 것이 이제 무의미해졌기 때문이다. 그래서 G7에 경제 규모가 큰 신흥 경제국과 유럽연합을 포함시켜 G20을 만들게 되었던 것이다.

듣고 말하기 3

MP3 **10-4**

남자: 최근 한국의 식량 자급률이 급락하고 있다는 조사 결과가 있는데요. 오늘은 식량 자급 문제에 대해 한 번 짚어 보도록 하겠습니다. 경제부 김지원 기자 나왔습니다. 김기자, 우리나라의 식량 자급 현황이 어떻습니까?

여자: 1970년대에는 86%였던 식량 자급률이 2011년 기준 22%로 떨어졌습니다. 특히 밀가루의 경우는 이미 10년 전부터 100% 수입에 의존하고 있는 상황입니다.

남자: 그럼 밀가루 음식은 전부 다 수입산이라고 생각해도 되겠군요. 주식인 쌀이나 잡곡류의 경우는 어떻습니까?

여자: 쌀의 경우는 정부 정책 덕분에 자급률이 매년 90%를 넘는 수준입니다만 잡곡류의 경우는 30%에도 못 미치고 있습니다.

남자: 그렇다면 쌀 이외에는 거의 자급률이 떨어진다고 보이는데요. 이렇게 자급률이 떨어지는 이유는 무엇입니까?

여자: 우선 식생활의 변화로 수입산 식품들을 많이 먹게 된 것이 주원인입니다. 또 과거에 비해 우리나라의 농지 면적이 감소했고요.

남자: 그럼 외국산 식품의 수입량이 상대적으로 늘었겠군요.

여자: 네. 그리고 칠레, 미국, 유럽연합 등 과일이나 곡물을 대량으로 생산하는 나라들과의 FTA 체결로 식량 수입량은 앞으로도 계속 늘어날 것으로 보입니다.

남자: 소비자 입장에서는 다양한 상품을 값싸게 구입할 수 있으니 좋은 게 아닌가 싶은데요?

여자: 장기적으로 보았을 때 꼭 그렇지만도 않습니다. 식량 수출국에서 수출을 제한할 경우 값이 급등하게 됩니다. 그러면 우리나라는 어쩔 수 없이 비싼 값에 식량을 사들일 수밖에 없는 거죠.

남자: 그렇군요. 그런 경우에 대비해 주식인 쌀만이라도 자급률을 계속 유지해야 하지 않을까 하는 생각이 듭니다. 김 기자, 오늘 말씀 잘 들었습니다.

193 - 195p 제11과 한반도의 정세

듣고 말하기 1

MP3 **11-2**

대한민국 제15대 대통령을 지낸 김대중 전 대통령은 세계적으로 노벨 평화상을 받은 것으로 유명하다. 하지만 그는 국내에서도 경제, 정치, 사회 등 다방면에서 많은 업적을 남겼다. 경제적으로는 IMF 경제 위기를 극복하였으며 정치적으로는 한국의 민주주의를 한층 발전시켰다. 그리고 무엇보다 중요한 업적은 남북 관계와 관련된 것인데 햇볕정책을 통해 한반도에 평화를 정착시키는 데 기여했다는 것이다. 그가 노벨 평화상을 받은 것도 남북 관계 개선에 대한 이러한 공로 때문이었다.

햇볕정책은 김대중 대통령의 오랜 연구 끝에 완성된 정책이다. 그는 북한을 적대적으로 대하는 것이 한반도 평화에 도움이 되지 않는다고 생각했다. 반대로 북한을 우호적으로 대하고 지원하는 정책만이 북한을 변화시킬 수 있으며 한반도의 평화를 유지할 수 있을 것이라고 보았다. 즉, 경제와 사회 분야에서 북한과의 관계를 개선해 나간다면 정치와 군사 분야에서도 긍정적인 변화를 기대할 수 있을 것으로 보았던 것이다.

듣고 말하기 2

MP3 **11-3**

한국전쟁 이후 남북이 서로 등을 돌리면서, 자신들의 의지와는 상관없이 헤어져 살아야 했던 사람들이 있다. 이들을 이산가족이라 부르는데 이들은 서로의 생사도 모른 채 60여 년을 살아 왔으며 그 수는 수만 명이 넘는다.

남북한은 이산가족이 서로를 만날 수 있도록 이산가족 상봉 행사를 개최하기 위해 협상을 진행하고 있기는 하지만 그 성과는 그다지 만족스럽지 않다. 2011년 현재까지 남북한 간 공식적인 이산가족 상봉 행사는 십여 차례에 불과하고 그나마 이를 통해 서로의 생사를 확인한 이산가족의 비율은 턱없이 낮은 수준이다. 일례로 통일부가 남북 이산가족 찾기 신청자를 대상으로 실시한 설문 조사에 따르면 북한에 있는 가족의 생사를 확인한 이산가족이 10%를 넘지 못하는 것으로 나타났다.

이산가족 당사자들의 연령을 고려해 본다면 남북 이산가족 문제는 남북한의 다른 어떤 문제보다도 시급히 해결해야 할 문제이다. 이산가족 찾기 신청자 중 70대 이상이 80%에 육박하는 등 고령화가 심각하기 때문인데 이산가족의 다수가 결국 그리운 가족의 얼굴도 못 보고 세상을 뜰 판이다.

이를 해결하기 위해서는 이산가족 상봉 행사를 개선할 필요가 있다. 우선 정치적인 상황에 따라 개최 여부를 결정하지 말고 인도적인 차원에서 상봉 행사를 마련해야 할 것이다. 더 나아가 지금처럼 남북을 오가며 개최하기보다는 중립 지역에 이산가족 면회소를 설치하여 상시적으로 상봉이 가능하도록 해야 할 것이다.

듣고 말하기 3

MP3 **11-4**

여자: 한국에서는 병역 비리가 굉장히 민감한 문제인 것 같아요. 정치 비리나 경제 비리보다도 더 화제가 되는 경우를 자주 보게 되거든요.

남자: 한국의 경우, 남한과 북한이 대치하고 있는 특수 상황이어서 나라를 지키는 것은 당연한 의무라는 생각이 폭넓게 자리 잡고 있기 때문이죠.

여자: 그러면 종교적인 이유나 개인적인 믿음을 이유로 병역을 거부할 수는 없나요? 몇몇 나라에서는 병역을 거부할 권리를 인정하기도 하잖아요.

남자: 아직 한국에서는 아무리 종교적인 이유나 개인적인 믿음 때문일지라도 병역을 거부할 경우, 법적인 처벌을 피하기가 어려워요.

여자: 그래도 법적인 처벌은 좋은 방법이 아닌 것 같아요. 병역 대신에 다른 곳에서 사회봉사와 같은 일을 할 수 있도록 하는 게 더 좋지 않을까요?

남자: 그걸 대체복무제라고 하는데, 사실 한국에서도 이 제도에 대해서 오랫동안 논의돼 왔어요.

여자: 오랫동안 논의가 되었는데도 그 제도가 도입되지 못했다니 무슨 문제라도 있었나 보죠?

남자: 대체복무제는 결국 특정한 사람은 군대에 안 가도 된다고 인정해주는 셈인데, 그렇게 되면 성실하게 군대에서 복무한 사람만 억울해 하겠죠. 군대에 안 가기 위한 수단으로 잘못 이용될 가능성도 있고요.

여자: 그런 문제들이 생기지 않도록 방법을 고민해야죠. 예를 들면, 군대에서 하는 일과 비슷한 정도로 어려운 업무를 수행하도록 한다든지 아니면 근무 기간을 늘려서라도 군대에 간 사람들이 억울해 하지 않도록 하면 되지 않을까요?

남자: 무엇보다도 대체복무제에 대한 국민들의 생각이 긍정적으로 바뀌어야 할 거예요. 최근 들어 이에 대한 논의가 활발해지고 있으니만큼 조만간 구체적인 정책이 마련될 거예요.

209-211p 제 12과 지구촌 문제와 국제기구

듣고 말하기 1

MP3 **12-2**

영문 이름의 앞글자를 따서 '코이카'라 불리는 한국국제협력단은 개발도상국의 경제적·사회적 발전을 지원하고 이들 국가와의 관계를 증진시키기 위해 1991년 설립되었다. 코이카는 전 세계에 걸쳐 해외 무상 원조 사업을 펼치고 있는데 무조건적인 지원이 아니라 그 나라가 자립할 수 있도록 기반을 마련해 주는 것에 중점을 두고 있다.

코이카는 개발도상국 입장에서 정말 필요한 게 무엇인지를 정확히 찾아 내어 지원하는 것으로 유명하다. 예를 들면 국가 간의 정치 문제나 인권 문제, 환경 보호 운동 등 범세계적인 문제를 다루기보다는 의료 시설 확충과 같이 해당 국가의 실질적인 문제를 해결하는 데 관심을 갖는다. 이러한 코이카의 원조 사업은 '맞춤형 지원'이라는 별칭으로 불리며 현지인들에게 기대 이상의 호응을 얻고 있다. 실제로 그 성과 또한 해마다 눈에 띄게 높아지고 있는 상황이다.

이처럼 코이카의 사업이 성공할 수 있었던 데에는 한국만의 역사적 경험이 큰 역할을 했다. 한국이 과거에 어려운 시절을 경험했기 때문에 개발도상국이 어떤 문제로 고민하고 있고 어떻게 해결해 나가야 하는지 그 방법을 잘 이해하고 있는 것이다. 많은 개발도상국들이 선진국 NGO의 사업보다 코이카의 원조 사업을 더 높이 평가하는 것도 이러한 이유 때문이다.

듣고 말하기 2

MP3 **12-3**

최근 전 세계적으로 이민에 대한 관심이 부쩍 늘고 있다. 대부분의 이민은 돈의 흐름을 따라 이뤄진다. 이민이 경제적인 이익을 가져다 주기 때문이다. 이민을 하게 되면 똑같은 일을 하면서도 임금이 평균 다섯 배 이상 높아진다. 그래서 가난한 나라 국민들은 저마다 꿈을 안고 합법적인 방법이든 혹은 불법적인 방법이든 부유한 나라로 이민 길에 오른다.

이민은 국가적으로도 선진국, 개발도상국 모두에게 이익이다. 선진국들은 고급 인력을 싼 임금을 주고 고용할 수 있으니 이익이다. 개발도상국의 경우, 이민자들이 자신들이 번 돈을 본국에 있는 가족과 친척에게 송금하기 때문에 이를 통해 외화를 벌어들일 수 있다. 그래서 일부 국가들은 국가적인 차원에서 기술을 가진 노동자들을 외국에 내보기 위해 힘쓰기도 한다.

그렇다고 이민이 긍정적인 효과만 있는 것은 아니다. 일례로 개발도상국의 두뇌 유출이 문제가 될 수 있다. 고등 교육을 받은 인재들이 이민을 가는 경우가 많기 때문에 국가 발전의 기둥이 될 인재가 줄어들고 그들을 교육 시키는 데 들어간 비용은 되찾을 길이 없다.

그럼에도 국제화 시대에 이민은 거스를 수 없는 대세다. 이민을 통해 빈국과 부국 모두가 상생할 수 있는 방법을 찾는 것은 반드시 해결해야 할 과제라고 할 수 있다.

듣고 말하기 3

MP3 **12-4**

남자: 오늘은 유엔에서 근무하고 있는 이수현 홍보 팀장을 모시겠습니다. 국제기구에 관심이 많은 청소년들

에게 유익한 시간이 될 것 같은데요. 안녕하십니까? 팀장님.

여자: 네, 반갑습니다.

남자: 먼저 어떻게 유엔에서 일하게 되었는지 궁금합니다.

여자: 제 전공은 원래 역사학이었는데요. 역사학을 공부하다 보니 정치적·경제적 상황이 사람들의 삶에 정말 막대한 영향을 미친다는 것을 알게 되었습니다. 흔히들 누구든지 노력하면 행복해질 수 있다고 얘기하지만 실제로 개인의 노력으로 삶의 질을 향상시키는 것은 한계가 있다는 것이죠. 그래서 국제 정치, 국제 경제 문제에 관심을 갖게 되었고, 이런 문제들을 다루는 게 제 직업이 되었습니다.

남자: 개인적인 관심이 이어져서 유엔에서까지 일하게 되었다는 말씀이시군요. 국제기구에서 일하려면 고도의 전문 지식이 필요할 것 같은데, 어떤가요?

여자: 물론 어느 정도의 전문 지식이 필요하겠지만 국제기구도 보통 직장과 다르지 않습니다. 자신의 업무에 대한 관심과 열정이 오히려 더 중요하다고 생각합니다.

남자: 국제기구라고 해서 특별히 다를 것이라는 선입견을 갖고 있었는데 꼭 그렇지만도 않다는 말씀이시군요.

여자: 그렇죠. 자기 스스로 관심을 가지지 않는 일을 즐겁게 할 수는 없겠죠. 전문 지식보다는 개인적인 관심과 열정을 더 높이 사는 것도 바로 그 때문입니다.

남자: 요즘 스펙을 쌓는다는 말을 많이 합니다. 국제기구에 취업을 하기 위해서는 대단한 스펙이 있어야 할 것 같은데요. 특별히 준비해야 할 것이 있다면 조언 부탁드리겠습니다.

여자: 유엔에서 일하는 데 가장 중요한 것은 대인 관계를 유지하는 능력입니다. 국제 문제라는 게 여러 나라의 협력이 필요하기 때문이죠. 그렇기 때문에 의사소통 능력, 협동심이 더욱 요구된다고 봅니다.

남자: 정말 공감이 가는 말씀입니다. 오늘 말씀 감사합니다. 지금까지 국제기구 유엔의 이수현 홍보 팀장과의 인터뷰였습니다.

듣기 정답

023-025p 제1과 서울의 역사

듣고 말하기 1

1. ① (×) ② (○) ③ (×) ④ (○)
2. ㉮ ☑ 유적지 일대 ㉯ ☑ 전문 해설사 ㉰ ☑ 건강과 지식
3. ②

듣고 말하기 2

1. ① (×) ② (×) ③ (×) ④ (○)
2. ④
3. 홍보관 ——— 전시 ╲╱ 서예
   사랑방, 뒷마당 ——— 체험 ╱╲ 온돌

듣고 말하기 3

1. ① (×) ② (○) ③ (○) ④ (×)
2. 커피 자판기
3.

건립자	건립 목적
고종	커피를 즐기기 위한 연회장

039-041p 제2과 한국의 문화유산

듣고 말하기 1

1. ① (×) ② (○) ③ (×) ④ (○)
2. ④
3. 수많은 역사적 사건들이 벌어졌던 곳이기 때문에

듣고 말하기 2

1. ① (×) ② (×) ③ (×) ④ (○)
2. 전문가뿐만이 아니라 일반 백성들도 실생활에서 활용할 수 있도록 쓰여졌다.
3. 일반 백성들도 쉽게 읽을 수 있게 하기 위해서

듣고 말하기 3

1. ① (○) ② (×) ③ (×) ④ (○)
2. ☑ 그림으로 표현되기 때문에 쉽게 이해할 수 있다.
   ☑ 사건이나 상황을 생동감 있게 표현할 수 있다.
3.

내용 • ———	• 역사적 사실만을 토대로 내용을 구성하였다. • 구전으로 전해 내려오는 이야기도 포함하여 내용을 구성하였다.
형식 • ———	• 문장을 쉽게 풀어써서 독자의 이해를 돕고 흥미를 높였다. • 문장은 어렵지만 그림을 곁들여 독자의 이해를 돕고 흥미를 높였다.

4. 20권

57-059p **제3과 환경의 위기**

듣고 말하기 1

1. ① (×) ② (○) ③ (×) ④ (×)
2. ④
3. ①
4. ☑ 처리 비용이 많이 든다. ☑ 한 국가가 책임질 수 없다.

듣고 말하기 2

1. ① (○) ② (×) ③ (×) ④ (○)
2. ☑ 최근 신흥 국가들은 동물성 식품 소비가 늘고 있다.
3. ③

듣고 말하기 3

1. ③
2. ① (×) ② (○) ③ (○) ④ (○)
3. ☑ 생수 사용을 줄이면 환경 보호에 도움이 될 것이다.

73-075p **제4과 환경 보호 운동 및 실천**

듣고 말하기 1

1. ②
2. ① (×) ② (○) ③ (×) ④ (×)
3. 극단적인 방법으로 자신의 주장을 드러내기 때문에

듣고 말하기 2

1. ① (×) ② (○) ③ (○) ④ (○)
2. 60여 년 간 일반인의 출입이 통제되었기 때문에
3. ☑ 전쟁의 폐허를 극복하고 독특한 생태계를 형성했기 때문에
4. ☑ 생태 관찰 ☑ 역사 유적지 탐방

듣고 말하기 3

1. (친환경), (사용량)
2. 홈페이지 방문 ➡ (회원 가입) ➡ (전기), (수도), (도시 가스) 사용량 점검 ➡ (6개월) 주기로 체크 ➡ 에너지 (절감)을/를 실천한 경우 혜택을 받을 수 있음
3. ① (×) ② (×) ③ (○) ④ (×)

듣기 정답

091 - 093p 제5과 한국의 민속

듣고 말하기 1

1. ②
2. ① (×) ② (○) ③ (×) ④ (○)
3. ☑ 제사 ☑ 무당굿 ☑ 가면극 ☑ 농악

듣고 말하기 2

1. ① (○) ② (○) ③ (×) ④ (○)
2. ① ㉣ ② ㉠ ③ ㉢ ④ ㉡
3. 어려운 이웃과 정을 나눔

듣고 말하기 3

1. ①
2. 평소에는 바깥출입이 자유롭지 않았는데 이날은 나들이를 즐길 수 있었기 때문에
3. ①
4. 활쏘기, 풀로 인형 만들기, 버드나무 가지로 피리 만들어 불기

107 - 109p 제6과 한국인의 정서

듣고 말하기 1

1. ②
2. ④
3. ②

듣고 말하기 2

1. (일을 하다), (교환하다)
2. 대가를 받고 노동력을 제공하는 임금 노동이 발달하였기 때문에
3. ① ㉠ ② ㉡
4. ①

듣고 말하기 3

1. (역동성), (조급성)
2. 디지털 시대에는 속도가 중요하기 때문에
3. ③

25-127p 제7과 가치관과 사회의 변화

듣고 말하기 1

1. ②
2. ④
3. (SNS), (촛불 집회)
4. ① (×) ② (×) ③ (○) ④ (○)

듣고 말하기 2

1. ① (○) ② (×) ③ (○) ④ (×)
2. (고령화), (고령), (초고령)
3.

고령 인구 비중	(☑증가 ☐감소)	➡	사회적 비용	(☑증가 ☐감소)
노동 가능 인구	(☐증가 ☑감소)	➡	경제 성장률	(☐증가 ☑감소)
고령층 부양 부담률	(☑증가 ☐감소)	➡	국민 부담률	(☑증가 ☐감소)

듣고 말하기 3

1. ③
2.

자아실현 욕구	☑ 크다	☐ 적다
사회적·경제적 지위	☑ 높다	☐ 낮다
성별	☐ 남성층	☑ 여성층

3. ④

41-143p 제8과 함께 사는 사회

듣고 말하기 1

1. ②
2. (댓글을 단다), (댓글)
3. ②

듣고 말하기 2

1. ① (○) ② (×) ③ (×) ④ (×)
2. ③
3. 벽화 그리기를 통해 적은 비용으로 도시 환경을 개선할 수 있기 때문에

듣고 말하기 3

1. ①
2. 노숙인 문제를 해결하기 위해서
3. ① (○) ② (×) ③ (×) ④ (○)

듣기 정답

159 - 161p 제9과 경제와 소비생활

듣고 말하기 1

1. ① (○) ② (×) ③ (×) ④ (○)
2. 지난 과거 우리의 생활상의 변화를 짐작할 수 있다.
3. ① (○) ② (×) ③ (○) ④ (○)

듣고 말하기 2

1. 싸게 살 수 있어서 살림에 도움이 된다고 생각한다.
2. ① (○) ② (×) ③ (○) ④ (×)
3. ☑ 값이 아무리 싸 보여도 가격을 비교한 후에 구매한다.

듣고 말하기 3

1.

립스틱 효과		
경기	☐ 호황	☑ 불황
상품	☑ 저가	☐ 고가
매출	☐ 감소	☑ 증가

2. 가격은 싸면서 커피 전문점에서 파는 커피처럼 만족을 얻을 수 있어서 인기임
3. ②

175 - 177p 제10과 무역과 국제 관계

듣고 말하기 1

1. ① (○) ② (○) ③ (×) ④ (○)
2. ② (중단) ③ (중단) ④ (폭등) ⑤ (인상)

듣고 말하기 2

1. (선진국), (신흥 경제국)
2.

인구	세계 인구의 2/3
경제 규모	전 세계의 90%

3. ① (○) ② (×) ③ (○) ④ (×)

듣고 말하기 3

1. ③
2. 식생활의 변화로 수입산 식품들이 많이 먹게 되어서
3. 식량 수출국에서 식량을 비싸게 팔더라도 그 값에 그대로 사들일 수밖에 없다.

93 - 195p 제11과 한반도의 정세

듣고 말하기 1

1. 한반도에 평화를 정착시키는 데 기여함
2. ① (○) ② (○) ③ (×) ④ (×)
3. ①

듣고 말하기 2

1. ① (○) ② (×) ③ (×) ④ (×)
2. 이산가족 찾기 신청자들의 고령화가 심각하기 때문에
3. ④

듣고 말하기 3

1. ③
2. ☑ 형평성에 문제가 있다. ☑ 병역을 피하기 위한 수단으로 악용된다.
3.

1	군대에서 하는 일과 비슷한 정도로 어려운 업무를 수행하도록 한다.
2	근무 기간을 늘린다.

4. ④

209 - 211p 제12과 지구촌 문제와 국제기구

듣고 말하기 1

1. ① (○) ② (×) ③ (×) ④ (○)
2. ④
3. ☑ 과거에 어려웠던 시절의 경험을 바탕으로 사업을 진행했다.

듣고 말하기 2

1. ① (○) ② (○) ③ (○) ④ (×)
2.

선진국 •	• 무역을 통하지 않고서도 외화를 벌어들일 수 있다.
개발도상국 •	• 낮은 급여로 전문 기술자를 고용할 수 있다.

(선진국 — 낮은 급여로 전문 기술자를 고용할 수 있다. / 개발도상국 — 무역을 통하지 않고서도 외화를 벌어들일 수 있다.)

3. 국가발전에 필요한 인재가 줄어든다.

듣고 말하기 3

1. ① (○) ② (×) ③ (○) ④ (○)
2.

여자 •	• 국제기구에서 일할 때 고도의 전문 지식이 필요하다.
남자 •	• 국제기구라고 해서 여느 직장과 특별히 다르지는 않다.
	• 국제기구에 취업하기 위해서는 화려한 스펙이 필요하다.

(여자 — 국제기구라고 해서 여느 직장과 특별히 다르지는 않다. / 남자 — 국제기구에서 일할 때 고도의 전문 지식이 필요하다., 국제기구에 취업하기 위해서는 화려한 스펙이 필요하다.)

3. ④

자료 출처

자료명	소재	자료 형태	제공 기관
서울시 휘장	1과 (p.15)	이미지	서울시청
서울시 브랜드	1과 (p.15)	이미지	서울시청
난지도 쓰레기매립장	3과 (p.61)	사진	서부공원녹지사업소
월드컵 공원	3과 (p.61)	사진	서부공원녹지사업소
환경 마크	4과 (p.65)	이미지	한국환경산업기술원
에너지소비효율 등급표지	4과 (p.65)	이미지	에너지관리공단
탄소성적표지	4과 (p.65)	이미지	한국환경산업기술원
봉사 활동	8과 (p.133)	사진	한양대학교
컨테이너선	10과 (p.166)	사진	한진해운
남북한 동시 입장	11과 (p.184)	사진	오마이뉴스
'기아대책' 포스터	12과 (p.215)	사진	기아대책

* 상기의 자료들은 해당 기관의 허락을 받아 교재에 실었습니다. 자료 사용을 허락해 주신 해당 기관에 감사드립니다.

집필

—

김정훈
현 한양대학교 국제교육원 교수
한양대학교 사범대학 교육공학 박사
국제한국어교육학회 정보 이사
《한양 한국어 1, 3》(공저)
《외국인을 위한 글쓰기》(공저)

정혜원
현 한양대학교 국제교육원 한국어 강사
한양대학교 교육대학원 한국어교육 전공 석사

한양 한국어 6

한양대학교 국제교육원 편

초판 1쇄 발행 2014년 11월 10일 **초판 3쇄 발행** 2019년 12월 30일
발행인 김우승 **발행처** 한양대학교출판부
주소 서울 성동구 왕십리로 222 **전화** 02.2220.1432-4 **팩스** 02.2220.1435
홈페이지 press.hanyang.ac.kr **이메일** presshy@hanyang.ac.kr
출판등록 제4-7호(1972.2.29) **인쇄** 네오프린텍

값 25,000원

ISBN 978.89.7218.455.3 (03710)